扎根湘大这些年

ZHAGEN XIANGDA ZHEXIE NIAN

肖志伟／主编
杨　澜／执行主编

湘潭大學出版社
XIANGTAN UNIVERSITY PRESS

《扎根湘大这些年》编委会

序一：扎根伟人故里办大学的时代内涵

黄云清

扎根伟人故里，弘扬优良传统，坚持立德树人，勇于改革创新，努力把学校办得更好、更有特色，是习近平总书记对湘潭大学的殷切期望。学校坚持以总书记重要批示精神为根本遵循，深刻理解和准确把握扎根伟人故里办大学的时代内涵，努力担当起新时代赋予的责任与使命。

坚持以马克思主义为指导，推动办学特色扎根。马克思主义是中国特色社会主义大学最鲜亮的底色。学校始终坚持以马克思主义指导学校改革、稳定和发展，确保各项工作沿着正确方向稳步前进。一是牢牢坚持社会主义办学方向。把习近平新时代中国特色社会主义思想全面融入办学思想、教育思想，把学校发展方向同国家发展的现实目标和未来方向紧密联系，融入科教兴国战略；做到“坚持正确办学方向，让党和国家满意；全面提升育人质量，让人民群众满意；共享改革发展成果，让师生员工满意”。二是全面加强党对学校工作的领导。认真执行党委领导下的校长负责制，推动全面从严治党向纵深发展；积极探索党建工作创新，在全省高校中率先推行校党委和二级党组织党建工作责任清单、开展党建述职评议考核，扎实推进支部“五化”建设、实施教师党支部书记“双带头人”培育工程等。三是致力传承发展马克思主义科学理论。充分发挥独特政治优势和红色资源优势，突出马克思主义中国化研究特别是毛泽东思想研究特色，先后获国家级教学成果奖二等奖、教育部人文社科成果奖二等奖，出版《毛泽东著作辞典》《毛泽东思想与马克思主义中国化研究》《红藏：进步期刊总汇（1915—1949）》等标志性成果，推出《马克思主义中国化百年历程与主要理论成果》《马克思主义中国化通史》等理论成果。

坚持立德树人根本任务，推进人才培养扎根。“为谁培养人、培养什么人、怎样培养人”始终是教育的根本问题。学校聚焦立德树人根本任务，着力培养堪当时代重任的社会主义建设者和接班人。一是切实加强思政课程和课程思政建设。坚持将红色教育融入课程体系建设，积极开展“听、查、看、走、讲、写”六位一体教学，着力打造思政课“领航讲堂”特色品牌。二是着力培养一流拔尖人才。推动实施“基础学科拔尖学生培养试验计划”“拔尖计划2.0”总体工作方案等，致力于培养基础学科领域未来领军人才。2014年以来，学生先后在国际国内重要学术期刊发表SCI论文近20篇，获国家级以上奖项、竞赛奖励近100项，主持国家级大学生创新创业项目10余项，进入国内“双一流”建设高校、知名科研院所和国（境）外高水平大学继续深造率达到83.78%。三是加强创新创业教育。出台《湘潭大学关于深化创新创业教育改革的实施方案》，建立“通识教育+专业教育”“必修+选修”的创新创业教育课程群，构建“创新训练中心+创新创业孵化基地+校外实习实践基地”的立体式实践平台，创设六大模块实训教学体系，积极搭建“校地、校企、校友”全方位合作机制。学校获评全国首批深化创新创业教育改革示范高校、全国创新创业典型经验高校，涌现出段小桃、周小宇、李志鹏等创新创业学生典型。

坚持引进与稳定并举，引导师资队伍扎根。对标“政治素质过硬、业务能力精湛、育人水平高超”的人才目标，在“引得进、留得住、用得好”上下功夫、做文章、求实效。一是加大人才引进力度，强化扎根伟人故里的荣耀感。启动“韶峰学者特聘岗位计划”，形成了校内人才培育与校外人才引进相结合、校内韶峰学者与国家人才工程相贯通的人才工程体系。近年来，一大批高层次人才扎根湖湘大地，建设伟人故里：新增双聘院士、国家“千人计划”专家、“万人计划”科技创新领军人才、哲学社会科学领军人才、长江学者、宣传思想文化青年英才等国家级高层次人才31人次，新增芙蓉学者、百人计划专家等省级高层次人才100人次。二是深化人才评价机制改革，提升教学科研的获得感。完善重实绩、重贡献、向教师倾斜的分配激励机制，强化教师在分配中的优先地位，稳步提升其收入水平；深化人才评价机制改革，改进和完善考核与评价办法，建立符合不同学科特点和要求的教学科研人员绩效考评与职称评审办法，鼓励教师安心教学、潜心研究。三是狠抓师德师风建设，增强立德树人的使命感。深入开展办学思想大讨论，建立推行本科教学荣誉体系、“光荣在校30年”荣誉体系，开展师道大讲堂、“明道信道”系列宣讲等师德教育，进一步坚定扎根伟人故里办好湘潭大学的湘大自信、湘大人自信和湘大精神自信。师德典型不断涌现，沧南、曾子其、文卫平、李佑新等先进事迹在全国产生较大反响。

坚持以贡献求发展，推进社会服务扎根。服务国家战略与地方经济社会发展，是湘潭大学扛在肩头的职责使命。一是不断擦亮湘大特色智库品牌。围绕国家治理能力现代化、国家知识产权发展、红色旅游等方面，开展战略性、对策性研究。全国高校首家反腐败司法研究基地、“检察公益诉讼理论研究中心”、司法部调解理论研究与人才培训基地等相继落户学校。2022 年国家社科基金年度和青年项目获批 25 项，居全省第一；5 个智库入选中国首批智库索引名单，100 余项研究成果获中央领导、省部级领导肯定性批示或被省部级以上单位采纳。二是面向国家重大战略需求积极推进产学研协同创新。湖南数学领域首个国家级平台——湖南国家应用数学中心落户湘大，获批“智能导航及遥感数据高精度融合的数学方法”“智慧司法科学理论与司法改革科技支撑技术研究”等一批国家重点研发计划重点专项，有效解决湖南重大科技任务、重大工程、区域及企业发展中的数学问题。《中国科技成果转化 2021 年度报告》显示，我校科技成果转化合同金额居全国高校第 37 位；以转让、许可、作价投资方式转化的科技成果合同金额居全国高校第 6 位。三是深度融入“伟人故里、大美湘潭”进程。联合“一市二区三校”共建了湘潭大学科技园，在湘潭高新区成立了湖南省首家院士创新产业园，创办了全国首家研制矽漂移室探测器的企业，与湘潭产业投资发展集团、泰富重装集团、湘潭电机等共建湘潭海泡石产业研究院、泰富重装研究院、新能源装备及储能材料与器件国家国际科技合作基地等。

入选国家“双一流”建设高校，开启了我校高质量发展新征程。我们将继续深入学习贯彻习近平新时代中国特色社会主义思想，全面贯彻落实习近平总书记重要批示精神，落实立德树人根本任务，全力推进“双一流”建设，主动服务国家重大战略需求和湖南“三高四新”战略定位和使命任务，深入推进一流人才培养、一流学科建设、一流师资建设、一流科学研究和一流社会服务，努力实现好毛泽东主席“一定要把湘潭大学办好”的殷殷嘱托，落实好习近平总书记“努力把学校办得更好、更有特色”的殷切期望！

（转自《湖南工作》2019 年 8 月，有删改）

序二：扎根伟人故里　服务人民的教育事业

李伯超

恢复高考制度后的1977级、1978级和1979级大学生当时被称为“新三届”。“新三届”的人生命运与祖国的改革开放事业是紧密联系在一起的，是真正的生逢其时。由于“文革”十年造成的人才断层，“新三届”当时成了“天之骄子”，时代给予他们更多的机遇。

我于1979年考入湘潭大学中文系。作为一名出身偏远农村的农家子弟，对这所大学一无所知，高考志愿是班主任老师代为填报的。入校以后才了解这所大学的特殊性。湘大创办于1958年，1959年因故停办，1974年恢复建校，是一代伟人毛泽东主席亲自倡办、亲笔题写校名并亲切嘱托一定要办好的综合性全国重点大学。由于恢复建校时间短，办学条件非常艰苦。学校建在湘潭市西郊的一群荒山上，很少见到树木花草，除了新盖的楼宇外，最显眼的便是黄土坡。当时大部分老师还住在附近的农民家里，晚上在煤油灯下备课，不仅要苦熬夏夜和初秋之夜的炎热，还要忍受蚊虫的叮咬。但艰苦的条件丝毫也不影响师生们对这所大学的热爱，整个校园生机勃勃、欣欣向荣。老师们来自全国各地的近90所高校，其中包括北京大学、清华大学、复旦大学、中国人民大学、北京师范大学、武汉大学、吉林大学等许多名校，可以说是百校建一校。许多学科的老师中不乏知名学者。因此，在1978年学校进入全国重点大学行列的同时，几乎所有学科都招收了硕士研究生，也就是“文革”后第一批招收研究生。办学起点之高，在世界高等教育发展史上也是不多见的。高起点办学吸引了高质量生源，我所在班级不少同学的高考成绩就是全县乃至整个地区的第一名。湘大的本科教育一开始就享有良好的社会声誉，并一直保持到现在。

1983年大学毕业后，我选择了留校工作。从此，连续31年，我一直在这片土地上从事教学和管理工作。2014 年 10 月底，组织上安排我到相邻的湖南科技大学任职，2019 年 7 月又调我回到母校工作。可以说，我既亲身经历了湘大的成长历程，又见证了改革开放以来祖国高等教育事业的繁荣发展，因为湘大的成长过程与高等教育的大发展是完全同步的。湘大恢复建校时核定的办学规模只有 3000 人，办学层次只有本科教育。如今湘大的在校人数达到 37000 余人，办学规模翻了 10 多倍，而且形成了从本科教育到博士研究生教育的完整教育体系，服务国家经济社会发展的能力显著增强。改革开放以来，高等教育改革发展取得了巨大的成就，为我国社会主义现代化建设事业提供了强有力的人才支持。

我在高校从事高等教育教学和管理工作的 30 多年，有两点体会最为深刻。第一点体会是必须坚持以学生为本的办学理念。高等学校的根本任务是培养有创新精神和实践能力的社会主义事业的建设者和接班人。坚持立德树人是高等教育的初心和使命。但如何做到不忘初心、牢记使命，完成好大学教育的根本任务，关键还是要回答好“为谁培养人”“培养什么人”和“怎样培养人”的问题。在学校决策和管理层面，要始终突出正确的价值取向和政策导向，在具体措施中要体现全面关爱学生，使全体大学生充分体会到党和政府的关怀、学校的关心。要始终清醒地认识到，维护学生的根本利益就是要最大程度地为全体学生提供优质的教育教学资源。如何落实，关键是要建设一支师德过硬、作风优良的高水平师资队伍。若是离开了这一点，那么“三全育人”的要求就会成为一句空话。第二点体会是要始终把建设优良学风和校风放在突出地位。学风和校风是青年大学生成长成材的最重要环境，也是形成学校优良办学传统的核心要素。要通过优良的党风来引领校风建设，通过优良的教风来引导学风建设。作为校长，要在学校党委的统一领导下，紧紧依靠广大教师和学生，积极培育积极向上的大学文化和大学精神，弘扬办学传统，让全体学生接受优良的学风和校风的熏陶，顺利成长成材。

新时代的湘大迎来了新的、更大的发展机遇。2018 年 9 月 6 日，习近平总书记对湘大作出重要批示，体现了总书记对湘大的殷切期望，指明了办好学校的根本遵循。2022 年 2 月 14 日，第二轮世界一流大学和一流学科建设高校及建设学科名单正式公布，湘潭大学入选“双一流”建设高校，数学学科入选世界一流学科建设名单，这是学校办学历史上一个具有里程碑意义的新起点。

作为校长，我深感责任重大、使命光荣，且一定会在学校党委的统一领导下，认真学习好、贯彻落实好总书记的批示精神，把学校办得更好、更有特色。

（转自《党建》2019年第9期，有删改）

目　录

第一辑　遇见你，我的湘大

第二辑　守望湘大

第三辑　身边的好老师

第四辑 教育是一缕光

第五辑 湘大之路

第一辑

遇见你，我的湘大

在最美的年华，湘遇有缘，念念难忘。吹过北青的风，见过琴湖的水，听过双子塔的回声，感受过画眉潭的清幽，见识过游憩亭的日月星辰……人生总如初相见，知之愈深爱之弥坚。

一入三拱门，终身湘大人。

三拱门记

易大东

三拱门者，湘大之校门也。湘大者何？国教之重镇，湘楚之名校也。其始肇于伟人之嘱托，兴于新时代之阳光雨露。党恩国泽，天下罕有出其右者。

夫校既不凡，则其门也不凡。兀列六柱，连拱成门，无雕镂之修饰，无檐盖之遮蔽，孑然而立，其形可谓至简矣。然其意殊深：观其状也，似门而非门，由一而生三，由三而生万物，生生不息，化育无穷，此其玄也。三拱矗天，南瞰湘江风云，北枕洞庭波涛，西连韶峰之峻脉，东承炎陵之古韵，气象万千，此其雄也。下则扎根红色热土，脚踏实地；上则剑指蓝色苍穹，凤翥龙翔，此为其壮也。至若年年丹桂飘香之时，莘莘学子蜂拥而入，求师问道；岁岁荷尖初露之日，翩翩栋梁鱼贯而出，报国兴家。来来往往而过此门者凡三十余万众，其于国之大者，居功又何其伟哉！

余近弱冠入湘大，自此结缘三拱门。初为学子，后忝为人师，迄已三十五载，诚可谓一入三拱门，终身湘大人矣，亦时有直把他乡作故乡之叹也。三拱门内一人一事，皆铭脑海；一草一木，皆系心尖；一情一意，皆入骨髓。每过拱门，陡生爱校之情，荣校之志，兴校之慨。而语之同仁校友，亦莫不心有戚戚焉。噫！痴爱三拱门者，岂独余哉！

梅公贻琦先生有云：大学者，非有大楼之谓也，有大师之谓也。余则谓湘大曰：大学者，非唯有大师之谓也，有大门之谓也！

余将老矣，惟湘大长青，惟三拱门长青！是为记。

沃土湘大　双阳同辉

曾子其

我 1974 年底遵中共湖南省委组织部干部调动通知，从中共衡阳地委组织部调入湘潭大学工作。48 年来，我参与和目睹了学校从荒山建成大学城的事实。我爱学校、爱学生、爱湘大人。

学校是沃土，宜于扎根

1974 年的春天，阳光普照大地，毛主席家乡的湘潭人民，心中格外温暖，因为即将恢复建设湘潭大学的信息已经传开：2 月 16 日，党中央领导李先念、邓小平、华国锋、纪登奎、余秋里先后在《国务院关于同意恢复建设湘潭大学及相关问题的报告》上签字，表示同意。同年秋季，瓜果飘香，11 月，李先念副总理从北京飞到长沙，向已经在长沙市省委九所六号楼休养的毛主席汇报请示工作时，毛主席催问恢复湘潭大学建设情况。同年 12 月 19 日，中共湖南省委印发恢复湘潭大学建设的 65 号文件；年底，省委宣传部编印的《一定要把湘潭大学办好》宣传册，发给各级干部和广大群众，宣传办好湘潭大学的意义，全省人民为此欢呼并付诸努力。

1974 年，国务院科教组发专文指出，商请各省市支援湘潭大学一批教师，各高校和科研院所支援一批图书。至 1978 年学校收到 3000 余人次要求（或单位推荐）调入湘潭大学教学、科研和工作的信函，实际调入教职工 622 人；获赠图书 28 万多册。这就为高起点办学奠定了基础。1975 年 9 月 10 日，学校招收的第一批 223 名学员举行开学典礼，当时阳光灿烂、红旗招展，湖南省委、湘潭市委主要领导出席大会祝贺、讲话；次日《湖南日报》以“一定要把湘潭大学办好”为题刊发专题社论。

1974—1978 年期间，学校先后调入的 622 名教职工，共 305 户，都租住在附近 3 乡 8 村 36 个居民组的农户家中，住所离校最远的有近六公里，虽然生活条件十分艰难，但都无怨无悔、团结一致，并全身心地完成各自的任务。同时，校领导自己住的是竹篾片作墙、油毛毡当房顶的棚屋。他们每逢风雨过后都要问候各家的安全情况，每年的春节前一个月，就想方设法，提前为教职工过年购买计划外的年货：如粉丝、黄花菜、猪肠、猪头、还有煤炭，还特为北方调来的人员到商业局批购面粉的指标。春节前十天，校领导和中层领导要分工到教职工各家走访、问候，领导他们自己一般是除夕下午才回家。第二天，即正月初一下午又到办公室值班。教职工对此十分敬佩，当年有人写道：一斤肉两斤菜当思来之不易，夏问热冬问寒着实暖人心田。

扎根已深入，生机勃勃

1974 年 10 月，第一批筹建人员到达湘潭市西郊羊牯塘这片荒山上，他们在自己参与盖的草棚里住宿和办公。此后，从全国各地调入学校的教职工陆续报到，而他们必须去市区的十八总（离校区约六公里）凭票证才能购买到猪肉、米、油、面、粉丝、香干等生活物资。市里的干部群众先前只是听到文件上讲“要建湘大”，当看到了实际性的“湘大人”，都对他们充满敬重感。

1976 年春节前，姜老师去市里的十八总购买节日生活的物资，他先排队买米，再排队买面条，当时，排在他前面的一位女同志主动对他说：“你是大学的，很远，你先买。”他说了一声谢谢，并问：“你怎么知道我是大学的?”女同志说：“戴眼镜的、自觉排队的、边排队边看书的、鞋上有泥巴的就是大学老师。”“戴眼镜”是群众对有文化知识的人的外在描述，也有敬意和仰慕。“自觉排队”是教师、知识分子坚守社会公德的内在品质，是群众对他们的点赞。“边排队边看书”是湘大人渴求知识、珍惜时间，坚定培养合格人才的表现，还是群众表达对湘大人的学习之意。“鞋子上有泥巴”是荒山起家劳动建校，先上马后备鞍的真实写照。

学校在调进大量教学和科研人员的同时，注重尊崇名师，引进大师，如：羊春秋、彭燕郊、袁龙蔚、萧艾、彭靖等。他们在全面贯彻党的教育方针，树良好教风，帮助指导青年教师，践行教书育人等方面发挥骨干作用。青海省某高校姜书阁是全国知名古典文学教授，“文革”中被迫“退休”。1979 年学校向湖南省委主管部门汇报，破格聘请姜老师来校任教，而后由学校出面办妥相关手续，姜教授成为学校在编职工。姜教授于 1982 年 76 岁时光荣入党。我随校党委书记对其进行入党前谈话，这次谈话实为谈心，既深刻又深情，我们谈了近一个小时，我记录了 800 余字，谈话结束后为其办了入党手续。姜教授入党后以《宣誓人党赋诗》自勉：“三十三年（三十三年，指新中国成立 33 年）犹故我，脱胎换骨抑何难！扶床学步今方始，历块长驱道路宽。”足见姜教授对党的诚心和对事业的忠心。姜教授学识渊博、师德高尚，教风、学风优秀，是学校，也是全国少有的专家，对学校建设作出了杰出的贡献。

全校教职工不仅在生活上克服各方面困难，同心同德，以愉悦的心情做各自的工作，更在教学和科研方面，白手起家办成大事。1978 年，教师邓楚贤克服实验室无工具、无原材料、无经费等困难，着手研制电子衍射仪，时任校党委书记很受感动，亲去现场干体力活，以示鼓励。1981 年，电子衍射仪获评湖南省重大科技成果奖。

扎根结硕果，双阳同辉

“老少牵手双阳同辉”是湘潭大学关工委工作品牌。双阳即朝阳和夕阳。“一朝进入三拱门，此生都是湘大人。”学校从经历 1958 年创建，1959 年因故停办，1974 年恢复建校以来，数以万计的湘大人在教学、科研、服务社会方面取得了显著成效。“践行‘一定要把湘潭大学办好’的殷切嘱托，办人民满意的大学”是湘大人的初心；“牢记嘱托，艰苦奋斗，追求卓越”是湘大精神。当今的湘大人按照“扎根伟人故里，弘扬优良传统，坚持立德树人，勇于改革创新，努力把学校办得更好、更有特色”而努力奋斗。今年，学校进入“双一流”建设高校就是奋斗的硕果。

恢复建校初期来校的教职员工，他们在“劳动建校”的初期，跨越式发展及“椭圆形办学”的中期努力工作，作出贡献，有的离退休后还坚持老有所学，实现老有所为，再献余热，这种献了青春献白发的精神，应予高度点赞！

2011 年 10 月 25 日，我的拙作“朝阳·夕阳”在《湘潭大学报》发表，聊表寸心。

学生洪亮读书声，“五老”[1]静听究其真。
关爱切切细微处，教诲谆谆授典经。
青春学识全奉献，甘为人梯白发增。
夕阳朝阳齐辉映，育才成才辈出新。
年逾古稀身心健，时逢盛世享晚年。
宏图重任不受命，余热育人作“三员”[2]。
日和青年话使命，夜梦学子勇直前。
夕阳西挂红霞展，九九重阳续作贤。

注：

[1]“五老”是关工委工作中综称的老干部、老战士、老专家、老教师、老模范。

[2]“三员”是关工委工作中称参加关爱活动的“五老”为“弘扬革命传统的宣传员，倡导社会新风尚的监督员，思想道德教育的指导员”。

我与湘大的情缘

李　智

来到湘大工作已经近三十年了，然而第一次到湘大的情形却记忆犹新。

那是1993年的6月，去老家探亲后返回武汉的途中，我临时起意，想要见见当时还在湘大历史系读书的外甥。那是一个炎热盛夏的午后，我和我的爱人轮流抱着半岁多的孩子，在湘潭汽车站搭上了逢站必停的6路公交车，沿着韶山西路行驶了大约半个小时之后到了羊牯塘，拐了个弯便上坡驶入一条蜿蜒崎岖的乡村小路，继续缓慢颠簸了十多分钟之后，终于抵达终点站——湘潭大学。

下车之后，首先映入眼帘的便是道路两旁那些低矮破旧的房子和一片片绿油油的农田，实在看不出这儿会有什么高等学府的迹象。抬眼四望，终于在右手边见到那个风格独特的湘大校门。步行几十米之后，我们便来到那挺拔矗立的三道拱门之下，刹那间感受到些许宁静和震撼、几分神秘与好奇。

跨过校门，我猛然意识到这是一所伟人亲自倡办、亲笔题写校名的综合性全国重点大学。内心的敬仰驱使着我迫不及待地想要感受它的神韵和风采。一群群步履匆匆的学生正在赶往各自的教室，洋溢在他们脸上的书生意气瞬间感染了我们，连我怀抱里的孩子也立刻兴奋起来，眼里放射出欢喜的光。我们一边向学生问路，一边感受着校园的气息。学生的热情周到和校园的开阔宁静，让我们忘记了头顶烈日的烘烤，甚至感觉有股凉爽的春风沁入心脾。我想，那定是我内心的某种渴望在这里得到了回应。几分钟以前还疑似误入穷乡僻壤的我们，仿佛刹那间来到了世外桃源。

由南向北，我们依次经过校医院边上开满了荷花的水塘、印刷厂边上的杉树林、老体育馆、第一田径场、第一教学楼、老图书馆，向左一拐，走到了一个水塘（现为第二田径场）旁边的一条有些年久失修的水泥路。抬眼望去，一幢巨大的白色楼宇（后来知道这是文科楼）赫然呈现在这个上坡道路的尽头。

它在午后阳光的照耀下熠熠生辉、气度非凡。轮流抱孩子的我们又渴又累，眼下这段多处开裂的上坡路却更快地消耗着我们的体力，但那栋在当年显得很雄伟的教学楼似乎有着某种魔力在召唤着我们。

当我们走到这段烂路的尽头、跨过几级台阶，终于站在文科楼前。门前开阔的广场和两边绿意盎然的草地着实给了我们某种震撼。因为我研究生毕业后，一直在厂房拥挤、道路狭窄的工厂工作，此刻面对如此宽阔的楼前广场，突然间产生了一种向往：如果我能在这么一所大学工作，该是多么美妙！

见到外甥后，和他聊了我三年来的工作、生活情况。外甥虽然只是一名在校学生，但他对学校的了解似乎颇多。他详细地向我们介绍了湘大的历史及发展状况，并告诉我，学校为了谋求更大的发展，正在大力引进各类人才，政策也很好，他强烈建议我们来湘大应聘。已厌倦都市纷扰的我们在几分钟之前就已抵挡不住这校园气息的诱惑，于是，我们当机立断，立刻去了机械工程系。

巧的是，当年的系党委书记彭大军同志，负责教学的副主任彭炎荣教授等几位负责人都在系里，这真是天作良缘！当时的那种感觉，颇有几分鬼使神差却又相见恨晚的意味。彭教授告诉我，学校新开了铸造专业，还招收了一届1992级的学生，但师资严重不足。我本科和硕士都是学的铸造专业的，正好符合系里的招聘条件。谈了大约半小时后，彭教授让我半个月后试讲。就这样，在办理了各种入职手续后，我成了湘大机械系的一员，成为一名光荣的高校教师。

初入教职，教学任务并不重，科研压力也不像现在这么大。但我觉得，要做一名合格的好教师，必须扎扎实实地筑牢自己的专业基础，不能让学生以及信任我的领导失望。当时1992级铸造专业的同学还在进行基础课程的学习，我没有相应的专业课要上，因此接手了“金属工艺学”的课程。课程包括了热加工及冷加工等专业知识。此外，我还要带学生去金工实习。

由于相关知识已经生疏了多年，我一面自学，一面虚心向老教师请教。没有课的时候，我常常去听老教师的课。在车间，我和学生们同去同回，遇到不懂的地方，也会向工人师傅请教。乃至于有师傅开玩笑地说，我站在学生堆里，不像一个老师，更像一个学生。我的努力终究没有白费，教学效果得到了广大同学的认可和众多前辈的称赞。在求知向善的同时，我也享受到了教书育人的美妙乐趣。

入职一段时间后，铸造专业因种种原因最终停办，已招收的学生被转到了焊接专业，因此我也转到了热处理教研室，开始了新的学习。1995—2000 年的那几年，年轻老师纷纷外出深造，老教师逐渐退休，我的教学任务突然间变得十分繁重，而且还承担了很多管理方面的事务，如教研室主任、支部书记、工会小组长、班主任、课程负责人，等等。我曾经自嘲，系级（相当于现在的学院）以下的职位，除了团支部书记，几乎由我一个人承担下来了。

李智老师（第二排左四）与其任班主任的 1995 级金材班毕业合影

那个时候，老师们没有办公室，没有电话，也没有现在的支付手段，每个月发放津贴、收取党费以及偶尔发放工会福利物资可能需要一一到老师家里。当然，这些都比不上班主任工作的琐碎与繁复——巡查寝室、指导学习、答疑解惑、心理疏导、困难帮扶……有时候仅仅是对一个学生的一次思想工作就要耗去三四个小时。

进入新千年之后二十多年里，随着学历、职称的逐步提升，教学、科研工作的压力日渐增大，但对教育工作的痴迷始终激励着我去克服各种困难，在平凡的教师岗位上默默奉献着自己的力量。

转眼间三十个年头过去了，我的青春也早已兑换成了无怨无悔的幸福回忆。现在我终于可以毫无愧色地说：这是一丝不苟的三十年，无论哪种工作任务，我总是细细斟酌、力求完美；这是不虚此行的三十年，从青年到壮年，我总是在追寻自己的人生价值；这是情深意长的三十年，无论是教过的学生、共事过的同事还是处过的朋友，都在我心中结成盘根错节且难以割舍的网。

不过，由于自己体弱多病、内心好强且不善求援，也由于我爱人比我更加不管不顾地投身于她所痴爱的教育事业，于是我在湘大的这些日子也难免是艰难困苦和尚有遗憾的三十年：体力被透支、健康遭损害，品学兼优的孩子在身体遭受重大挫折时我们无力相助……而每当深陷孤独和绝望的时刻，总是湘大给予我的教育事业给了我继续前行的勇气和信念。正是湘大人代代相传的博学笃行的精神将我从一次次绝望中解救出来，让我有机会与同事们共同努力，为实现伟人对湘大的殷殷嘱托贡献自己虽渺小却独特的力量。

如今湘潭大学的楼早已更多、更壮丽了，校园也更大、更迷人了，最重要的是，学校综合办学实力与核心竞争力稳步提升，4 个学科的 ESI 排名进入全球大学和科研机构前 1%，今年还成功入选国家“双一流”建设高校。

我们还将继续着这一辈子与湘大的情缘。

廿年如初见

冯 波

冯波老师与其爱人的结婚照

在浓郁的春光里，我和我的爱人总结了在湘大这二十年的“业绩”：生了两个孩子，搬了两次家，经过两次疫情的洗礼……在湘大二十年，也是我们结婚二十年，我们奋斗同心，幸福与共，一路走来如初见。

我们都不是土生土长的湘大人。爱人比我先来校工作：她是 1999 年到的湘大，我是 2002 年。第一次来湘大是 1999 年冬天的某个晚上，我从湘潭火车站下车后打了一辆奥拓牌的士，怀揣一颗激动的心，穿越半个中国来湘大见半年未见的女友。的士开着开着，我感觉有些不对劲，璀璨的街灯不见了，车子拐入一条羊肠小道，黑灯瞎火，左一个弯右一个绕，左一个坑右一个洼。我怀疑遇上了劫匪，本来怦怦直跳的心都到嗓子眼了。

总算到了三道拱门，见到了前来接我的女友，竟有种“劫后逢生”的感觉。女友笑靥如花，牵着我的手，穿过花园校舍，从南到北一路上坡，来到了她住的北山青年楼。印象中还记得进楼时门卫阿姨打量我的眼神，我也瞟到了她守着的那台公用电话。这台电话虽是第一次得见，但萦绕于我的脑海已有半年之久，因为在千里之外我总能从听筒里那么真切地听到门卫喊我爱人接电话的呼唤声和我爱人下楼时的急促脚步声与喘气声。

三年后，我也来到了湘大。来湘大之前，也曾以外人的视角关注过湘大：虽偏居一隅，但群贤毕集；表面波澜不惊，实则卧虎藏龙；师生淳朴却都心存抱负。

初来湘大的那几年，我意气风发，与学生打成一片，骑着摩托车混迹于北山青年教师公寓、环保楼、生食工楼、外语楼、服务大楼、南北苑食堂以及东坡村菜市口。感觉我们与湘大的气蕴挺契合：求简务实，不强求不将就，虽时有不济，但心有信念。

我们常执手走过学校周边的阡陌荒野，感受春天泥土散发的气息，感慨原野上的草莽不负春光肆意生长。在漆黑无边的夜里，我们不说话，只有思绪在蔓延，恍惚间分明能走进对方的内心深渊。白天的斯文与谦卑很多都是迫于现实的苟且或伪装，与很多土生土长的湘大人一样，我们的心高出云表。

柠月如风，二人世界的你侬我侬远非如今的拖家带口可比。中间我们也曾分开过几年，为了提升学历，爱人远赴外省读书，我也静下心来，在学习和研究上下功夫。如今摸爬滚打二十年，我们也算是在湘大扎下了根。人总是在理想与现实之间来回折腾，2017 年我们差点离开湘大，但可能是扎根太深，要连根拔起终究很难。

知之愈深爱之弥坚，初识时的青涩，初恋时的甜蜜，离别时的不舍，分开时的想念，在一起久了也会有争执也会闹别扭，磨合久了竟也有了一个眼神便心领神会的默契。吹过沐风亭的风，观过画眉潭的鱼，见识了游息亭的日月星辰与风云雨露。二十年的光景，似水的流年，不变的以后大概也不会变了，譬如南山青年楼下的那一壁青苔，阳光穿过树梢洒落，斑驳陆离中藏匿着多少光阴的故事。再譬如一百三十九级上的旋梯书阶，激励了校园里的多少莘莘学子；那两相厮守的“夫妻塔”，见证了多少次的初遇、重逢与不离不弃。改变了的终究会消融在回忆里，譬如沁园的露天电影，望月楼的把酒言欢，俱乐部里的磅礴长联，毕业照上的青春容颜……

也许是和德语专业打了近三十年的交道，爱人心性清静，不喜张扬不善取巧，对待工作一丝不苟，容不得半点马虎。我经常是大半夜一觉醒来，发现她还在伏案备课或是批改学生作业。我怪她为何不要助教帮忙批改学生作业，她反问我如果教师不亲自改作业，怎么知道他们哪些地方没有掌握好？任课教师连学生的学习情况都不掌握又如何上好课？她担任系主任近十年，每天不是上课就是忙于系务，这次德语获批一流专业，她难得有这么高兴。

爱人本硕博都是名校毕业，资质其实在我之上。我评上教授都已八年，她还是一名副教授，旁人眼里显然是耽误了。她不是不清楚职称晋升的条件，我也跟她提过多次，其他工作能不能不要那么较真？有一次我甚至都给她写好了系主任请辞报告，她也交了，但据说领导不批准，于是没有二话接着干。

刚来湘大那几年，爱人经常要上面向青年教师的观摩课，听课专家和学生对她的评价极高。我做事目的性强，曾建议她参加讲课比赛走教学的道路，但她每次都不置可否。现在我也不说了，因为说多了她就反问我之所以认真教学就是为了获奖？学生的认可不就是对一个老师最好的奖励吗？她的义正辞严令我无言以对。

爱人还有一个优点是从不抱怨，不管是工作辛苦还是家事烦恼都是一笑而泯。在一起 27 年，我从没听到过她的一句怨咎。这绝非是我做得无懈可击，相反，她常说也只有她才会包容我骨子里的挑剔与刻板。

翘首回望我们走过的这一段人生旅程，一步有一步的风景，一程有一程的感悟，湖北到湖南不远，一起辗转了四载；南山到北山很近，携手已过二十年。从武大樱园男生女生的第一缕情愫，历经厦大白城的潮起潮落，北京西站的聚散离合，南大北楼的晨钟暮鼓，异国安城的夏雷冬雪，数四季轮回，品世间冷暖，到如今一家四口泽园听花开花落，新桥看云卷云舒，西山叹桑榆唱晚。

缘分如此奇妙，我们在湘大生根发芽，开花结果。生生不息的还有湘大之精神，起于湖湘旷野，今已蔚成大观。年轻时曾为她写下的文字，在两次搬家中大概都弄丢了，这次重新提笔虽已不再少年，但依然追寻尖峰碑碣，依然信奉旷野尽头冷峻的光。

我的第二故乡

戴芳婷

我遇到过一位前辈，他曾特别自豪地跟我分享他在第1000期校报上刊登的湘大故事，他说："这就是历史。你们年轻人这种感觉还并不强烈，那是因为你们和湘大的故事才刚刚开始。"

来到湘大工作的那年，我24岁。初出校园，我懵懵懂懂。又复入校园，我的心情就像获得了可以青春永驻的秘诀，快乐、甜蜜。

一切都好熟悉，却又有点陌生。校园依旧是那个写满青春故事的校园。我在图书馆里依旧奋笔疾书，在操场上依旧汗如雨下，在教室里依旧你问我答。可一切又像变了一个样。我的课桌变成了办公桌，课本变成了文件，课表变成了日程表。满心的期许中，我感到一丝不适与不安。

一切都是新的开始！

"多么有灵气的姑娘！"这是一位湘大长者对我的初印象。而"灵气"这个词，也成了我一生的希冀。我希望在这个纷繁复杂的世界里，永葆那份纯真与热爱。

红树青山斜阳古道，桃花流水福地洞天。正是家乡这份怡然自乐滋养出了我刻在骨子里的豁然开朗。与湘大的相遇，注定了会让我爱上这片不失野性与宽广的原野，也让我这颗种子选择了在这片热土里扎下根来，铆足了劲儿地向上生长。

“你好，下一站，东坡村。”初来校园的我，坐着小黄车，绕着校园逛了一圈，当清风透过两旁葱郁的香樟树，一栋栋老旧的红砖房映入眼前，于是我便好奇地下了车。我被这一块块红砖里流露出的历史感与文化底蕴所吸引。这些红砖房像一位位老者，见证了湘大的荒山蜕变、见证了湘大的风霜雪月，也见证了一批又一批的湘大人从孩提时代远走又学有所成地归来，见证了一代又一代的湘大人为了“更好”的信念而努力扎根拼搏。

卧虎藏龙的南阳，悠然自得的东坡，星辰满天的北斗，松风伴读的松涛，湘大的一砖一瓦、一事一人触动了我内心的空灵；湘大的一花一草，四时四季，牵绊着我青春的尾巴，也留住了我的年少轻灵。

我曾遗憾未在此耕读求学，但更庆幸湘大的这份包容，接纳着来自五湖四海的我们。有一位教授曾经这样形容湘大：“它既曾占据政治的中心，又处于地理上的边缘，既有着一份来自乡村的素朴与单纯，也有着原野上旺盛的生命力。”而这份生命力感染着每一位追梦人。

在这里，有上下求索的读书人，有传道解惑的教师，有深耕细作的科研人员，也有勤勤恳恳的管理人员、兢兢业业的工勤人员。每一位湘大人都在这份答卷里书写着自己的故事。

而我的故事，在普普通通、平平凡凡的时光里，深藏着属于我的热爱。我会因为收到一份新的文件而感到好奇；我期待在自己的认知世界里发现好望角，探索出不一样的观点；我会因为自己写的一篇校庆贺信顺利寄出时而感到窃喜，幻想着庆祝大会那天，闪闪发光的大屏幕上，滚动出那份印有湘潭大学印章的祝贺；我会因为自己写的工作方案被采纳而开心得像个孩子一般……

我的故事，就是在一件件看似简单的小事中与湘大更好的每一天交集着。也正是这一件件小事的落实，充盈着我的内心。

正如一位前辈所说：在校园里，我们工作的本质就是育人。自己的一句暖言，一次微笑抑或是一种积极的状态，都有可能启发到某一位学生，而这种育人的力量，已在无形中体现了我们每一位教师的价值。

我们终其一生，也可能只是一位普通的追梦人，在平凡的岗位上书写着平凡的故事。当我们欣然地接受自己的平凡，并做更好的自己的时候，或许我们已然不平凡。

在湘大的万千灯火里，总会有一盏灯，为我而留。

而我心中的那抹星光，将永远为湘大而亮。

十年成长偶得　深情向您表白

孙清平

2022年，我来到湘大10年了。10年，在人生中不长也不短，我小小的梦想在湘大奋进的时代进程中不断成长，扬帆远航。感恩十年遇见，我们在这里坚定勇敢信念，探索未来世界；释放内心热爱，抵达梦想所在！那一个个镌刻在记忆深处的点滴瞬间，温暖了岁月，照亮了远方。

河有源泉水才深

近年来，学校的对外交流日益增多。2018年建校60周年校庆的时候，有一场学术活动“新时代高等教育发展”大学校长论坛，来自西班牙、韩国、乌干达等国家的20余所高校校长齐聚湘大，我被安排做会议接待工作。会议期间我和一个来自乌干达的学生聊天，他说他的很多朋友都会说中国话，还有一个朋友喜欢中国的普洱茶。我告诉他，我小时候就特别喜欢看纪录片《非洲》，一直觉得非洲是一块能净化心灵的神奇土地，我们之间简单的交谈很快就拉近了距离。他教会我一句非洲谚语“河有源泉水才深”，中非两国在发展道路上风雨同舟、患难与共，才实现了两国友谊的源远流长。

这句非洲谚语和中国古诗“问渠哪得清如许？为有源头活水来”有着异曲同工之妙，都强调事物发展中源泉的重要性。

湘大正是一所有着深厚历史渊源，流淌着红色基因的大学，在一代伟人毛泽东主席的嘱托中孕育，在艰苦奋斗的岁月中发展。复校之初，北京大学、清华大学等全国近百所高校选派622名教师支援湘大建设，被誉为百校建一校。很多老师放弃了大城市的优越生活，毅然决然扎根在湘大这片红色沃土上，为湘大的事业发展倾注毕生心血。在那段激情燃烧的岁月中，湘大涌现出很多在各自领域卓有建树的学者，在全国首创了“消费经济学”“流变力学”等新学科，“基础数学”“计算数学”“古典文学”等学科进入全国先进行列。那段白手起家、荒山建校的经历，练就了湘大人如磐石般坚定、如蒲苇般坚韧的性格；那段艰苦奋斗、自强不息的历史，锻造了湘大人开拓进取、敢为人先的精神。

一代代湘大人前仆后继、薪火相传，近些年涌现出一大批优秀的人才，中科院院士袁亚湘、周向宇，世界知名数学家许进超等学术大咖享誉中外，凤凰卫视著名策划人王鲁湘、“中国雅思之父”胡敏等文化精英群星璀璨，湘大学子“就像洞庭湖的杨柳，倒插着也长”，那种吃苦耐劳、执着霸蛮的精神传承着湘潭大学的红色基因和优良传统。作为湘大青年教师，唯有尊重历史，致敬先贤，弘扬优良传统，赓续红色血脉，才能坚定前进方向，不辱使命担当。

如今的湘大已经站在了一个新的历史起点上，峥嵘过去已经彪炳史册，璀璨当下正在不断延伸，湘大人已经走过了千山万水，仍需跋山涉水，但只要有这样的“汩汩精神源泉”，湘大就没有攀登不了的高峰。

每个辩手都有一个百灵情结

我与“百灵”结缘，是有幸成为“百灵鸟杯”辩论赛的评委。

今年湘大经典品牌“百灵鸟杯”辩论赛已经到了第二十六届，我能够作为评委老师参与赛事，深感荣幸。比赛进入到强强对峙的半决赛阶段时，可谓是“神仙打架”，辩手们好像是站在法庭上捍卫正义的律师，又好像是站在世界舞台的中央为国为民呐喊。今年的辩题是“大数据时代，人的理性/共情能力更重要”，其对辩手的知识体系和表达能力都是一个全方位的考验，反方法学院辩论队以微弱劣势憾输比赛，而相比于输赢，辩论的实质更是要通过争论来趋近真理。

我在点评时是这样说的：“辩题本身没有完全对立，大数据的本质是计算，而制定算法规则的是人，将公平、正义、道德等价值考量纳入思考范畴，是人与机器的最大区别，用主流价值导向驾驭算法正是我们这个时代所呼吁的。”

“论天论地论事，辩是辩非辩理”，“百灵鸟杯”辩论赛为湘大学子构建了一个精神高地，教会我们在这个自由多元的时代懂得聆听和表达，学会理性和思考。湘大“百灵鸟杯”辩论赛从 1995 年发轫至今，历经 26 年的风雨兼程，如今已经从一只雏鸟化作一只美丽的百灵。这场每年五月在俱乐部燃起烽火的校内最高赛事是所有湘大辩手心中的神祇。刘建平副校长见证了“百灵”的蜕变，每届比赛他都亲临现场，兴致来了就即兴赋诗两首，已然成了“百灵”的灵魂人物。

当年我老公是湘大法学院辩论队的队长，每每提起辩论赛，我都仿佛能看到那个曾经叱咤赛场的翩翩少年。创立初期的辩论队，也经历了筚路蓝缕的艰难阶段，没有备赛专用场地，辩论队就如同流动大军一般在不同教室间穿梭；没有对外交流机会，辩论队就拿出“雁过拔毛”的精神，有演讲和辩论方面的专家到湘大开会或讲学，辩论队就“揪”住不放，请去给他们指导。正是这样见缝插针地训练，想方设法地学习，才让每场比赛的获胜都来之不易。

湘大辩论圈流传这样一个段子：科比看过凌晨四点的洛杉矶，我们看过任何时段的湘大。备赛期间辩论队查阅各国历史、了解学术前沿、搜集影像资料、经典辩题复盘……通过这样的反复训练，每个辩手的功夫都修炼得炉火纯青，每届辩论赛都充满可能、充满期待、充满梦想。

今天的“百灵鸟杯”辩论赛作为湘大高水平的校园文化盛典，成为我校乃至全省素质教育的一本生动教材，展现出湘大学子博学多识、理性批判的思辨能力，彰显了爱拼敢拼、锐意进取的湘大精神，饱含着关注民生、关注社会的家国情怀。“百灵鸟杯”辩论赛也成了一个具有思想含量、文化含量、艺术含量的品牌，通过以理服人、以文化人、以学养人、以美育人为“三全育人”营造良好的文化氛围。

今天的湘大辩论队已在国际国内各大赛事崭露头角，在第六届世界华语辩论锦标赛（湖南赛区）、湖南省首届研究生辩论赛、湖南省首届高校辩论赛中先后夺冠，成为全国辩坛不容小觑的劲旅。

披星戴月走过的路，终将繁花满地。这只流光溢彩的“百灵鸟”已经越飞越高，越飞越远，越飞越精彩！

为湘大而播

记得上次直播还是10年前，我在湖南广播电视台做出镜记者，那时的我追着凌晨五点的日出播过早新闻，守着深夜的繁星播过晚新闻，足迹遍布三湘大地，用镜头记录和表达普通人的赤子之心和家国情怀。10年后，招生与就业指导处的陶永峰处长问我是否愿意加入湘大招生直播宣讲团，我没有一秒钟的犹豫就答应了。

湘大办学起点高，综合实力强。早些年，因与“211”失之交臂，加之学校地处中部非省会城市，资源受限，经历了一段艰苦岁月。然而，流淌在血液里的红色基因与家国情怀，却是湘大人矢志不渝的使命追求。

念念不忘，必有回响。时间给了这片黄土地上接续奋斗的耕耘者最深远的回响。如今，湘大入选国家“双一流”建设高校，数学学科跻身“双一流”建设学科，学校培养了一大批享誉中外的杰出人才。但相对于学校的综合实力，湘大的知名度和美誉度还需进一步提高，我们有本事做好湘大的事情，还没有本事讲好湘大的故事吗？能够讲好湘大故事，传播湘大声音，一直是我的一个心愿。

宣传的最好方法就是讲故事！我自己最喜欢讲历史故事，在我看来，了解一所学校的历史对理解它今天的理想和前进道路很重要。唯有灌注历史基因，才能风格鲜明、色彩浓烈；唯有更多文化表达，才能丝丝入耳、缕缕入心。在准备直播的过程中，我查阅了大量学校的历史资料，听到了更多的湘大故事，也更加懂得了湘大人的光荣和梦想。

一切都是摸着石头过河。招就处的唐敏老师被大家亲切地称为“唐老爷”，为我们的直播跑前跑后，开始我还担心直播间设备的准备，到了现场才发现演播台、摄像机、话筒、反光板一切准备就绪，效果刚刚好，瞬间被暖化了，“唐老爷”总能让人安心。

快要开始时，我翻了下朋友圈，满屏都是直播宣传海报，还不知道直播效果就已经大力宣传了。沉甸甸的信任，不能辜负。我在心里给自己鼓劲。

第一场是新疆专场直播，为了有好的直播效果，我特意请来了一位新疆姑娘祖丽呼玛·艾合买提，中间穿插一段采访，祖丽老师特别热情，主动设计道具和台词，分享那些新疆学生的特别故事，未彩排却配合非常默契，给直播增添了很多惊喜。

接下来的吉林场、辽宁场、广西场直播，一场一场打磨，学习各省份招生政策和教育现状，熟悉各地风土人情，找准话题切入点，结合自己的故事与当地受众建立联系。总之，第一阶段的直播还算顺利，然而一切都还只是刚刚开始。

心有所信，方能行远。如今的湘大取得的成绩有目共睹，未来的湘大必将取得更加辉煌的成就，这正是我们可以理直气壮讲好湘大故事的最大底气。

十年光阴荏苒，感恩这十年相遇相知相伴的湘大人，未来的日子我们仍将携手同行。袁亚湘院士说："湘大四年是我成长最关键的四年，我感谢母校培育了我，无论走到哪儿，我都会自豪地说，我是湘潭大学毕业的!"今天老一辈的接力棒传到了我们这代人手里，湘大的红色基因等待着我们去传承，湘大的传奇故事等待着我们去续写，湘大的光明未来正等待着我们一代又一代不懈奋斗的湘大人去努力创造!

我与湘大的五年之“念”

严　画

2017 年 8 月，我来到了湘潭大学，成了化学学院的一名辅导员兼研究生思政教师。那年我 26 岁。

来院的第一天，领导和我谈话，他告诉我需要学会的第一件事，就是学会区分重要紧急、不重要但紧急、紧急不重要、不紧急不重要的事情。我还没来得及消化这一建议，培训考试、评奖评优、团队建设、会议活动、表格材料等事项，便构成了我全部的生活。

刚开始，我面对着一群与我年龄相差无异的学生，有些略感迷茫。面对着不停跳动的 QQ 消息，我有些应接不暇。我每天提前 20 分钟来到办公室，又踏着月光回到家里。我身心俱疲，无所适从。

慢慢地，我与 500 多名研究生几乎都搭上了话。好像相似的年龄更可以拉近我与学生的距离。渐渐地，我分清了轻重缓急，按部就班有条不紊地完成日常工作使我拥有了一种成就感。

有学生在毕业时送了我一个杯子，他说：“感谢您无微不至的关怀，我要去外校读博了，不知何时再相见。”惊讶无措的我连连推辞：“这是我应该做的。”他却说：“您给予我的帮助，比起这个杯子的心意不值一提，您的负责和关心，一直激励和鼓舞着我。”最终，我还是忐忑地收下了那个杯子，一直用到现在。那个杯子构成了我对湘潭大学的第一念——念学生之所想。

第二年，由于工作岗位的调整，我开始做本科生的学生工作。我遇到了我陪伴时间最长的一名患重度抑郁症的学生。接到心理咨询中心的电话，我就急匆匆赶到，看到的是一个文文静静的女生。她无助地坐在沙发上，泪如雨下，却一言不发，那种绝望的气息浓稠到仿佛在空气里可以嗅到。我开车带她去看心理医生，我尝试和她交谈，气氛既压抑又尴尬，善谈的我竟有些词穷。诊断结果是重度抑郁症，需要长期服药才有望治好。于是我开始了长达两年的陪伴她送医复诊。我和她半个月一次见面，然后带她去复查开药。她渐渐和我聊起她的儿时、家庭、身体、学业，偶尔还会露出笑容。

她的抑郁症偶尔发作时会影响她的胃口和学习，但她总会略带抱歉地和我说：“麻烦了姐。”我总是坚定地告诉她：“不麻烦，你很坚强，我佩服你对抗抑郁的勇气，也必将陪你前行。”去年冬天，已经毕业的她回校看我，那时的她已经有了一脸明媚的笑容。她说她停药几个月了，病情控制得很好，有了男朋友，也有了稳定的收入。那个笑容是我在湘大的第二念——念学生之所痛。

第三年，由于工作逐渐稳定，我处理事务来游刃有余。所以在空余的时间里我参加了学院的迎新晚会，和大一、大二的学生共同排练节目，这是一段很有意义的时光。从前我只是每年收到晚会的邀请函，去看学生们或精湛或略显青涩的表演，觉得青春正好，年华正美。而我自己参演则不一样了。连续两个月的每晚 9 点，学生上完晚课才开始排练，经常排到晚上 11 点，周末有时间也要排练，我这才知道学生为了一台晚会需要付出多少的努力，但他们还是兴致勃勃、甘之如饴。

属于学生的青春和奋斗渲染了湘大那个秋冬的夜，连秋雨也为我们静默。我和学生们同台出现在舞台上，肆意舞蹈、热烈的旋律、洋溢的笑容，都成为我记忆里异常绚烂的一抹热。台下的学生认出了我，并且惊喜欢呼，使我感受到了一种融入和认同感，我终于和学生融为了一体。我突然意识到，我就是在为了这群可爱的湘大学生而努力工作和奉献着。那是我在湘大的第三年，这是我的第三念——念学生之认同。

第四年，让我好好地回忆这特殊的一年。这一年，疫情席卷了全球，整个世界像被按下了暂停键，突然间寂静。猝不及防，是每个人的心理活动。一个病毒的迅速增殖就这样带走了那么多人的生命，我突然间就意识到了生命之轻，却又感受到了生命之重，因为国家对于每个新冠肺炎患者不遗余力且不计成本的救治让每个生命都得到了最大的重视。而在这疫情的寒冬，我的腹中有一个小生命在悄悄孕育。初为人母的无措和感动，在这疫情关于生命的思索间，变成一种更为复杂的百感交集。

疫情稍缓，我带着这个小生命一起重新走进湘大校门时，我对自己说："嘿，和妈妈一起去守护哥哥姐姐吧。"再次看到可爱的学生们，我的心态有了翻天覆地的变化。没有成为母亲之前，我仍是个孩子，如同对待朋友般对待着学生们。而母亲的身份让我一夜间长大，看到学生们，我猛然意识到，他们也是别人父母的孩子，他们和我的孩子一样，也是为人父为人母的我们对这个世界的最虔诚的期待。我们期待世界以善意待之，我们期待孩子康健成长，我们期待与我们孩子有关的人能尽可能地照顾他们。我意识到，我于他们的父母而言，是所期之人，所托之人，所信之人。我和他们那种亦师亦友的关系中，突然又多了一份母亲对待孩子的责任。多了耐心，多了包容，多了倾心，少了浮躁，少了烦恼，少了倦怠。这些来到湘大的孩子，就如同进入了另外一个名为大学的母亲的怀抱，在温暖的三拱门里抵御着疫情的侵袭。这是我的第四念——学生之守护。

第五年啊，第五年。这是我来湘大的第五年。人生有多少个五年，我又还能陪伴湘大和湘大学子多少个五年。

念啊念啊，惦念的东西越来越多，湘大从一个名词逐渐变成具有厚重感的情感归属。

湘大啊，你一年年变美，我沉浸在你的美丽里，逐渐沦陷。

湘大啊，你越来越优秀了，你进入了国家"双一流"建设高校，在我工作生涯的第一个五年。

湘大啊，我庆幸我还有很多个五年来陪伴你，在我人生最美好的年华。

湘大学子啊，一年年有新的学子到来，我也目送了一届届毕业生远行。

湘大学子啊，如果注定只能陪伴你人生的其中四年，我也希望在这四年里为你们做到我能做的一切。

湘大学子啊，希望你们谨记与学校的血脉勾连，情意缠绵，在你们最热烈的青春。

湘大，我一直念你……

湘遇有缘　师道传承

王　译

作为改革开放以来全国首批16所综合性重点大学之一，湘潭大学由毛主席亲自题写校名而传颂为佳话，是莘莘学子神往的学术殿堂。诞生于红色光辉岁月的湘潭大学，承载了伟人的谆谆嘱托和殷切希望。我能够在博士毕业后有幸回到家乡湖南，有幸到湘潭大学从教，这无疑成了我人生中的宝贵经历。比起坚守扎根湘大耕耘30年的前辈而言，我对湘大的印象直观而又浅显，短暂的入职经历时刻提醒着我是一名不起眼的“新兵”。虽是新兵，但我与湘潭大学的缘分早在十几年前便已结下。

初识湘大，结缘秀山

那是大三暑假的时候，我去湖南科技大学找同学玩。藉此契机，我们萌生了去湘潭大学参观的想法。在我人生中，这是第一次走进湘大的校园，第一次近距离接触这所久负盛名的高校。虽几近人定之初，隔着遥远的三色霓虹灯可看到标志性的三道拱门巍然屹立在眼前。走近之时，又见到不少学生在门口借着灯光学习，教室、自习室、图书馆灯火通明。学生们结队而伴，三言两句中既听得爽朗笑语，也听得打情骂俏，胜却繁华都市中的无尽喧嚣。相比与校门外不远处幽静的羊牯塘，这已然形成了一道独具魅力的风景线。

2010年，当我考入武汉大学法学院继续攻读硕士时，恰巧知晓我的硕导江国华教授便是湘大人。江老师对湘大有着深厚的感情，前些年里在武汉大学的保研学生中都会出现优秀湘大学子的身影。彼时，身边师友凡俊秀杰出者，多与湘潭大学法学院存在学缘结构上的联系。无疑，法学享誉四海，展现了一代代法学人的荣光。江老师作为武大法学院的“劳模”“拼命三郎”，当年将湘大法学院读书会的学习模式引进了珞珈山，形成了而今知名的“司法文明论坛”。每次去看老师的时候，江老师最常说的便是“哪有那么多时间出门吃饭，要多看书多学习”。江老师惜时如金，十年一日，方成学界巨擘。焚膏继晷、夙兴夜寐的勤奋让诸多学术后辈耳濡目染、备受震撼。于我而言，其更是遥不可及的学习榜样。

硕士毕业后，我因机缘交错没能继续深造。数年后，我放弃了华中农业大学稳定的事业编。在江老师的举荐下，我重新回到了武汉大学跟随占善刚教授攻读博士。在博一暑假的时候，湘潭大学法学院面向全国在校研究生举办了一期暑期学校。在为期一个月的学习过程中，经常闲步于三道拱门下，虽是酷暑难耐，但基建声仍隆隆作响地为建校 60 周年做准备。不需要什么高楼大厦，其秀山绿道，亭台小憩，才是别有另一般风味。在松涛山庄集体入住后，我能感受到的并非仅仅是回归家乡的亲切，更是真切地感受到了严谨的学风。在开班典礼上，我有幸作为学员代表发言，提出了青年学子应具有的“蓬勃朝气，昂扬锐气，浩然正气和学儒雅气”，恰与“扬浩然正气，铸法治精魂”的院训精神暗合，深感其妙。

在短期的学习交流中，我了解到湘潭大学法学院在“博学笃行，盛德日新”的校训中凝萃出的优良学风，并非心血来潮的一蹴而就，而是守正出新、久久为功的师道传承。这不仅表现在深夜教室和教师工作室的灯火通明，更是体现在师生教学相处过程中的亲密无间。传道授业解惑成了教师生活中必不可少的一部分，读书会、分享会、学术报告等活动也逐渐成为师生定期交流的有效平台。也正因为湘大的位置较之市区有一段距离，在湘大就读的学子可以集中时间精力投入学习当中。相较于地处繁华闹市街区大学校园的学生，湘大学子更易沉淀浮躁之心，更能让我感受到他们扎实的学术品格。在我过去的学习时光中多有耳闻，不少学校的学生在课后几乎很难在办公室找到任课老师。而在湘大，此种情形却是截然相反。

重回湘大，坚守初心

重视教学质量本身，便是以课堂为主战场。站稳讲堂是每一名新入职教师的第一课。湘大的老师们，不仅要站住且还要站稳讲台。岗前培训中的一个环节是在智慧教室内集中展开教学理念与方法的指导，这兼具了内容和形式上的创新。除此之外，课堂并非传道授业的唯一阵地。日常生活中，老师的言传身教可谓无处不在。入职以来，此种感觉愈加强烈。校内食堂常见，老师们在餐桌前与同学们讲习论道。或散步同游，或同台体育竞技，将“三全”育人践行在这“春风化雨”般的授业解惑之中，在学生心底种下了希望的种子。在入职湘大后的第一次岗前培训时，我偶遇“老东家”前辈华中农业大学生命科学专家郑用琏教授。作为主讲人，他以 75 岁的高龄为新入职的湘大教师传授如何站稳讲台的秘籍法宝，届时顿感一见如故。在踏实严谨的学风上，两所学校都有共同之处。

而后的教学生涯里，我作为法学院的新人，继续见证了学院和学校的新发展。法学院在与知识产权学院、信用风险管理学院共同组建法学学部后，不仅在学科建设上领跑湖湘法学，而且在硬件条件上极大改善了教师的办公环境。相较于兄弟高校多名博士挤在同一个格子间内的现状，法学学部对新进老师的人文关怀已经用行动予以践行。当法学学部整体搬迁至永雄楼后，作为新进博士能够拥有一间属于个人的办公场地，这已是弥足珍贵。遥想求职之初，扎根莲城也是机缘巧合。湘大不搞“非升即走”，为的就是让青年人沉下心来。

常言道，吾心安处是吾乡。因为入职湘大，我也喜欢上了莲城湘潭。阔别湖南 15 载，入职湘潭时已是而立之年。湘潭这座城市面积虽不大，却有着烟火气和人情味。工作节奏不同于都市的繁忙紧凑，而是有着生活气息的慢条斯理。在我第一次感触到湘潭这座城市“房价洼地”带来的幸福感时，更能深刻地体会到青年学子的奋斗归宿并非所谓“北上广深”的绚烂之美。高楼林立的建筑森林中，多少北漂之人常年居无定所，行业浪潮中随波逐流，或是在高房价、高消费和快节奏的工作循环中日渐麻木，陷入迷惘而不自知。莲城为旅居他乡的青年学子提供了一个温馨的港湾，从相对优越的房价优势中，这座城市对现有教育资源的整合也是回应了家乡学子的殷切呼唤。随着“三高四新”战略定位和使命任务的形成，“长株潭”经济一体化的推进，湘潭市雨湖区九华交界处的大学城未来必将进入一个全新的高速发展阶段。

师道传承，牢记使命

入职以来，这些感知和体会远不及学界前辈的厚重，但我无时无刻不在为学校的新发展而自豪。当我听闻湘大入选“双一流”建设高校时，欣喜之余倍加感受教师的职责所在。作为湘大教师队伍的一分子，我能做的就是履行教师职责，做好本职工作，指导出更多优秀学子，让他们在大江大河中展现湘大人的新风貌。湘大人的寓教于乐，不纯为知识传授之乐，而更是教学相长之乐、从游之乐。为党育人，为国育才，这并非仅仅体现为知识的传递，还要避免自己沦为知识的搬运工。所以，我们要教会学生如何“致良知”，在新时代语境下更可理解为将“课程思政”融入专业学习的过程之中。

每当漫步在毛主席铜像广场时，发现这早已成为师生留念合影的必经之地。正如《沁园春·长沙》中的“恰同学少年，风华正茂”，吾辈学人置身中华民族伟大复兴的历史时期，当珍惜光阴，砥砺前行，如此方能在中流击水之时浪遏飞舟。“湘”遇有缘，师道传承，以湘大前辈为榜样，作为新人的我只盼能有幸跟随其脚步，不负党和国家赋予高校教师的神圣使命。

最是深耕处　扎根正当时

檀朝桂

60多年的湘大，在一代伟人的嘱托中孕育；60多年的湘大，在党和国家领导人的亲切关怀下成长；60多年的湘大，培养了一批又一批的国家栋梁之材。学校正按照习近平总书记的批示扎根伟人故里，以“双一流”建设高校的新姿态昂扬前进，向更好、更有特色的目标迈进。青年兴则国家兴，青年强则国家强，国家的希望在青年，民族的未来在青年，学校的发展靠青年。湘大正逢暖春，正是青年人才扎根、深耕的好时节，今天的耕耘，必将迎来明天的硕果。

静得下心，在“扎根”中坚定信念，拥抱“双一流”

心中有信仰，脚下有力量。一代又一代的湘大人秉承“牢记嘱托，艰苦创业，追求卓越”的湘大精神，弘扬优良传统，坚持立德树人。这不是偶然，这是扎根破土，金石为开的必然。沧南教授本有一个很不错的工作和生活环境，但他为了心中的信仰，毅然选择定居湘潭，扎根湘大，一生致力于毛泽东思想研究，他的信仰光芒，点燃了自己的心灯，照亮了后人的灵魂。老党员曾子其25年如一日，始终关心学校发展，关爱学生成长，不为名不为利，用一颗赤子之心在湘大铸魂育人，感人至深。彩虹一片源自风雨同路，向下扎根方能向上成长，青年人才要静得下心。曾国藩说：“……故从容安详，为处事第一法。”一杯水，静下来才能映照世界。一颗心，静下来才能体察入微。心有多静，福就有多深；心若静好，岁月自是无恙。湘大这块学术净土，等待有为青年静心耕耘！

沉得住气，在“拔节”中勇挑重担，建设“双一流”

有多大担当才能干多大事业，尽多大责任才能有多大成就。“一位伟人，一纸校名，一句嘱托，一座大学”，湘大自创办之日起，就承载着为国育才，为党育人的重任，一路走来，勇于改革创新，扎实推进内涵式发展，有“计算湘军”“法学重镇”等称号。责任一直在路上，干成事，关键在干，要义在成。成事是一种态度，是一种责任，更是一种精神追求。林建国教授本科、硕士、博士、博士后均在北京航空航天大学完成，导师希望他能留校工作，但林建国还是选择回到家乡建设湘潭大学，他在湘大担任副院长、院长的期间，为了学科和博士点的发展与建设，在杨奇斌等资深教授的带领下，直奔办公室，连续奋战 30 多个小时，就为赶在会前拿出一本高质量的申报书。周航宇教授放弃高薪，静心在湘大基于断面一体化的无人船设计与研发，志在解决国家水域监测这一重点和难点问题。青年人才行不行、好不好，关键在于能不能实干、有没有实绩，要能沉得住气。古语有云：“静不露机，云雷屯也。”欲成大事者，切不可锋芒毕露。就像雷雨般，看似不作为，实则是韬光养晦，藏锋守拙，以待良机。特别是对待个人成长，要始终保持良好的心态、从容的定力，把渴望被看重的焦虑转变为用心干实事的实践，把胸怀的理想抱负变成为“双一流”建设的实际行动，在履职尽责中不断超越自我，在健康成长中不断彰显价值。湘大这片滋养沃土，适合有志青年拔节成长！

檀朝桂（左）老师与林建国老师合影

拐得了弯，在“抽穗”中善作善成，巩固“双一流”

风好正是扬帆时，不待扬鞭自奋蹄。当前学校的建设发展站在了新起点，步入了新阶段，肩负着新使命。但对照中国特色、世界一流的目标和内涵式、高质量的发展要求，办学资源不足仍是制约学校发展的“瓶颈”问题；学科“高原”“高峰”建设成效还不够突出，学科优势仍需进一步强化，学科特色仍需进一步彰显，“双一流”的巩固“压力山大”。然，道阻且长，行则将至，行而不辍，未来可期，岁月带伤，亦有光芒，前方的道路会有曲折，但也充满希望，青年人才要拐得了弯。王先友教授连续 7 年进入能源领域中国高被引学者榜单，国内镍氢电池正极材料修饰第一人，国内氟离子电池研究的领先者，英国皇家化学学会会士，电化学领域不断前行的“追光者”，默默耕耘 28 载，矢志追逐科研“强校梦”，根据电池的研究进展，从锂到钠，再到锂硫，他用自己的实际行动，坚守初心，扎根三湘大地。“教学达人”“湘大名嘴”宋德发教授把教学当作学术去研究，他的课深入浅出、雅俗共赏，且幽默风趣、语言深邃，为湘潭大学的教学质量正向牵引做出了极大贡献，“双一流”不仅体现在科研，教学也一样很重要。正如毛主席说过：“地在人失，人地皆失，人在地失，人地皆得”，只要湘大青年人才善作善成，善做善勇，湘大的“双一流”必将稳如磐石。决定人生高度的，从来就不是起点，而是一个又一个的转折点。青年人才若懂得拐弯的智慧，则始终能将命运掌握在自己手中，成就自己的人生梦想，成为高端拔尖领军人才，打造高端团队。湘大这片红色热土，需要有梦青年热情抽穗！

提得了速，在“绽放”中行稳致远，成就“双一流”

起跑就是冲刺，开局就是总攻。学校有重大国内外影响力的原创性、标志性成果还不多；国际交流合作步伐还不够快、水平还不够高；内部管理服务能力水平对照现代大学治理要求还存在一定差距。因此，我们急需自己的大师、大先生来治理与充实，青年人才要提得了速，跑出新时代的青年加速度，立志做大先生，潜心做大学问，行稳致远。1982 年出生的学院“女掌门”杨雪娟教授发表的论文被写进英国教材，也被美国国家科学院院士、普林斯顿大学纳入“天体物理学前沿”教程专题。近年来，她稳扎稳打，策马扬鞭，先后主持国家自然科学基金优秀青年基金、中国载人航天工程巡天望远镜专项科学研究子课题等；担任“恒星与星际物质”湖南省高校重点实验室主任，在 APJS、New Astronomy Reviews 等期刊发表论文 20 余篇，并加入国内多个大型望远镜的科学团队。年轻的邹娟教授博士毕业后一直从事优化工作，近些年，她发力明显，速度激增，不仅科研成果突出，如国家自然科学基金立项，牵头申报的省级工程研究中心获批等，教学也是表现突出，获得学校有史以来唯一的一个全国教学比赛二等奖，湖南省教学成果奖一等奖等，近期在横向产业化上也是捷报频传。时不我待，只争朝夕，青年是时代发展最蓬勃的动力，要敢于发力，以青春之我、奋斗之我，为成就“双一流”添砖加瓦。大力弘扬科学精神，不断激发科研活力和动力，涌现出更多创新思想，产出更多创新成果，为加快建设特色鲜明的高水平现代大学做出新的更大贡献。湘大这片人才厚土，期待有力青年激情绽放！

唯有扎根至深，方能枝繁叶茂。习近平总书记在庆祝中国共产主义青年团成立 100 周年大会上发表重要讲话时强调，青年犹如大地上茁壮成长的小树，总有一天会长成参天大树，撑起一片天。青年人才发挥“蹲苗”精神，经得住“播种期”扎根的“寂寞”、“萌芽期”破土的“煎熬”、“成长期”抽枝的“磨砺”，以“钻”的毅力、“破”的决心、“韧”的品质扎到业务中，必定能成长为经得住风吹日晒雨淋的湘大“红柳”。

第二辑

守望湘大

黄土地上的守望，春秋风雨改，崎岖不变爱，最是深耕处，扎根正当时。感恩湘大寄我思，我们和湘大一起分享阳光、分担风雨、一道成长、一路前行、无怨无悔，情定终身。

深深扎根于湘大

沧　南

我们这些老同志，都是湘大复校期间来的，距今已有40余年了。我们来时，筹划基建工作还未开始，只闻湘大之名，不见其实体，没有教室，没有图书馆，没有教职员工宿舍。党委书记张勇住在鹅公塘仓库门口一间小房子里。教职员工都住在周围农民家里，近的两三里，远的六七里。一家老小挤在一间房子里，吃的、用的都要步行到市里买，特别是买煤，需要全家出动，男拖女推，先把大板车拖到火车站附近煤场，买上几百斤散煤再拖回来，来回三十余里，男人肩膀痛，女人腰痛，几天也恢复不过来。

现在的第一、第二、第三教学楼，大礼堂、逸夫楼、东坡村、松涛村、北斗村这些地方，过去都是连绵起伏的红色小山包，没有树，也没有草。湘大负责人事调动工作的同志曾对我们说过："湘大目前工作、生活条件比较差，交通又不方便，住在农民家里，水要自己到塘里去挑，比较艰苦。"但是，我们仍然义无反顾地来了，而且是自觉自愿来的，是怀着对伟大领袖敬爱的心情、带着一颗一定要把湘潭大学办好的赤胆忠心而来的。只要把湘大办好，吃点苦，受点累，值得，有意义。

我们这些老同志来自全国各地，虽然经历不同、专业不同、生活方式不同，爱好不同，但是，在来湘大工作、任教这个问题上，却有许多共同的想法，我把它概括为“三感”。

一是自豪感。湘潭大学办在毛主席的家乡——湘潭市，它是全国一所文理工综合性重点大学，是经过毛主席的同意而创办的。湘潭大学四个苍劲有力的大字，是毛主席亲自书写，并嘱咐“一定要把湘潭大学办好”。所以我们来湘大工作、任教都感到非常自豪，非常荣耀，备感光荣。这种自豪意识使我们有勇气、有毅力面对现实。大家笑容满面，该劳动的就去劳动，该备课的就去备课。没有一个说怪话，也没有一个要求调走的。我们生活都过得很充实、很愉快。

二是责任感。我们意识到办好湘大是湖南人民和毛主席老人家的心愿。若是不能又快又好把他们的心愿变成现实，我们就辜负了他们的期望，就会深感内疚，觉得对不起湖南的父老乡亲，对不起毛主席他老人家。所以在湘大工作的每一位同志，都感到了责任重大，有压力、有紧迫感。这种紧迫感，迫使我们兢兢业业、勤勤恳恳、一丝不苟地做好每一项工作，讲好每一堂课。

我们的责任，说得具体些就是：引导和帮助同学们树立科学的、革命的世界观，即马克思主义的立场、观点、方法和为人民服务等相统一的世界观。根据我们自己的经验：世界观对于我们来说，实在是太重要了。它不仅关系到同学们的前途和命运，而且关系到社会主义祖国的前途和命运。再过 20 年，我们的党和政府的各级领导权，就掌握在你们这一代青年人手中。到那个时候，社会主义祖国向哪里走，走什么道路，就取决于现代青年树立什么样的世界观了。

人来到这个世界上不是为了自己个人的发展，而是为了要在科学的革命的世界观的指导下，解放全人类，使人得到全面的发展，而是为了改造、发展这个世界。这才叫人。人和其他动物就有这个区别。这是其一。其二是指导和帮助同学们学习科学知识，掌握为人民服务和建设有中国特色的社会主义的本领。科学知识，不是生来就有的，也不是从天上掉下来的，而是学来的，学习就要遵循一定的方法。我们的经验：一是博学。我们学校的校训，第一条就是博学。所谓博学，除了学好自己的专业以外，还要广泛地阅读各种书籍，只有博学，知识才广博，才范围大、方面多；二是边读、边想、边记。读不懂，就要多读，并且反复地钻研，没有时间，就少玩。“想”，就是想怎样用所学的理论来说明、解释存在的问题。“记”就是把自己的学习心得、体会记录下来；三是要多复习，只有三复四温，才会有新的认识。所以孔子才说：“温故而知新。”

三是自尊感。要使别人尊重湘大，作为湘大人的我们，首先必须爱护湘大，尊重湘大。说得具体些：一是绝不向别人低头弯腰说湘大不如其他学校；二是绝不容许别人歧视湘大，恶意贬低湘大。我们怀着自尊心，在湘大党政的领导下，团结一致，互相鼓励，互相帮助，不利于团结的话，绝对不说，有损湘大形象的事，绝对不做。

如今我们虽然老矣。但是人老志不老。我们永远不忘初心，牢记自豪感、责任感、自尊感，攻坚克难，为湘大在“双一流”建设高校的基础上前进发展，贡献我们的微薄之力。

感恩湘大寄我思

刘建平

1980年，我以衡山县文科第一名的成绩考入湘潭大学历史系历史专业，至今已有42年了。真是岁月不饶人，我由一个翩翩少年变成了两鬓斑白的老年人了。

回望过去，我对母校充满感激，感恩母校湘大，没有母校的教育、老师的培育就没有今天的我。我先后任历史系团总支书记、校团委副书记、哲学系党总支副书记、国际经贸管理学院党委副书记、洞口县挂职副县长、组织部正处级组织员、成人教育学院院长、组织部部长、统战部部长、党委党校副校长、副校级督导员、党委委员、副校长。我的职称由助教升讲师，后破格晋升副教授，2000年升教授，现在是二级教授，博士生导师。

我曾被评过校优秀教育工作者、优秀思想政治工作者、优秀共产党员、优秀党务工作者、优秀科技工作者、关心青年育才奖，红红的奖励证书积累了一大柜子。最让我引以为豪的是被国家发改委、中宣部、教育部等十四个部委评为“全国红色旅游先进个人”，是全国高校的唯一代表。

我曾被聘为教育部高校文化素质教育指导委员会委员、国家文化公园专家咨询委员会专家、全国普通高校毕业生就业创业指导委员会委员、中国中共党史学会理事、湖南中共党史学会副会长、湖南省旅游研究基地首席专家、湖南省文旅厅旅游规划咨询专家，是湖南省首批121人才工程入选人员，湖南省高级导游。荣记湖南省委组织部和湖南省人事厅一等功，获评国家教学成果二等奖，主持、参与国家级和省部级研究课题50余项、横向课题近30项，出版著作24部，发表论文100余篇。

这些成绩的取得，我认为：

第一，党的教育培养的结果。没有党的教育和培养，我怎么会有这样的成绩。这是我发自内心的感谢。是党的信任，一步一步地给我机会和岗位。我的老师曾教育我，一个人入了党就要树立全心全意为人民服务的思想。湘潭大学是伟大领袖毛主席亲自倡办、亲自题写校名、亲切嘱托一定要办好的全国综合性重点大学，也是习近平总书记批示要办得更好、更有特色的大学。我们每一个湘大人都有沉重的责任和任务，每一个党员干部就要把这个责任和重担勇敢地担起来，有一分光就发一分光，有一分热就要发一分热。

我是我们班第一个入党的，入党介绍人是陈雁青书记和李宽修同学。我记得我入党宣誓是在老办公楼一楼的办公室举行的，当晚学校停电，我们是在蜡烛光照亮下宣誓的，面对党旗，举起右手，口念誓词，记忆非常深刻。党支部书记是胡兰桂老师，是他准备了蜡烛，给我们带来了光明。后来，我们在毛主席生日的时候，学校在大礼堂又举行了一次集体宣誓，由党委组织部部长赖思敏领誓。入了党，心中就有了信念，有了追求，有了责任。

第二，老师培养的结果。学校的根本任务是立德树人。经师易得，人师难求。很多老师都是兢兢业业、不计报酬、全力以赴。外国语学院朱寄生老师，他是吴宓的学生。他教我们“大学英语”这门课程，教学方法好，我们学习认真。他很关心我们每个学生的进步和成长，学生毕业后，每次见面都要关心询问，这就是一种大爱。易祖洛老师是我们历史系“历史文献”课的老师，除教给我们知识外，还教我们爱国，教我们诗词、书法，提升我们的人文素养。

给我上过课的老师有杨静婉、赵桦、唐启维、杨逊、何崇恩、易祖洛、易漫白、余明光、向祥海、唐兆梅、钟启河、何华国、彭秀珍、杨奕清、崇汉玺、伍新福、谢建明、陈永麟、郑祖铤、李广一、吴荣政等老师。学校还外请了胡华、赵俪生、朱宁、隗瀛涛、戴逸、熊铁基、陈旭麓、齐世荣、李学勤、于光远、郭彬蔚、李春辉、钮仲勋、何业恒等知名专家，都是大家。他们为我们讲座，开阔了我们的视野。系行政领导有伍新福、曹木清、周宏頫、宋兴祥，系党总支书记有胡加双、副书记陈雁青，团总支书记先后有胡兰桂、石柏林、郭国灿，学生干事有唐代喜，班主任有杨静婉、唐启淮、刘启良等老师，工作认真负责，细致入微，对我们关爱有加。

我读大学时第一个班级职位是胡兰桂书记安排的，他要我担任生活委员。我记得胡书记是在南山 4 栋 202 室的门口跟我说的。我当时有点不情愿，不想耽误时间，想一心一意读书。胡老师很关心地说，书要读好，也要多锻炼锻炼。这个职务我一直当到毕业。思政课教师有陈宗瑜、李园、范彬、胡平生、杜克勤等，他们教我们做人做事，扎根伟人故里。我记得上大学的时候，普通话讲不好，杨静婉老师教我们讲普通话，我们学得非常认真，以至于我的普通话有东北味。

大学实习是易漫白教授带我们 1980 级历史班到石门皂市考古实习，我与吴国华、杨更喜同学在 28 号探方，易教授、盛定国馆长指导。我们发现了青铜鱼钩，后来何介均研究员在《考古学报》发表论文时用了 28 号探方鱼钩的资料。易漫白教授在考古业余时间，还指导我们学习英语。后来我才知道他是考古学的创始人夏鼐先生的研究生，英语好得很。大学三年级时，何崇恩老师和宋耕耘老师带我们到武汉、荆州、岳阳实习，增长了我们的业务知识和社会阅历。

我在大学最后一学期参加了湖南省教育厅举办的湖南省首届政工干部培训班学习，我任学习委员，李星万、向亚良、潘泽宏、唐爱菊、戴述雨、盛新华、张铁夫、曹让庭、蔡铭楚、张庆福、杨慎初等是任课老师。我学习了思想政治教育有关专业的知识，完善了知识结构。后来，学校在此基础上开设了思想政治教育专业。大学毕业后，我留校工作。在读博士阶段，感谢王继平教授、何文燕教授、胡肖华教授、李交发教授、胡平仁教授、张全民教授、廖永安教授等老师的教育与启迪，感谢章育良教授、刘军平博士、范登峰博士、刘泽友博士、曾琼博士、欧爱民博士等的鼓励与帮助。

第三，同学帮助的结果。在湘大的几十年中，我经历的单位多，同事也多。他们对我关爱有加，互相支持、互相帮助。我们留校的同学有宋银桂、吴杰、彭明哲等，现在宋银桂、肖芳林、刘金如、罗玉明、程波等同学一同在湘大扎下了根。我和同学们一起学习、生活，度过了美好的时光。我记得，我和吴杰同学一同留在历史系，策划过一些经典活动。我们经常深入学生宿舍，关爱学生，努力当好同学们的良师益友。我和肖芳林同学是被学校同一文件派到系里任党总支副书记的。我们经常交流，互相学习，工作经验也得到了提升。我和宋银桂同学一直留在学校，每次同学们回母校，我们都在一起，因此结下了深厚友谊。彭明哲同学才华横溢，腹有诗书，我们一同交流。罗玉明同学学问专深，爱好广泛，我们一起学习。程波同学在法学院教书，教学认真，学生喜爱。刘金如同学带的研究生表现优秀，现在是我带的博士生。同学们互相鼓励、激励、勉励是我不断前行的力量。

第四，自身的努力结果。我时常感到能力不足、素养不够。因为我主管学生工作，所以我需要不断提升自身的政治素质、道德素质、文化素质、知识素质、身心素质。给人一碗水，自己必须要有一潭水，要不断充电、学习、提升。

我有记日记的习惯，从大学到现在，我记了42年日记。这既是自己的工作总结，也是一份历史的记忆。我记得我申报第一个湖南省社科基金项目是在1996年，当时住在东坡村1栋102室。我利用晚上的时间写论证材料，夜已很深了，我边思考，边写作，文思如泉。我疲劳的时候，看到窗台上毛主席在保安的照片，心中充满力量。他那双锐利的眼睛，藐视一切困难，给了我极大的信心。后来，课题申报成功。在洞口县挂职任副县长时，我利用业余时间，深入调查研究，写了2本专著，发了40多篇文章，2000年评上教授。我被评为2006—2008年湖南省优秀组织工作者，荣记湖南省委组织部和湖南省人事厅一等功。近年来，我担任湖南省旅游基地首席专家，参与申报了中国红色旅游创新发展研究基地。我注重研究红色旅游、红色文化，取得了一点成绩，出版了3本专著，发表了系列论文，产生了良好的社会反响。“导游理论与实践”获得湖南省精品课程，也获得湖南省百门优秀教材。2016年获得了教育部人文社科研究项目。2017年获得了国家社科基金项目。2018年获得了国家教学成果二等奖。2018年12月获得了湖南省名师示范课堂一等奖。2019年获得了湖南省高等教育省级教学成果一等奖。作为主要成员参加的课程“伟人智慧：大学生学习毛泽东”获得了全国一流本科课程，我主持的课程“领袖智慧：大学生学习习近平”被评为湖南省精品课程、2022 年智慧树网精品课程 TOP100 课程。2011 年被评为全国红色旅游先进个人，得到了国家部委的表彰。

现在湘潭大学入选了国家“双一流”建设高校，实现了我们多年的愿望。我感到我有很多事情没有做好，工作永远要探索。扎根伟人故里，弘扬优良传统，更多的是去实践。我们要向老一辈湘大人学习，牢记嘱托、艰苦创业、追求卓越，为把湘潭大学办得更好贡献自己的一生的力量。

我的“四书”生涯

杜雄柏

1979年9月我有幸成为湘潭大学400多名新生中的一员。43年牢牢扎根于湘大这片土地献青春、洒热血，当年一个身强力壮的小伙现已成为一介银发满头的老翁。回望过往，百感交集，感慨良多。只不过总体而言，还是激动兴奋难自制，终生不悔入湘大。

本人不恋权谋，只好学问，故而大学毕业后毫不犹豫选择留校。读书、教书、著书和评书便构成我的基本人生。

如饥似渴：读书

高中毕业后，回家务农年6年有余。寒来暑往，起早摸黑，扶犁打耙，修堤筑坝，不说宝贵青春耗费无法弥补，更有学习中断，知识荒废。来到大学，面对浩瀚无垠的知识海洋，既欣喜又焦虑：有如山的知识可学怎么叫人不兴奋激动？从何学起和怎样学，又不免让我神情慌乱，手足无措！尤其是那仿若天书的哲学。很长一段时间坐在教室里听老师讲唯物、唯心，讲黑格尔、王船山，我如坠五里云雾之中——晕晕乎乎，找不到南北。就凭着“在科学昌明的今天，大学不可能开设无用的课程”这一朴素的信念，我硬着头皮，耳手脑并用：全神贯注地聆听着，一字不漏地记录着，翻来覆去地琢磨着。听课时不怕吃粉笔灰，总是抢占第一排。课前预习、课后复习成习惯，盥洗间搓衣、饭堂里用餐争论问题是常态。依照名人指点，模仿成功者，广泛涉猎多种学科知识：有与专业相近的政治学、社会学、经济学、教育学、心理学、逻辑学和科学学，也有相距甚“远”的诸如统计学、物理学、生物学、人工智能学和遗传学……细嚼慢咽，慢慢体会到哲学的魅力，她美不胜收：能让人回味无穷，也能让人爱不释手。

我去图书馆每周至少 3 次，常翻阅《百科知识》等杂志以了解知识变化的新动态，阅读《人大报刊复印资料》等书刊以快速掌握专业学术新成果。

有体会动笔杆，读书中做笔记，读书后写札记。自觉有了点新看法便试着写小块论文，随后寻求相关老师做指导。本科三年级时发表论文《浅谈学习兴趣的培养》；学习外文，从字母开始，每周“逼迫”自己翻译 1 至 2 千字，接触俄语 8 年便在权威刊物《国外社会科学》上发表近 7000 字的翻译作品。

1986 年，年过 30 岁，为在专业上提升自己，撇下妻儿，背井离乡，西去重庆读研深造。尽管坐在图书馆里也曾萌发过放弃的想法，但也只是一闪而过，很快又归于平静。1989 年毕业时，社会动荡不安，物价飞涨，人心浮动。此时正值海南建省，求贤若渴，大批孔雀向南纷飞，我却毫不犹豫，义无反顾地回到湘大。

诲人不倦：教书

1983 年 7 月本科毕业时，找个体面的工作于我并不难。记得毕业填志愿表时，供我们任意选择的单位写了整整一黑板。什么党政机关、政法部门、大专院校、科研院所、国营企业真可谓应有尽有，我却不加思索地选择了留校——当教师。

人说“学高为师，身正为范”，对此我深信不疑。无论是传道、授业、还是解惑，要做一名合格教师的确也不容易，它需要永不止歇的修炼与奋斗。我认定，言传身教是王道。

1994 年晋升副教授，至 1999 年在学位点负责人来到我家的强烈要求之下才十分不情愿地带了 2 名研究生。不是懒惰，或为难他人，是我对“导师”有自己理解：要么自己的学问过硬，能把学生领进学术殿堂，要么有人能助你把学生培养好，否则就是误人子弟！本人命运多舛，人到中年便染上几种恶疾（1997 年染上糖尿病；2009 年罹患膀胱癌，2018 年膀胱癌复发；2020 年又被检查出前列腺癌）。在病重住院期间，左手打点滴，右手给学生修改论文是常事。一稿二稿三稿……给医生、病友留下不少感动。多少回拔掉针头，就出现在课堂上。为了不显露留滞针，便戴上手套予以遮掩。

生病住院依然坚持工作的杜雄柏老师

为本科生授课，从不信口开河，不断增添新的知识内容，随时征询学生听课意见。要求学生不迟到，自己至少提前 5 分钟到课堂，37 年间始终如一，从没有过什么迟到或早退，也未曾出现过其他教学事故。任教授 21 年，年年为本科生授课。

在给学生授课时遇到觉得有研讨价值的话题，便鼓励学生学试着撰写学术论文，并无偿提供指导。10 余年来不下 20 篇，其中 10 多篇获得省市学会奖，公开发表 17 篇之多。

2021 年 12 月两名 2019 级本科生在提交期末的作业中各自附上如下一段话：

“一些想对老师说的话：在阅读杜老师的文章和书籍的过程中，那种亲切，娓娓道来，又直接指向问题所在的阅读感令我发自内心崇拜杜老师。虽然我自己写稍有观点表达的文章就毫无逻辑、杂乱无章，但我希望自己今后能够成为像老师这样的学者。为人，老师不卑不亢，潇洒自在；为师，老师学富五车，春风化雨。感谢可敬的杜老师！感谢这学期能让我接触到犯罪学这门学科 。也请杜老师在工作之余一定要多多注意身体！最后，祝老师全家身体健康，平平安安，万事顺意，阖家幸福！”

“尊敬的杜老师，这一学期选修您的《犯罪学》课程，眼界大开，受益匪浅，也深深喜欢上这一学科，我很想日后从事这一学科的学习和研究，请问您还带研究生吗？不带的话，又能否为我推荐北京某大学的一名指导老师吗？真诚感谢！”

一名退休 3 年多的老教师，为本科生授课能获得学生如此评价，我知足了！

即便是今年（2022 年）3 月份，仍有 3 个毕业近 10 年的硕士，还在向我求教：一个要指导她写作研究报告，一个要帮其修改论文，一个要为他写作论文提供选题。我都有求必应，及时满足了他们的要求。

笔耕不辍：著书

一名高校教师不能仅仅满足于现有知识的传授，还必须能够创造新知，以推动学术的进步。基于这一认识，在扎根湘大近 44 年的时间里，我“老牛亦解韶光贵，不待扬鞭自奋蹄”，刻苦努力，笔耕不辍，共出版个人学术专著 6 部，发表学术论文 110 余篇，共 260 万余字。接近退休时还连续 3 年（2015 年、2016 年、2017 年）发表超 2 万字的反腐败长文 3 篇且全部由人大复印资料全文转载，在学界产生不小影响。2020 年 7 月仍在法学最高权威出版机构——法律出版社出版学术专著 1 部。近年还能做到每年发表学术论文 1 至 3 篇。

大约在 25 年前，本人出版著作或发表论文就完成了“由我被动投稿到人家主动约稿”的转变，即不仅不乞求于人，而且十分“牛气”：用我的稿件，若要作修改那么必须征得本人同意，否则请奉还给我；不仅不付版面费，还必须有稿酬。本人写作亲力亲为，从不要所带研究生参与或帮忙“代劳”，但指导学生从不含糊，随时可丢下手中的活不厌其烦为学生审阅批改论文。对学生的要求十分严苛，哪怕是用手机发个短信、微信，写个请假条什么的，也必须中规中矩，决不容许出现错别字或标点符号使用上的错误。

我是半路出家从事犯罪学的教学与研究的，没有接受过一堂课的法学教育，没有一丁点儿法学学脉渊源，完全依靠自己的努力，几年工夫下来便把我校的犯罪学做得有声有色，让不少人刮目相看。2010 年有人著文评介我国犯罪学时，将我校排列为第 12 位。业内有人认为由我领头的湖南犯罪学研究团队是仅次于北京、上海之后的“中国犯罪学‘湘军’”。2011 年我出版了《围剿象牙塔里的罪恶——学校人员违法犯罪问题研究》（40 万余字）一书。是年

8 月，全国犯罪学年会在哈尔滨召开，我因身体不适无法参加，便托学生赠送一册给时任会长的中国政法大学的王牧教授。让我意想不到的是：时过近两个月后的中秋节，德高望重的老会长竟给我发来不短的“短信”：

“杜教师：你是我唯一主动发短信的人。读了你托学生送来的新作，心情久久难以平静。你那扎实的学术功底、严谨的治学态度及强烈的社会责任感，让我对你肃然起敬！你辛苦了，有你这样的学者，是中国犯罪学有希望！……好好保养身体，祝你中秋快乐！”

不辱使命：评书

本人作为国家社科基金课题通讯评委和成果鉴定专家，参加过百余个课题项目和 30 多项课题成果的评审与鉴定。由于认真负责，一丝不苟，曾 7 次被国家社科基金规划办公室评为“认真负责的鉴定专家”，6 次获得湖南省社科规划办公室的表扬。

2016 年评审鉴定一项国家社科基金重大项目成果，该成果是一部洋洋 60 余万言的书稿。当时本人正患白内障眼疾，审阅异常吃力，但我并未退却，顽强应对，前后花费 20 多天，写出长达 4000 余字的审稿意见。

无论是参加省市的，还是全国性的学术研讨会，本人担任点评人或评议人从不敷衍了事，客观公正，敢想敢说，既不畏权威，也不徇私情，由此被称为“铁面教授”。

2013 年在北京召开的一次学术研讨会上，北京某高校的一名知名教授，凭借会议主持人的身份推介自己新出版的一部著作。在“自由发言”环节，“诚恳请求”与会者提意见。我霍地站起身来，举手发言，指出书中存在一个十分明显且非常重要的专业性错误，获得满堂喝彩，而被评者满脸羞愧。翌年，在天津市社会科学院召开的学术研讨会上，该教授仍作会议主持人，在我登台作点评路过他身旁时，他转身对我耳语：“杜教授，手下留情，再不要把我搞得无地自容了啊！”

2016 年在上海的一次学术会议上，我针对当时会风不正——“点评”乱评的问题，提出“点评”三要素（一是有的放矢，必须针对被点评对象；二是言简意赅，用语不能太多；三是高屋建瓴，能给人以教益），并当场指出了几个点评存在的不恰当，也赢得与会者的认可和赞誉。

法国哲学家笛卡尔有一著名哲学命题：我思，故我在。作为一名信仰马列的唯物主义者，我自然不会赞同其中所蕴含的哲学思想，但我认为将其语句表达方式作一变换，即将其前后所处的位置对调为："我在，故我思"，用以表达我对学术的执着倒是十分贴切和恰当的。只要我还活着（即"我在"），那么我就不会放弃对学问的思考和追求（即"故我思"）。

退休几年了，仍坚守在这片土地上默默耕耘着。长期以来，受教育部学位中心邀请每年至少还要评审 3 至 5 篇硕士或博士学位论文。

时至今日（2022 年）我仍然担任着全国犯罪学研究学会的常务理事，在省、市学会任副会长，负责学会学术工作。我时刻提醒自己：要牢记初心，不辱使命，竭尽全力维护科学的圣洁与尊严。

一辈子与书打交道，我对自己的这种选择不但不后悔，而且在留给后人的几部著作的扉页上端端正正地写下："好读书，读好书，读书好"一行字，无非也就是希望他们能沿着这条道路继续前行。

扎根湘大　坚守非洲研究

洪永红

2021 年 9 月，我在法学院工作 26 年零两个月之际，法学院给我颁发了一个“25 年坚守奖”，并让我在颁奖大会上发言，我以“坚守”为题谈了自己的感悟，引起了很多人的共鸣。2022 年，我在湘潭大学工作 38 年之际，湘潭大学给我颁发了“光荣在校 30 年”纪念章与纪念证书。

实际上，我与湘潭大学结缘始于 1982 年。当年，我尚在南开大学读本科，张象老师为我们开设了“非洲通史”课，引起我对非洲的兴趣。那时候，中国非洲研究尚处于起始阶段，张老师作为中国从事非洲研究的拓荒者之一，积极投入非洲研究与教学之中。他当时正制作国内第一套非洲史教学幻灯片，把我们几个对非洲研究感兴趣的学生也拉入了他的团队。课余，我们帮助搜集非洲图片，张老师遴选翻拍后，我们再负责剪辑装框。这样，我对非洲研究的兴趣与日俱增。张老师见状，感到十分高兴，尤其得知我来自湖南，就鼓励我毕业后回湘潭大学工作，因为湘潭大学当时创办了国内高校唯一一家非洲研究机构。从此，我开始涉足非洲研究领域，在张老师指导下，我撰写了《二战后南非与美国的经济关系》本科毕业论文。

1984 年毕业后，即被分配到湘潭大学工作，而且派遣单上直接写明分配到“湘潭大学非洲研究室”。当我到湘大人事处报到时，负责接待的老师大吃一惊，随后笑道：“你这个派遣单真特别，写到了我们的教研室一级了。那好，我就不用与你商量了，你就去非洲研究室找李广一老师报到吧。”从此，我正式落户湘潭大学，加入了湘大非洲研究队伍。

说起湘潭大学的非洲研究，它在全国有口皆碑。1978 年，根据外经贸部指示，湘潭大学成立了非洲研究室。这是改革开放后，全国高校成立的第一家专门研究非洲的学术机构，创办了最早的非洲刊物《非洲问题参考资料》（后改名《非洲研究资料》）。而且，我校发起成立了全国性学术机构“非洲史研究会”，并参与发起成立了另一家全国性学术机构“非洲问题研究会”。1980 年，我校举办了“中国非洲史研究会成立大会”，在会上决定组织全国各高校编写我国第一部非洲史教材《非洲通史》。当时的非洲研究室有专门经费、专业图书资料室、专业管理人员和研究人员，在业界影响很大。

1986 年后，高校改革，停拨了专门研究经费，《非洲研究资料》也就停刊了，研究人员或调走，或退休，由原来的二十几人，到 1995 年只剩下三人了。1995 年，湘潭大学决定撤销挂靠在历史系的“非洲研究室”，改在法律系成立“非洲研究所”，我即转任到法律系工作。当时的我很痛苦。我本科学的是世界史专业，毕业后主要从事非洲史教研工作。现在要成为专业法律教研人员，难度可想而知。好在从 1986 年开始，我就在历史系为公共关系专业的学生讲授法律课程，1992 年又通过全国律师资格考试，开始做兼职律师，并将研究方向转向了非洲法。这样，不久后我就适应了在法律系的工作。

1996 年，学校改法律系为法学院，为谋求新的发展机遇，我建议加强非洲法研究，并得到时任院领导的认可。1997 年，学校把我派往北京大学进修和搜集非洲法资料。1998 年，成立国内第一家专门研究非洲法的机构——非洲法研究所。2005 年，学校成立校级重点研究基地——非洲法律与社会研究中心。2019 年，成立中非经贸法律研究院。为了理论联系实际，我先后赴南非和埃塞俄比亚留学两年，多次赴非洲十多个国家考察和举办中非学术会议，并且在 2014 年至 2018 年任乌干达麦克雷雷大学孔子学院首任中方院长。

一路走来，非洲法研究高歌猛进。2020 年 11 月 30 日，《中国教育报》发表《架起中非法律与人文交流桥梁——湘潭大学四十余年专注非洲法研究》专版文章，对湘潭大学的非洲研究和对外交流给予了高度评价。我虽然觉得愧对这种评价，但我们扎根湘大，坚持“冷门”非洲研究几十年的情况属实。

是什么让我能长期“扎根”和“坚守”在湘大？我认为，主要是有以下这几种精神支柱。

第一是集体精神。我被分配到湘潭大学后，是湘潭大学这个大集体一直作为我的后盾、我的家，让我有“扎根”的容身之地，否则不可能坚守下去。从全国第一家非洲研究室到第一家非洲法研究所，从1999年在全国率先招收非洲法研究生到2021年率先开设非洲法专业研究生班，每一项都是在湘潭大学这个大集体的支持下获得的。我感谢湘潭大学和法学院历任领导和师生的大力支持。

第二是团队精神。想当年，我最初研究非洲法时，一个人独立独行，孤掌难鸣。在建立了非洲研究机构这一平台之后，如果没有其他人参加，形成一支团队“一个家”，也永远只有一块牌子“一枝花”。是我们湘潭大学的师生，是全国的同仁，积极加盟并从不同层面予以鼓励、支持，才让我们的非洲法研究取得了一些成就。

经初步统计，从2000年我们出版全国第一部非洲法专著到目前为止，已出版50多部非洲法著作，占全国出版非洲法著作总数的90%以上。从2006年获得国家社科基金委第一个专门的非洲法课题开始，迄今已承担全国90%以上的非洲法方面的国家社科基金课题，尤其是2020年获得国家社科基金唯一的非洲法方面重大课题《非洲国家法律文本的翻译、研究与数据库建设》。2021年，“非洲法系列丛书”入选国家新闻出版署“十四五”规划优秀图书，这也是国家新闻出版署第一次将非洲法著作列入规划图书。

此外，我们率先将非洲法内容嵌入全国统编教材《外国法制史》，并编写了非洲法的研究生系列教材，不仅培养了全国90%以上的国内非洲法专业人才，还招收非洲留学生，培养出一批“知华、友华、爱华”的非洲学生。

2018年，为湘潭大学捧回了湖南省第一块“全球优秀孔子学院”奖牌。2022年申报的《服务中非经贸合作战略，培养高层次涉非法治人才的探索与实践》又获得湖南省高等教育教学成果一等奖。

所有这些，如果没有一支强有力的团队，凭一人之力，是无法完成的。

第三是创新精神“创新”来源于哪里？不同人有不同的说法，于我而言，创新来源于另一种“扎根”和“坚守”。

有人说，人的一生不可能一帆风顺，总会遇到逆境。但我认为，人生中没有逆境与顺境之分，所谓逆境，只不过是一个人的主观态度，是当你的主观愿望与现实情况发生冲突时的一种悲观认识。

我承认，一个人的一生不可能永远按照你的美好愿望发展，当自己的主观愿望与客观现实发生冲突时怎么办？你只要“不忘初心”“扎根故里”，在扎实努力与遵循客观规律的基础上，变换一种方式，找到解决问题的妙手，就可能会得到更大的收获，促进自己更上新的台阶。这种变换，就是创新，是实现人生理想的加速器。

第四是舍得精神。刚才讲创新精神，就是变换一种方式继续前行。那么，如何变换？这就要有“舍得精神”。

所谓“舍得精神”就是一种“开放精神”，就是在人生面临选择难题时，采取“人弃我取，人取我弃”的基本原则和方法，一切问题都会迎刃而解。“天生我材必有用”，世界那么大，怎么会没有你的一席之地？有舍必有得，遇到麻烦，不要斗气，以一种开放的态度，泰然处之，舍得丢弃一切名利，克服急功近利的浮躁，耐得住寂寞和坐得住冷板凳，你会收到意想不到的效果，也许最终得到的比舍弃的多得多。

这四种精神的根本还是“扎根”和“坚守”精神，是湘潭大学校训所倡导的“博学、笃行、盛德、日新”精神。Take root，take yourself home. Persist，persist and persist，you will be successful at last！扎根就有你的家。坚守、坚守、再坚守，成功最终属于你！

以上是我的一点感想，在此把它送给所有的湘大人，愿与大家共勉，坚守自己的初衷，扎根湘大，坚守一生！

春秋风雨改　崎岖不变爱

黄扬波

时光的车辙退回到1978年，我从部队转业，就职于湘潭大学。时逢湘潭大学被国务院确定为全国重点大学，能到毛主席家乡的全国重点大学工作，我无比兴奋、倍感荣幸。

初到湘大，黄土高坡上正在盖教学楼，也没有职工宿舍，老师们住在周边农村，晚上还靠煤油灯照明。我们一家四口住在羊牯塘铁路旁一户赵姓农户家的小杂屋和废旧猪圈，夏天臭气浓、蚊子多。门前一口大水塘，全村人都在塘里洗菜、洗衣、洗澡，水牛也在塘里打滚。关于湘大44年的记忆星火，正是从这里开始燎原……

冻肉厂借给湘大老师居住和办公的一栋平房

点燃自我：让学习成为一种习惯

从小我就有一个梦想，就是希望高中毕业考上师范大学，成为一名教师。然而，1959年冬，征兵入伍的消息传到了浏阳一中，平静的校园一下子沸腾起来。作为班长，我带头报名入伍，经过体检和政审，被批准加入中国人民解放军。19 年后我离开军营，命运却安排到湘潭大学就职。从到湘大那一刻起我就在想，要是能重读一回大学，那该有多好！机会真的来啦，1980 年初，湘大首次开办夜大学，面向长株潭在职人员招收汉语言文学专业专科学生，我经过考试达到了录取分数线，被录取编入湘潭班，这让我喜出望外。夜大学上课安排一般是在晚上和周日，强烈的求知欲驱使我最早来到课堂，我认真听课，做好笔记，按时完成课外作业。那时的湘大从全国各高校陆续引进了 600 多名教师，被称作“百校兴一校”，共同建设毛主席家乡的大学，真可谓是“群英荟萃”“众星云集”，我有幸目睹他们的风采，聆听过汤效纯、彭忠厚、殷绍基、王勤、羊春秋等多位名师大师的思想。正是这些名家思想的指引，我的世界观和人生观也发生了新的改变。

1984 年，我又考入了湘大函授法律专业。翌年我被安排到党委宣传部就职，负责学生思想政治工作。由于工作环境相对稳定，更便于我专心致志地读书，寒来暑往，从未懈怠。西山化学楼顶楼就是我的学习园地，一本书、一支笔、一壶水，一天又一天，一坚持就是十多个春夏秋冬。1993 年 3 月至 1995 年 2 月，我又进入湘大首届法律专业硕士研究生课程进修班学习，获得硕士学位课程结业证书。

前前后后 15 年的在职读书生涯，让我从一名军事干部转变为一名高校思政工作干部。如果不是来到湘大，人到中年的我，不可能再上大学了。湘大，是我大学梦开始的地方。

照亮他人：把育人当作崇高使命

我先后在化工系、校党委宣传部和法律系主管学生工作 14 年，任法律系党总支书记 6 年，任专职教师 3 年。讲授《思想品德课》《法律基础课》17 年，讲授《邓小平理论》13 年。数十载的湘大工作时光，我履行了思政工作干部与思政课教师的双重职责。1990 年，湖南省教委授予我普通高校先进思想政治工作者荣誉称号。

学生在哪里，我就在哪里。二十世纪八九十年代各省市指定地点招生录取，在参加录取新生工作的 10 多年里，我边录取边记忆学生个人信息，新生报到时就能叫出学生名字，这让学生分外惊讶和欣喜。在学生宿舍设有办公室，除开会上课以外，包括晚上我都在学生宿舍办公室，了解关注学生，为学生排忧解难。军训与学生在操场上、公益活动带领学生参与、寒暑假带领学生赴革命圣地参观学习，进行传统教育。与环境工程专业三届学生分别到上海、南京、广州三地毕业实习。与法律系十届毕业生分别到长、株、潭、衡阳四市公、检、法司法机关实习。与学生在一起，我处处严于律己，上课开会上万次，没有一次迟到。尊重关心学生，学生就乐意接受严格管理，自觉做到不旷课、不舞弊、不酗酒、不外宿、不下山塘游泳。我任职期间学生几乎没有出现此类问题，这让我感到十分欣慰。

始终把党性原则摆在第一位。根据法律专业特殊性要求，严格按照党章规定，积极培养发展学生党员，为政法战线输送政治上过硬的专业人才。“听党的话，跟党走”是新生入学教育的第一课，鼓励学生早日提交入党申请书，定期上党课、让他们懂得党的基本知识及如何创造条件入党，注重实践中培养考察，把政治标准放在首位，坚持个别吸收的原则发展学生入党，确保党员质量。追踪毕业二十八年后的1990级法学班20多名党员，在各自的岗位上做到了忠诚、干净、担当。

育人是一名老师一辈子的事情。学校规定，主管学生工作的党总支副书记担任本单位一年级学生《思想品德课》的讲授。1987年秋，当我函授法律专科毕业后，教务处聘任我担任非法律专业一年级学生《法律基础课》讲授，我把所有业余时间用来学习专业知识和教学方法，一心专注两课教学。晋升副教授职称后，更加注重教学效果，广泛走访学生，深入社会调查，阅读大量参考书籍，潜心备课，每堂课都是从心里发出，打到学生内心深处，深受学生欢迎。1998年9月，被中共湖南省高校工委、湖南省教委授予“湖南省普通高校优秀思想品德课教师”光荣称号。2001年退休后，研究生处续聘我为全日制法律硕士和在职法律硕士讲授《邓小平理论》课程，一讲就是12年。

绽放光芒：把光热融入学科建设

化工系成立之初就制定了为高等院校、科研单位和化工企业培养输送环境工程专业高级人才的目标。系党总支安排系副主任刘永淞、陈保初老师和我抓专业建设，为得到化学工业部的支持和指导，我们长期奔走于长沙与北京两地，最终得到部领导的认可和支持，将湘大首届环境工程毕业生部分分配到化学工业部和所属的化工研究设计院；化学工业部环境工程专业人才培训基地落户湘大。1977 级环境工程专业毕业生，凭借着优良专业素质，吃苦耐劳精神和协作共事能力，深受社会和业界好评，成为全国各地化工企业环境工程技术骨干。为此 1982 年教育部批准，湘潭大学环境工程专业面向全国招生，湘潭大学迎来了来自海南、广东、浙江、重庆、陕西、辽宁、北京等省市的学生，开启了学校面向全国招生的新篇章。不久，化学工业部又出资为湘大建造了环境工程专业教学科研大楼，环境工程专业加速发展，一度排名全国第一个，成为最受社会青睐的热门专业，成为湘大早期的专业品牌。

1993 年是三年一度的新增硕士学位点申报年，当年的法律系以十年办学历史、省级重点学科、重点专业的实力期盼申报成功。可是申报过程却一波三折。最初，我们申报的诉讼法学硕士点在学科组评审时没有通过。突如其来的打击如同晴天霹雳，我们马上向省学位委员会申诉，连夜写好申诉报告。翌日清晨学校党委召开专门会议，形成正式文件，委派一名副校长和我们专程向省学位委员会递交申诉报告。随后，我们再次深入论证学位点申报的可行性与必要性，补充教学科研成果材料。三天后，湘大诉讼法学学科以增补方式提交国务院学位委员会评审。功夫不负追梦人，1993 年秋，国务院学位委员会批准了湘潭大学诉讼法学硕士研究生学位授权点，实现了湘潭大学法学硕士学位授权点零的突破，将湘大法学学科建设、专业建设、人才培养提升到一个崭新的层次和崭新的高度。7 年后的 2000 年，单飞跃院长以独特的办学思维与方法，筑巢引凤，一举从西南政法大学引进了 6 位知名法学专家。2003 年，湘潭大学成功地获批诉讼法学博士研究生学位授权点，再一次实现了湘大法学、湖南省法学博士点零的突破。

“数风流人物，还看今朝”！40 多年前和学生一起栽种的小树现在已成为校园一道一道秀丽风景，三道拱门不断地见证了湘大争创一流的宏伟岁月。湘大人牢记伟人嘱托，凭着不等不靠、锐意进取、不达目的誓不罢休的坚韧精神，一定能把湘潭大学办得更好、更有特色！

老师的哲学

申永丰

在颜门学子心中，“老师”是一个特定的代词，只有唯一的归属——颜佳华老师。老师1980年考入湘潭大学哲学系，从此与哲学情定终身，一辈子讲哲学，用哲学，强调知行合一。无论是研究公共管理，还是研究马克思主义中国化，都始终坚持从哲学高度出发探索学术问题，特别是着力探索行政哲学，潜心研究数十载，在伟人故里打造了行政哲学高地。

老师睿智

哲学是智慧之学。智慧既是抽象的理论知识，又是具体的实践知识，既是对“应该怎样去生活”的思考，也是对“怎样才能生活得好”的探索。老师是智慧之人。

老师爱学习。老师回忆在小学时候住在母亲单位，单位里有阅报栏，每天必去看报纸，风雨无阻，不去浏览一番心里就不踏实；母亲单位图书室不多的文史哲方面的书籍都借阅了一遍。这一阶段读书虽然不求甚解、有点囫囵吞枣的感觉，但却养成了爱读书的习惯，也拓宽了视野，增长了见识。1984年，老师本科毕业留校任教。几年后，在不少人都不甚看重学历的环境中，报考沧南教授的研究生并被顺利录取。从此，老师在师爷的指引下，以极大的热情投入马克思主义哲学、行政哲学研究，产生了《行政哲学论》（独著）、《行政文化学》（与彭国甫等老师合著）、《马克思主义哲学简明教程》（参著）等专著和《行政哲学论》《略论行政习俗》《论行政哲学的功能》《论行政活动与真、善、美》《行政价值刍议》等一系列论文，成为行政学界一颗冉冉升起的新星。1994 年破格晋升副教授，1999 年晋升教授，时年 36 岁。2001 年，为了求知，老师考入华东师范大学读博。其时，老师已年近不惑，已是“崭然见头角焉”的青年学者，以常人的眼光看，似乎没有必要去受这苦了。但老师为了自己的理想与追求，还是义无反顾地远赴上海求学。在周敏凯教授指导下，学识又上了一个台阶，博士论文出版后获湖南省优秀社科成果二等奖，博士毕业第二年就获得了国家社科基金。他常常跟我们讲沧老师、周老师的故事，希望我们踏实做人认真做事，成为各条战线的骨干，为社会多作贡献。老师善思辨。老师微信名“知者”。知人者智，自知者明，人如其名。老师喜欢用文字、图片记录生活感悟与收获。浏览老师的微信朋友圈，尽管“朋友仅展示最近三天的朋友圈”，但很多情况下，第一、二条都是“今天”“昨天”。老师的朋友圈，发的多是学术活动场景、校园生活花絮，以及他关心的国内外大事和他对生活的思考。一个学者的微生活，既有对为人之理治学之道的辩证思考，也有对人间烟火生活百味的深刻感悟，篇篇走心，句句在理，字里行间传递着满满的正能量，值得细细品读。

老师有远见。行政哲学是一门开拓性的学问，是以哲学的视域和方法对公共行政理论进行创新性探索的拓展研究，能够为公共行政提供科学的世界观和方法论指导。20 世纪 80 年代初，行政学开始恢复重建。因为解决现实问题的迫切需要，多数学者都将目光投向行政体制改革、政府职能转变等实践领域。老师不盲从，不跟风，而是根据自己的兴趣爱好，结合自身专业，选择了行政学科的基础领域，当时在国内也还处于初创时期的行政哲学这一“冷门”作为自己的主要研究方向。老师始终认为基础理论研究是学科发展的根基。老师这样要求自己，也这样要求我们。老师围绕行政哲学确定了一批选题，带领学生们在这个领域默默耕耘。我博士一年级的时候，老师即要我研究“行政价值观”，这让我很快就找准了方向，节约了大量时间和精力。得益于老师的统一规划与引领，围绕行政哲学，颜门学子分别对公共行政的人性基础、行政决策的非理性因素、行政价值观、中西行政哲学体系、行政知识、行政理念、行政发展等问题进行深入研究，形成了一系列成果，并在学界率先出版了系列专著，为夯实行政哲学知识体系起到了积极作用。老师在指导学生的同时，又出版了《行政哲学研究》《行政哲学问题探索》《行政文化新探》《行政文化研究》《文化行政的理论与实践问题研究》《地方政府文化治理能力研究》《建设中国特色行政文化》《行政的价值》《公共决策研究——文化视野中的阐释》《当代中国社会转型期政府权力运行机制重塑研究》《毛泽东民主政治思想与当代中国政治文明建设》《毛泽东民主政治思想与当代中国政治发展》等一系列著作和一大批论文。三十多年来，老师正是凭着这份耐得住寂寞、甘心坐冷板凳的坚守，在行政哲学以及行政文化这一基础领域精耕细作，将湘潭大学打造成为全国行政哲学与行政文化研究“重镇”。习近平总书记在哲学社会科学工作座谈会上的重要讲话要求，把基础理论研究和应用对策研究紧密结合起来，以基础理论研究带动应用对策研究，切实提升应用对策研究的层次和水平。随着基础学科地位和作用的彰显，行政哲学也将迎来更加美好的明天。

老师理性

哲学让人回归理性的生活。理性是指人们进行判断、推理、思考的意志和能力，这种意志和能力，体现了人的思维方式和处事原则。老师是理性之人。

老师乐观。爽朗的笑声，是老师的重要特征。老师乐观开朗，风趣幽默，笑谈间，流淌着激情，洋溢着自信。湘潭大学公共管理学科的发展，就是“激情＋自信”的生动体现。20 世纪 90 年代中期，刚过而立之年的老师，与彭国甫老师等创业者一道，在省内率先创办行政管理本科专业。凭着青春的激情和湘大人的自信，从当班主任开始做起，建团队，带学生，报项目，出成果，展现了中国公共管理人才培养的“湘大现象”，行政文化与行政哲学、政府绩效评估等领域的成果享誉全国，十年即实现从本科教育到博士教育的跨越式发展。

老师豁达。老师对人宽容。老师常说，求大同存小异。人与人之间，要善于沟通，珍惜缘分，互相帮助，互相配合，以诚相待，见贤思齐，在共同目标下求合作，在相互合作中求合力，在相互信任中求发展。老师对事超脱。老师常教育我们，不经历风雨，怎能见彩虹？生活中，我们碰到的事太多了，猝不及防的打击，始料未及的挫折，从天而降的好处，唾手可得的利益，随时都可能发生，但事无论大小，不管好坏，都要摆正心态，坦然面对，切莫一见好事就喜形于色，一遇坏事就愁眉苦脸。入颜门二十多年，从师生、同事到情同父子，我与老师亦师亦友，目睹老师为学院、学科和学生，求了不少人，吃了不少苦，受了不少气，但从没听老师抱怨过什么。

老师自律。老师看准的事情就要坚持做并且做好，认准的目标就要努力干并且实现。老师常说，有志者事竟成，不管做什么，只要有决心，有毅力，就一定能取得成功。老师常以“老师也年轻过”来引导、激励我们。少壮不努力，老大徒伤悲。老师说自己年轻时贪玩，喜欢打牌消遣，在 20 世纪 90 年代的某一天，感觉这样下去不行了，就在朋友圈宣布“从此不打牌了”，这一坚持，已然二十多年。颜门的这种自律奋进基因，代代传承，大大提振了大家干事创业的精气神。九生兄深得老师真传，常以“再这样下去，这个孩子就完了”为口头禅鞭策学生。如今的颜门，已是四代同堂，数百名学子，分布在国内国外、五湖四海、三湘四水，很多成了单位骨干、行业精英，仅教育科技领域，就有教授、博导数十人，主持国家社科、自科项目者数十人。

老师简单

大道至简。简单是高级形式的复杂，越是复杂的东西越是简单，简到极致，便是完美。简不仅是一种至美，也是一种能力、一种境界。老师是简单之人。

老师的学问简单。老师一辈子都在做一件事：研究和讲授行政哲学，其学术脉络是以行政哲学为基点，拓展到公共管理哲学，延伸至智能时代行政哲学等前沿问题。行政哲学是很抽象的学问，但老师能够用他的方法，用他的语言，化繁为简，至拙至美，让高深的学问有温度，有厚度。《行政理性论》《论公共行政研究的认知图式》《公共行政学的语言：图像、游戏抑或修辞?》《论公共行政学的叙事模式》《论诠释性推理在行政学研究中的运用》《内涵、必要性、途径：论行政哲学对管理哲学的借鉴》等佳作，都从不同的侧面，展示着行政哲学的魅力。习近平总书记在哲学社会科学工作座谈会上的重要讲话指出：“世界上伟大的哲学社会科学成果都是在回答和解决人与社会面临的重大问题中创造出来的。”哲学需要与时俱进，近年来，老师紧跟时代步伐，积极探索区块链、人工智能、大数据、物联网等新一代信息技术对国家治理体系和治理能力现代化的影响，带领弟子们从行政价值、行政伦理以及行政责任等维度，在行政哲学层面探索技术进步对行政发展的作用机理，开拓以“善智”实现善治的逻辑进路，实现行政哲学的时代性价值，引起了学界的广泛关注，彰显了行政哲学旺盛的生命力。

老师的经历简单。老师从小随母亲住在银行家属宿舍，银行工作常同数字打交道，那时的科技没现在发达，银行主要靠手点钞算盘算账，工作人员非常辛苦。因此，老师对数字有一种天然的排斥感，高中文理分科时，因任课老师“学好数理化走遍天下都不怕”思想的影响和苦口婆心地做工作，放弃了一直偏爱的文科，选择了理科，而且在同届八个理科班中进入了快班（后来所谓的尖子班，当时中学母校为省重点，师资雄厚生源优良），但由于兴趣不在此，高考失利。第二年在理科班复读五个月后不顾班主任和家长反对，毅然转到文科班，虽然时间紧迫但学习起来很快乐，以不错的成绩第一志愿考入全国重点大学湘潭大学。老师 17 岁从茶陵来湘潭求学，21 岁本科毕业。老师成绩优秀，本科期间曾担任班团支书、系团委宣传委员，当时包分配，有不少好工作好岗位可以选择，但老师爱读书，听从当时系里一位令人尊重的领导安排留校工作（当时这位领导正是年富力强的时候，想在哲学系办一份《哲学动态》式的资料刊物，以扩大湘大哲学系的影响，老师以教师身份留校但安排在系资料室编资料，而“理想很丰满，现实很骨感”，半年多时间后，由于经费等原因，刊物最终没有办成。但这段经历也有好处，让老师学会了如何收集整理资料）。从此，一辈子扎根于湘大，寒来暑往数十载，把全副身心都投入了教学、科研和管理工作。其实，老师有很多选择。博士毕业那年，上海、广州等地高校，开出极为优厚的条件，但老师毫不犹豫地选择回湘大。后来，又有多所高校多次向老师伸出橄榄枝，但他都不为所动。老师感恩于湘大对他的培养，有满满的湘大情怀，他经常引用艾青的诗“为什么我的眼里常含泪水？因为我对这土地爱得深沉……”勉励我们。难能可贵的是，老师在 55 岁那年，服从组织安排，跨界到马克思主义理论学科，做了 4 年马克思主义学院院长，团结和带领全院师生，充分发挥“牢记使命 艰苦创业 追求卓越”的湘大精神，迎难而上，砥砺前行，实现了学校乃至湖南省的重大突破。经常有同事、朋友开玩笑说老师是“两院院士”（马克思主义学院、公共管理学院）、跨界学术明星。今年，老师从领导岗位退下来，尽管已年近花甲，但他初心如磐，奋楫笃行，没有丝毫松懈，还是一如既往地做科研，带学生。

老师的生活简单。老师对衣食住行的要求不高。老师衣着朴素，师母买什么，他就穿什么，穿上还不忘夸师母有眼光。老师吃得也很简单，除了家里，老师和师母是食堂的常客；师门偶尔小聚，接上老师和师母，他们从不问我们到哪里？吃什么？当然，我们都会自觉给他们点上辣椒炒茄子、红烧土豆片这两道“大菜”。老师有一个专职司机，是师母，开着一辆快 20 年的别克两厢车，我们觉得这车既不舒适也不安全，还须一年两检，多次建议老师换辆车，他都说“还能够开”。“宁可三日食无肉，不可一日居无书。”老师简单的生活基本上围绕“书”进行：读书、买书、著书。常听老师讲师爷沧南教授用工资给发表论文的研究生发奖金的往事，讲自己学生时代读《大逻辑》《小逻辑》三四遍仍不解的困惑，讲师母省吃俭用支持他著书立说的感动，我也沉醉其中，感同身受。

2022 年 4 月 25 日，习近平总书记在中国人民大学考察调研时强调，老师应该有言为士则、行为世范的自觉，不断提高自身道德修养，以模范行为影响和带动学生，做学生为学、为事、为人的大先生，成为被社会尊重的楷模，成为世人效法的榜样。湘潭大学是一所流淌着红色基因的大学，回顾学校 60 多年的发展历程，正是因为有一大批以颜佳华老师为代表的教师，扎根伟人故里，弘扬优良传统，坚持立德树人，勇于改革创新，学校才能办得更好、更有特色。

可敬可爱的留守人

伏治友

湘大发展到今天，经历过很多艰辛。你知道哪段时期最艰难吗？可能有人会说，那是复校初期。的确，20 世纪 70 年代，湘大刚恢复建校时，校园一片荒山，教职员工都住在周边农村，点油灯，喝塘水，走泥泞路，学生在简易的平房里上课，12 个人挤一间寝室，确实很艰苦。不过，此时的湘大却充满活力，欣欣向荣。学校引进了一大批骨干教师，而且年富力强，师资力量相当雄厚。更可喜的是大家团结一心，努力把学校办好，教学质量非常可观。在全省举办的几次数学、算法、几何竞赛中，我校次次名列前茅，所取名次数量占据全省一半以上。学校名声在外，招生质量上升。我记得在 1983 年招生录取时，数学和计算机专业的录取分数线并不低于湖大、矿冶（中南工大）。应该说，当时学校虽然条件差，生活苦，但信心十足，豪气冲天。

简易工棚即是湘大老师的办公室

到了 20 世纪 80 年代后期至 90 年代初，学校生活条件虽有所改善，但与其他学校还是相差甚远。许多教职员工还没有住上新房，烧的仍然是蜂窝煤，走的还是泥泞路，连公共汽车都只有一路。而此时，国家实行改革开放，沿海地区发展迅速，那里需要大量人才，因此对湘大产生了严重冲击。加上其他一些因素，大量骨干教师走了，原本教学力量雄厚，现在严重不足了，一些专业课程没老师上，一些实验无法开，购回来的仪器设备堆放在走廊上“睡大觉”。教学质量和生源质量均受到严重影响，教职员工的心动荡不安。

我认为这是湘大复校后最艰难的时期。难在办学条件差，难在人心涣散，难在骨干教师纷纷流失。但就在这艰难时期，有一批人却并不为之所动，坚定地留了下来。他们不顾条件艰苦，别人走了，自己顶上去，自己编教材，自己搬运、安装设备，加班加点工作，千方百计把教学质量搞上去。他们为什么这样做呢？原化学系系主任王霞瑜教授在她的回忆录中作出了回答。她于 1976 年来到湘大，到校不过 3 年，爱人却因病在湘大去世。不久，母亲又在这里离别人间。连续遭遇的打击使她怀疑湘大是不是自己应留之地。而此时，正在美国麻省大学做访问学者的她，除了美国的优越条件和国内发达地区的吸引力之外，母校吉林大学又多次向她抛来橄榄枝。她要离开湘大有足够的选择余地。但她认为：自己是公派出去的访问学者，出去的目的是更好地建设湘大。“如果我离开湘大，将会有较好的教学、科研条件，对我个人的发展可能更为有利，生活条件也会有些改善，但作为一名老党员，我应该言而有信，不辜负湘大。”于是，她毅然决然地留了下来。她的留下为湘大做出的贡献是显而易见的。在她和同事们的努力下，所在的高分子化学专业 1990 年取得硕士学位授予权，1998 年获得湘大首批博士学位授予权，2000 年建立了博士后流动站。

王霞瑜的留下体现了一个老党员的党性：不忘初心，言而有信。那么，非党员呢？原化工系系主任黄良教授也在自己的回忆录中作了回答。他认为，早期来湘大的教师“是一批以事业为先，以奉献为重并且矢志不渝的理想主义者，大家是迎难而来的……到这里就是想干一番事业的。”他就是想干一番事业而留下来的。他拒绝了很多同事、朋友的盛情邀请，坚守在化学工程的专业岗位，并担任化工系副主任、主任。在严重缺乏师资、设备和资金的条件下，他和刘永淞、邓传忠等领导、同事们一道，一人顶几人，开不出的课程，发动老师们改行开设；开不出的实验，自己动手搬运、安装设备，建造实验室。不但保住了化学工程、环境工程两个专业，而且还创办了食品工程专业。另一名“非党员”——姜书阁，这不是一般的“非党员”，而是国民政府的财政部次长。1949 年，他拒绝跟随国民党去台湾，自愿为新中国而努力工作。1974 年，他因拒绝用“评法批儒”替代古典文学而被迫退休。1979 年，他受聘于湘大，由于各方面表现突出，于1982年在湘大加入了中国共产党。由国民政府的高官到共产党员，由高官厚禄到黄土高坡的扎根，这是多么大的转变啊！他认为这里政治气氛好，又有大量从全国各地捐赠来的图书资料，很适合学术研究，因此积极忘我地工作，直到2000年93岁去世。在这21年里，他不但为湘大培养了许多人才，而且当选为湖南省古典文学研究会理事长，中国屈原学会副会长，在古典文学领域做出突出贡献，留下了400余万字的学术著作。这名原先的“非党员”一心向党，为事业为湘大无私地做出奉献。

无论党员还是非党员，他们留守在湘大时，都有一个绕不过的坎，那就是生活上的艰苦。他们怎么对待的呢？“全国优秀教师”数学系教授李寿佛有一段很有趣的回忆。他于1976年来到湘大后，分居10年的妻儿和老母终于得到团聚。虽然住在农村，“苍蝇、蚊子、老鼠和蛇很多，但家人都是从农村来的，反而感到亲切，很快和农家夫妇交上了朋友。而且建立了深情厚谊，我也受到了很好的锻炼和教育，更加明白了作为一个人民教师今后应该为中国的老百姓做些什么。”因此，一家人像农民一样勤俭节约，艰苦奋斗，上街时，很少坐公共汽车，而是从乡下步行。这时，“我手拿小树枝专门负责赶狗，她提着包裹，一边走一边还要哼着小调‘走在乡间的小路上，牧童的歌声在荡漾……’”，多么坦荡的心怀和乐观的心态啊，哪里有半点苦的感受呀！他就凭着这朴实的感情和宽阔的胸襟扎根湘大，兢兢业业地教学，培养了如袁亚湘、许进超等一大批数学界高精尖人才，为湖南省唯一的国家应用数学中心和湘大“双一流”数学学科建设作出了贡献。

还有许多这样的人，每个专业都有。他们以苦为乐，迎难而进，不忘初心，矢志不渝。我常想，假如这些人当年也离开了湘大，湘大的今天会是什么样子？会有33000多名本科生和8800名研究生的规模吗？有研究生院和23个学院和教学部吗？有16个一级学科博士点，31个一级学科硕士点吗？有湖南省唯一的国家应用数学中心吗？有各种各样的国际和国家级的合作基地和研究基地吗？有一大批获得国家级、省级奖励的科研成果吗？有国家“双一流”建设的学科吗？思前想后，真觉得应当感谢这些人，在那艰苦困难的日子里留守在湘大这所尚未建成的大厦工地上，冒雨迎风，砥砺前行，为这所大厦的建成付出了艰苦卓绝的努力，建立了不可磨灭的功勋。这是一批可敬可爱的留守人。

注：有关的回忆摘自湘潭大学五十周年回忆录——《回望湘大》。

认认真真做事　老老实实做人

李　岚

绿水青山，就是金山银山。每当我在第一教学楼和南阳村散步时，我的心情都无比兴奋和激动，看着自己亲手种下的雪松、玉兰、桂花、石榴、樟树、法国梧桐和针松等树木已高大建伟，绿树成荫，为一届届学子遮阳避雨。让漫步在这里的人们看玉兰花的婀娜多姿，桂花的飘香万里，梧桐、樟树的秋风扫落叶，石榴花的红片天以及雪松、针松的傲骨挺拔，心里欣慰地说："这是我们种下的！"

学校组织我们植树队伍去衡山时的留影

那是1978年3月至4月，我们到湘潭大学报到。我结束了近3年的下乡知青生活，和40多个来自各地的青年汇聚湘大。大家的年龄在17到22岁之间，我接近21岁。当时湘大是片建筑工地，看见南阳村及第一教学楼前后光秃秃的黄土坡，心想她多么需要一点绿色来点缀啊！学校也想到了这一点，而且特别重视，指派校领导来带领我们40多人组成的队伍开始植树造林、美化校园的工作。他跟我们说："我们就从教学楼前开始吧！"一声号令，我们在第一教学楼前铺开了"战场"。在园林科两位王老师的指导下，我们挖树坑，开水沟，严格按照相关要求：要有深度，呈方形，人跳下要超过膝盖，最后放底肥……桂花树苗在我们的手中一字排开成行了。经过一番努力，教学楼前开始展现出绿色的生机。

我们中大部分人都在农村劳动过，可种树挖坑的工作不比在农村劳动轻，特别是湘大的土层板结，鹅卵石多，一锄头下去震得手臂疼痛，锄头很容易断成两节。当时我们的工具很多，除锄头外还有两钉锄、铲子、小耙子、簸箕、绳子及杠子等。我们被分成四人一组，在南阳村种植樟树、梧桐等这些相对小一点儿的树，每个小组都能搞定，全部到位，最后由两位王老师验收。但是要种植雪松这类比较大的树，就需要大家齐心协力了，因为它的树坑比其他树要大好几倍，也深得多。比如，第一教学楼前的那棵雪松就用了我们好几天的时间才种下去。当看到这么大一棵树头时，我们感觉没辙了。还是两位王老师有办法，在她们的指导下，首先把无关的枝节砍掉，然后套上绳索，前拉后撬，利用杠杆原理小心地移动它。把它拉到坑边上时，我们的男同胞都跳到坑里，可与它相比，男同胞们就是一个个“小不点儿”。想要把它从坑边移动到树坑里，且不能伤了它的树干，这就需要大家的团结协作了。在大家的共同努力下，它终于被放到了树坑里面。树头落地的时候，大家也累得瘫倒在地上。身体虽然累，但每一个人都很有成就感，毕竟我们那时候才十几二十岁啊！

从此以后，再需要种植比较大的树时，我们就有经验了：让树根在地面上移动，树枝适当地抬起来，配合树根和树干移动。我们在第一教学楼前及南阳村西北边种植了无数棵雪松，如今它们都长成了参天大树，但后来因为改造建设被移走了。玉兰树、石榴树、芭蕉等也都是我们的杰作。我们种植的树株株成活，现在看见它们就像看见自己的孩子一样。

半年多的种树时光很快就过去了，愉快而难忘。后经考试考核，1978 年 10 月，我们 40 多人被分到了不同的工作岗位。我到了化工系（化学教研室与化工教研室的组合）做团支部及学生工作。面对 1977 级化工班及 1978 级化学班的同学，我是既兴奋又羞愧。因为他们都是全国恢复高考后的第一批大学生，好多人年龄都比我大，而且很多都是在学校、工厂、部队工作多年，都是各行各业的优秀代表。我在他们面前总感觉心里没底气，怕工作做不好。但在黄付书记地鼓励下，我大胆地开展工作，当好他的助手。我和同学们一起参观毛主席故居韶山，一道前往西山军训打靶，在打靶托枪时没准确掌握要领，当子弹射出枪口时，枪托回弹到肩胛骨，痛得我眼泪直往下掉，同学们看到了都过来安慰我，我很不好意思。从这件事情上，我体会到了做事一定要认认真真，领会要领，一点都不能马虎。

1980 年至 1981 年，化学教研室独立了出来，成立了化学系，我便开始在系里做学生工作及教工团支部工作。后因化学实验室需要按照“老中青”人员标准来搭配，我来到了无机实验室，开始了实验室的工作。当时学校的老师都是从全国高校来的，实验室的老师也是来自四面八方，而且年龄都偏大，一般都大我 12 岁以上，他们都有很丰富的理论知识及实践能力。我在他们的带领下边工作边学习，参加了学校举办的实验技术大专班，省教委委托湖南大学举办的实验技能培训等。逐渐地，我可以“独当一面”，能完成各项实验工作的准备，给学生开出相关的实验了。

初期的实验室还不是很完善，很多东西要我们自己加工和动手做，如拉滴管、做玻璃棒等。因经费有限，我和实验室的阳老师挑着管筐，坐公交车去长沙玻璃仪器厂买次品玻璃仪器，回来供学生演练和使用。因化学实验是一个消耗性比较大的实验，一堂实验课下来有时折损玻璃器皿较多。所以我们先带学生们认识仪器，并演练操作一遍，告诉他们轻拿轻放，慢慢地，学生们胆子变大了，精神也没那么紧张了，使用仪器就顺手多了，损耗也就少了。

我们去趟长沙购买很不容易，上车、下车、转车，还要抬着箩筐，拿着扁担，车上人多时我们还要护着箩筐里的玻璃器皿。我们还到韶山毛巾厂采购棉芯，做酒精灯的灯芯用，购买毛巾用来擦实验台及打扫卫生。我们购买的都是次品，按斤称，拿回来再加工。为了节省经费，我们确实想了不少办法。在老师们的共同努力下，实验慢慢地都开了出来，而且逐渐增加，达到了教学大纲的要求。

在整个基础实验室的建设中，专业实验室相继设立，我们的建校老师们付出了辛苦的汗水，收获了桃李芬芳。我也在工作和学习的过程中不断完善自己，积极向上，投入了党的怀抱。此后，我更加严格要求自己，认认真真做事，老老实实做人，在工作中勇于吃苦，敢于担当，分发挥自己的长处。从进入化学系再到化学学院，这 34 年的时间里，我在实验室工作了 10 年，后又做了科研管理、实验室及设备管理、教学管理等工作。在每一个岗位上，我都不负众望，努力学习，勤奋工作，掌握好相关的工作技能，熟悉工作流程，按时按量完成工作，做好领导的左膀右臂。我努力为老师及同学们服务，得到师生们的肯定与好评。虽然自己有多次调换工作的机会，但都因化学系、化学学院的需要而留下来了。

我热爱自己的工作，热爱化学学院。化学学院一步一步发展，从化学教研室到化学系，再到如今的化学学院。当初的棚屋也发展成了如今的化学大楼，从前专业单一，只有化学，现在多学科专业齐头并进。我在这里成长，我在这里扎根。看见化学学院的变化，看见了学校的发展变化。原来的黄土坡现在已变成绿荫盖天，原来的乱石山岗现在已是学子万千，原来“吓唬孩子的地方”现在充满青春涌动活力。我爱湘潭大学，我在这里扎根。

我的湘大路　我的湘大情

石刚强

时光荏苒，岁月如梭，好像就在昨天，仿佛还在梦中。弹指一挥间的46年已从指缝中悄然溜走。昔日那生龙活虎、神采飞扬的年轻小伙，而今已步履蹒跚地即将进入古稀之年。

作为一名与湘大牵手并坚守了近半个世纪的铁哥们，湘潭大学的同代人，我和湘大一起分享阳光、分担风雨、一道成长、一路前行、无怨无悔，情定终身！

当思绪的波涛冲开记忆的闸门，我又穿越回到了1976年的时空。那是一个悲伤与希望并存的年代：巨星陨落、唐山地震、“四人帮”覆灭，拨乱反正……就是在这样的历史背景下，我接到了被分配到湘潭大学的通知书。接到通知书的那一刻，带给我的不是喜悦和高兴，而是一股不可名状的失落感。因为在这之前，我朝思暮想、魂牵梦绕的是回到湘潭进到六大厂矿，根本就没有考虑到湘潭大学工作，原因就是我对湘潭大学的第一印象实在是不好！

说来话长。那是1976年7月底的一天，那一天骄阳似火，烈焰当头，挥汗如雨。由于父亲在湘潭市运输公司工作的原因，我搭乘着湘潭市第一运输公司的一辆没有空调的解放牌大货车，开始了我人生的第一次旅行。与其说是旅行，不如说是押运。因为从湘潭到广西全境的来去途中，我没进过一个景点，没游过一处名胜，唯一印象深刻的就是当车行至零陵地区一个偏僻小镇的路旁，我突然看到公路的拐弯处立着一块“湘潭大学零陵分校”的校牌。要知道身处异地他乡的我，突然看到“湘潭”两个字，甭提有多亲切了！那真是眼前一亮、精神一振、高兴异常！我赶紧请司机停车，车未停稳，我就迫不及待地跳下汽车，一路飞奔到近前一看，映入眼帘的却是破旧的校门、简陋的校舍、荒芜的校园……顿时我就像一只泄了气的皮球，垂头丧气、无精打采，心里拔凉拔凉的！但我还是选择了湘潭大学。到了学校规定的报到截止时间，我也只好骑着破旧的单车，踏着泥泞的山道，看着满目的荒凉，无可奈何、无精打采、有气无力地到赶到学校报到。就这样，我成为一名地地道道、名正言顺的“湘大人”，有幸全程参与了湘潭大学的建设，见证了湘潭大学非凡的发展历程。

复校初期的湘潭大学，给人的第一印象是一片黄土高坡，山上到处光秃，晴日黄尘掩面，雨天泥巴裹脚。油毡盖起办公地、红砖砌成教学楼，荒山绿化手起茧、劳动建校肩磨破……

转眼间，沧海桑田、斗转星移。

经过几代湘大人的不懈奋斗，如今的湘潭大学早已是大树参天、高楼林立、学科齐全、人才济济。步入“花甲之年”的湘潭大学，却是激情四射，青春洋溢。

伴随着湘潭大学的茁壮成长，我也由一个懵懂无知的小青年，成长为了一名光荣的人民教师。

我们是随着湘潭大学的发展而成长起来的一代，是湘潭大学培养教育的结果。

记得刚一进校，学校就将我送到湖南师范大学体育学院学习，1982 年又让我参加由成都体育学院主办的“全国高校公共体育课体育教师进修班”。1985 年，我考上河南大学体育学院，完成了硕士研究生的主要课程。

毋庸置疑，没有湘大就没有今天的我。

我怀揣着一颗感恩、报恩之心，在教学的岗位上辛勤耕耘了 37 个春秋，其间多次被评为“优秀教师”“教书育人先进个人”“教学管理先进个人”“优秀共产党员”“优秀工会干部”“长株潭高校优秀体育工作先进个人”，并获得湘潭大学“教学优秀奖”。我还主持完成了省教育厅重点教改课题，获得校级教学成果一等奖和省级“教学成果三等奖”……直到2014年初退休。

人虽退休，但缘分未尽，情未了。

从2014年9月开始，我在学校本科教育教学督导团工作了近5个春秋，2018年至今又干起了老年大学和老年体育中心的工作。工作虽然紧张、辛苦，但是每当看到任课教师评阅学生试卷时出现的错误越来越少，学生的毕业论文越来越规范，青年教师讲课的水平越来越高，老同志积极参与体育活动的人数越来越多……我的喜悦就溢于言表。

习近平总书记说：“人民对美好生活的向往，就是我们的奋斗目标。”湘潭大学离退休老同志为湘大的建设和发展做出了巨大的贡献，是学校不可多得的宝贵财富！作为湘潭大学老年大学的副校长和老年体育中心主任，我将不忘初心、牢记使命，把老同志的健康和快乐作为第一要务，根据老同志的身心特点，积极组织和开展各项体育活动。同时，我会认真规划和创新老年运动会模式，引进更多趣味性和娱乐性的项目，使体育运动更符合老年人的特点，更贴近老同志的生活，把老有所为、老有所乐落到实处。

随着跨进国家“双一流”建设高校的建设行列，湘潭大学获得了更高的发展平台和拥有了更大的发展空间。毫无疑问，湘潭大学将在培养全面发展的高素质创新人才和在中华民族复兴伟业的伟大进程中做出新的更大的贡献！

作为离退休的老同志，我们也同样肩负重任，责无旁贷！

紧跟世界科学前沿 开展激光化学研究

刘祖武

20 世纪 60 年代初，科学家们发现了奇异的激光，并在国防、医学、农业等多方面进行了广泛的理论探讨与实验研究。

1971 年初，苏联科学家 н. г. басов 等人，发现分子的化学键对光波的吸收具有选择性，如激光的波长实现了连续可调，且单线能量很高的话，则可通过共振吸收，打断任何化学键，形成自由基，合成出各种不同的化合物，即人们所称的“分子剪裁”。这一发现，立即引起了世界科学界的轰动和高度关注。美国、苏联、以色列等国投入了大量人力和物力进行研究。我国开展这一研究是 1976 年，主要有吉林大学、中国科技大学、四川大学、复旦大学等单位，在基础理论、同位素分离和稀土分离等方面做了一些探索性研究。

那时，我们正处于建校初期，物质条件可谓是一张白纸，但在这样难得的重大科研机遇面前，机不可失，我们必须迎难而上。在林富钦副校长的领导下，于 1978 年秋，我校打响了激光化学科研的前哨战。

组建激光化学科研小组

由机械系总支书记徐占魁同志为组长，下设激光化学研究室和激光器研制室。激光化学研究室由武汉大学调来的赖兴华老师负责，参加人员有刘萱念（武汉大学）、刘祖武（中国科技大学）、韩安斌（四川大学）。激光器件研制室由物理系邓楚贤老师负责（东北师范大学调入），参加人员有杨皋（东北师范大学）、佘仲明（浙江大学）、陈春先（华中科技大学）。从吉林大学调入的林富钦教授，他是有机化学方面的老专家，深知激光化学领域的这一发现，对人类科技事业的发展影响重大。故从学校方面的立项、经费支出等问题上都给予了大力支持，一切较为顺利。

了解激光化学研究现状

1978年秋，我们组织了一次国内考察，参加这次活动的有刘萱念、刘祖武、邓楚贤、佘仲明、陈春先。当时赖兴华在厦门，约定赶来上海，一起参加调研，不知何故，未能成行。就这样，我们一行五人，先后考察了上海光机所、复旦大学、中科院安徽光机所及中国科学技术大学。因邓老师的同学是中科院安徽光机所的领导，故去该所驻地南湖岛上参观较为顺利。因我国的托卡马克人工受控核聚变装置就建在这个岛上，激光武器的打靶试验也是在这个岛上进行的，故密级很高。用钕玻璃制作的激光炮主件存放在中国科学技术大学，也让我们进行了参观，真是令我们大开眼界。

结束合肥的活动后，我们就兵分两路。我与刘萱念于1978年12月9日从芜湖乘37号轮，经武汉去四川大学调研，11日过西陵峡时，正值黄昏，太阳西下，汽笛长鸣，顿时心潮涌动，随手写了几句，作为留念。

过西陵峡

日露高山映险滩，汽轮博斗上四川。

人生岁月回头看，劈水行舟永向前。

1979年春，复旦大学化学系邀请美国专家C. B. Moore教授到该校做激光化学方面的讲座，通过中国科学技术大学，我获得了听课的机会，对了解激光化学的一些前沿问题有很大帮助，并得到了一些宝贵的激光化学方面的文献资料。

通过调研、学习、查阅大量中外文献资料，我写了一篇《激光用于化学研究的进展及展望》的综述报告，发表在湖南省激光学会和湖南省科技情报所等合编的《激光科技》(1980年第一期）上。

调研结束后，如何开展研究已有了一个大体的构思。但就在此时，化学方面的人力投入遇到了严重困难，使整个工作难以为继。从1978年起，我校招收了第一届本科生，教学任务立即就压了上来，面对学生，要讲课，要开实验，样样都是硬指标。而现在的科研任务都要从零开始，极需人力投入。两者相较，大家都把教学任务摆在第一，激光化学科研方面的工作就只留下了我一个人。没有人，这科研怎么做？

从中国科学技术大学毕业后，我先后在中科院矿冶研究所、国防科委1604研究所和五机部9343厂工作过，由于“文革”十年，外语都荒废了，要挑起这副重担，心有自知之明，确实困难巨大。是秉持初心，克服困难，在一张白纸上去开创一片激光化学的新天地？还是怕担风险，甩挑子走人？这是当时我必须回答的一个极为严肃的问题。做科研就是去认识未知世界，在那漆黑的道路上摸索前行，其间充满着险滩与暗礁，随时可能全军覆没，但也可能是柳暗花明，获得成功。我是一名中国共产党人，是新中国培养的第一代大学生，当组织上需要我的时候，绝不能丢弃阵地当逃兵，一定要竭尽全力，把湘大激光化学的科研工作搞起来，力争在科学的宫殿里留下自己的足迹，为学校争光。这就是我当时心中的明确态度与坚定回答，即使一个人也要将这项研究进行下去。

科研要上，后勤先行

用激光来研究化学反应，没有激光器，则一切无从谈起。为此，在物理系邓楚贤、杨皋、佘仲明、陈春先等人的大力支持下，自己动手，研制了一台脉冲式大功率氮分子紫外激光器（波长3371Å），器件研制取得突破。随后又开始了脉冲式大功率TEA CO_2红外激光器的研制，但进展缓慢，无法解决我们科研急需上马的问题。为此只好请求学校为我们购置了一台动率为30W，波长为10.6 μm的CO_2红外激光器，以及一台小功率氦氖红外激光器（主要用于教学）。好不容易得来的这些“宝贝”，安装在什么地方又成了当时极大的问题。经多方努力，学校决定在办公楼的后栋二楼南面，安排了一间约30m^2的小教室，但没有抽风设备，没有水，没有三相电源，一切都得自己动手解决。有的测试项目，还必须去长沙求援。在建校初期，能做到这一步，已是十分不易了。后勤的领导与师傅们，大家心往一处想，劲往一处使，研制、采购、安装，调试都进行得非常顺利，为开展激光化学的研究提供了基本的工作条件。

利用我校自制的氮分子激光器，刘祖武老师在进行试验

寻找突破口，力争初战告捷

科研选题必须实事求是，量力而行。那时的激光化学研究，还处于幼年时期，主要是从事一些基础研究和某些应用研究。基础研究，我们缺乏条件。而应用研究，主要集中在激光同位素分离和稀土分离。因我是学放射化学专业的，对同位素分离有一定基础，但涉及放射性物质的获得与保存，这在当时是难以实现的梦想。最后选定了以激光分离稀土作为突破口，这既有现实的可行性，又有重大的经济与科学意义。

刘祖武老师在显微镜下观察激光辐照下分离出的稀土产品

1. **在氮分子激光诱导下铈氧化态改变的研究**

从调研中发现，美国华盛顿海军实验室的 T. Donohue，为了寻找稀土与核废物的分离方法，用准分子激光，在盐酸介质中做过铈与铕的分离实验，并取得了满意的分离效果。对于他们的工作，我们认为存在以下问题：

采用准分子激光价格昂贵。我们从分析反应体系的吸收光谱着手，发现体系的吸收光谱红移，进入了氮分子激光的发射区。从理论上分析，用氮分子激光取代准分子进行激发，应是可行有效的。后经实验证明，一举取得成功。这在工艺上是一个重要改进，经济效益也可获得显著提高。

他们对激光反应的还原产物，只是笼统地指定为 I^-、I_3^-、I_2、，没有提出任何实验验证，这在学术上是不严格、不妥当的。为此，我们通过光谱和化学分析，确定体系地还原产物为 ICl，而不是他们认为的 I^-、I_2、I_3^-、，在盐酸溶液中，它是以 $[ICl_2]^-$ 形式存在的，从而纠正了 T. Donohue 的这一错误观点。在此基础上，我们首次提出了皆激光反应的方程式：

$$4CeCl_3+17KIO_3+7HCl \underset{3371\text{Å}}{\overset{h\gamma}{\rightleftharpoons}} 4Ce(IO_3)_4\downarrow+HICl_2+17KCl+3H_2O$$

这项工作是我和新调入的童珏教授共同完成的。1981 年 9 月 28 日定稿寄出，仅 29 天就审稿完毕，在国家级刊物《激光》（后更名为《中国激光》）杂志上发表。至今已 40 多年，仍未见 T. Donohue 提出不同意见。这是在学校多方大力支持下，经过近两年的努力所取得的首项科研成果。

2. **Ce 与 Eu 的光化学分离及其机理探讨**

铕（Eu）在彩色电视中作为红色荧光材料，对彩电的迅速发展起了十分重要的作用。但稀土杂质的存在将引起亮度的降低，其中以铈危害最大。为此，美国人提出了一项专利（U. S. Patent，1979，4162775）在盐酸体系中用准分子激光和低压汞灯实现了铈与铕二元体系的分离，分离系数（β）约为 17。我们将其盐酸体系改为硫酸体系，发现可提高激光的量子效率；在 HCl 体系中，采用 2537Å 的低压汞灯，Ce 的回收率大于 91%，分离系数（β）达 19.3；我们首次采用 3371Å 大功率氮分子激光器，在 HCl 体系中，成功进行了 Ce、Eu 的激光化学分离，β 值达 18.0。

在这里，我们采用了易于获得的氮分子激光实现了铈、铕的分离，且效果比美国专利好。同时我们还就分离机理进行了探讨与实验验证。但由于当时对保护知识产权的意识不强，没有及时申请专利，这也是当时该项研究工作的一个遗憾。上述研究结果，于 1984 年 3 月 19 日投中国科学院院报《科学通报》，发表于 1985 年第 11 期上。后又将全文译成英文，发表在 *SCIENCE BULLETIN*（December 1985 外文版）。

喜看今朝寄后生

我于 1978 年 4 月 11 日来到湘大，是湘大建校的参与者，也是湘大快速发展的历史见证人。回首建校初期开展激光化学研究的那段艰难岁月，有苦有乐，感慨万千。

首先，看准了的事，困难再大，也要迎难而上。那时的湘大，还是一片荒山野岭，要开展世界前沿的激光化学研究，确实十分困难。但这是湘大所需，国家所望，有学校的大力支持，没有人可以去找，不懂的东西可以去学，只要有股韧劲与拼劲，困难总是可望攻克的。

其次，为实现学校后发赶超，提两个建议。一是希望学校高举英才教育的大旗，注意拔尖创新人才的培养。办学的根本任务，就是要培养高素质的人才，做科研也必须紧密结合人才的培养。孔子办学，弟子三千，贤者七十二，优秀率为 2.4%。到湘大百年校庆时，如能有 100 名世界知名的院士、专家等来母校参加庆典，这将是湘大的光荣，也是国家的期望。二是希望学校在科研上能放一个“大炮”。在建校初期，我们就敢瞄准世界科学前沿，开展研究与创新。今天的湘大，已非昔日。在科研上，希望学校能筹措资金，筛选、孵化对人类社会发展具有颠覆性影响的重大科研项目，坚持埋头苦干，为今后湘大实现科研赶超做好前期准备。这需要几代湘大人接力拼搏才能实现的梦想！但千里之行，始于足下，要早有谋划与安排。

喜看今日湘大，已步入全国“双一流”建设高校的行列，我们深信明天的湘大一定会更加美好！

第三辑

身边的好老师

教书育人，默默耕耘，春风化雨几十载，桃李芬芳赤子心。我们是种树人、养花师、追光者，坚守初心的引路人，托举梦想的护航员……

遇见更美的湘大

——访环境与资源学院葛飞老师

袁　航

葛飞老师（左）与毕业生合影

在湘潭大学，有一位被她的老系主任称为“穆桂英”的女副校长——葛飞。从 1992 年本科毕业，她已经在湘大工作了 30 年。校园里参天的桐树经历春夏秋冬，葳蕤丰茂，春有桐花稠叠绽放，秋有桐果润含芳脂。在她看来，桐树贞干修直，耐寒坚韧，向阳而生，引凤来仪，教书育人、做人做事也应一样。

“桐籽”扎根

1992 年 6 月，葛飞从北京师范大学化学系本科毕业。21 岁，正是风华正茂的年纪。在那个工作包分配的年代，她本可以和大多数同学一样选择留在北京。但父母都是教育工作者，希望她能回到家乡的大学工作，她遵从父母的期盼回到家乡湘潭。

当年搭乘6路公交车来到湘大报到，从繁华京城来到“红土高坡”，面对眼前的荒芜和陌生的环境，落差感油然而生。但她并没有选择转头离开，而是如一颗桐树种子着生在这片土地。

来到湘大之初，葛飞在学校分析测试中心负责管理大型仪器。在逐渐融入湘大后，她认为管理好这些重要仪器，很有必要继续学习深造，于是选择在湘大分析化学专业读研。“湘大学风好、师资强、学术底蕴深厚。在硕士阶段，李益恒老师给我上课时，板书又快又好，我记笔记都有些跟不上。”葛飞受到湘大严谨务实的学风浸润和一批专业深邃的好老师教诲。

硕士毕业后，葛飞从分析测试中心调往化学化工学院环境工程系任教。毕业于化学专业的她没有系统学过环境专业本科知识，也没有讲授过环境专业本科课程。从化学领域来到环境领域，她有些迷茫。时任环境工程系主任的杨润昌老师帮她找到了前进的方向。“我至今仍然记得，杨老师坐在他的办公室里，充满长者智慧细心倾听。他建议我选择自己擅长的方向做教学和科研，在环境工程系上好环境监测课，做好环境化学研究，扬长避短做好专业发展。”

环境工程系团结友好的同事关系激发了葛飞工作的潜质。硕士导师唐受印教授教育她要有电影《牧马人》中主人公那种不怕吃苦、甘于吃亏的精神，并建议她获得硕士学位后继续攻读博士学位。葛飞也觉得自己的知识储备还远远不够，需要到国内一流的团队开阔视野，她选择了高考时就想攻读的浙江大学环境科学专业作为唯一考博专业。功夫不负有心人，她最终以高分被录取，师从浙江大学环境化学方向朱利中教授。朱老师严格培养、言传身教，用“工作的人最美丽”来激励每一位学生，以“优秀是种习惯”来要求每一位学生。在朱老师门下的三年，葛飞废寝忘食地学习，学术成果陆续发表。2007年7月，学成毕业的她，没有考虑留在浙江大学发展。“我深爱我的故土，我不能忘记支持我读书的同事们，为了湘大环境学科更好地发展，我应该回到湘大。”就这样，她带着在浙江大学学习的知识和积累的经验毅然回到了湘大。

“桐树”成长

博士毕业回校的当年，葛飞评上了教授，被任命为化工学院副院长，分管教学工作。从2007年7月到2016年5月，将近八年半的时光，葛飞和化工学院同事们一起一步一个台阶推动学科专业建设。2008 年，化工学院顺利通过本科教学评估，同年化工学院获省级高等教育教学成果一等奖；2010 年，环境专业获批第一个省级教学成果奖；2011 年，化工学院获批第一个国家级实践教学平台；2013—2015 年，推动建设湘潭大学——中环保水务投资有限公司湖南省校企合作人才培养基地等 5 个省级实习基地，实现化工学院省级实践平台全覆盖；2015 年，力推工程教育认证工作，化工学院成为学校首个拥有 2 个工程教育认证本科专业的学院……无论是构建产学研结合精品课程教育体系，还是培养化工与环境类创新人才，抑或是推动化工学院在工程教育认证等专业建设上提质升级，葛飞脚踏实地、求真务实，经常加班加点到深夜，致力于把学院建设得更好更强。

2016 年 5 月，为进一步做好学科建设，学校宣布成立环境与资源学院，葛飞成了湘大首位理工科学院女院长。成立之初，办公与实验场地不足，师资力量不能满足学科发展需要……重组成立的新学院，面临的各种困难可想而知。在环资学院成立大会上，她坚定而深情地说："学院发展最重要的是大家齐心协力，同舟共济，人人都为学院发展贡献自己的一份力量。"

担任院长期间，葛飞想方设法快速推进学科建设水平，凝心聚力谋划学院发展。2017 年，湘大开始筹备新一轮博士学位点申报。此时的环资学院还只有环境科学与工程一级学科硕士点。作为院长她深知，一个学科如果没有一级学科博士学位点，是很难长远发展的。湘大环境专业创立于 1974 年，早在九十年代就开始摸索"申博"之路，可惜的是多次冲击未果，最有可能获批的机会也失之交臂。与湘大形成对比的是，国内省内同时建立环境专业的学校都先后建有环境科学与工程一级学科博士点和博士后科研流动站。这一次是再也经不起失败了，几代人前仆后继建立的环境专业需要这一剂"强心针"。2017 年博士点申报竞争异常激烈，面对国内二十多所学校申报环境科学与工程一级学科博士点的形势，葛飞抓住机会，积极规划，精心准备。从会议讨论到材料组织，从撰写申报书到专家指导修订，她紧绷"不疏忽任何一个数据，不放弃任何一个亮点"这根弦，带领同事们认真梳理学科的特色和成果，完成了数据准确而富有湘大环境特色的申报书。最终，博士点申报成功了！官宣获批的那一刻，全院师生欢欣鼓舞、奔走相告，湘大几代环保人为之奋斗四十年多年的事业，凝聚成了历史性突破。2019 年，环资学院又申报成功环境科学与工程一级学科博士后科研流动站。自此，环境学科形成了“学士—硕士—博士—博士后”完整的人才培养体系。

在她担任院长期间，环资学院还成功获批环境工程国家一流本科专业建设点和环保设备工程湖南省一流本科专业建设点，组建安全工程本科专业，顺利通过环境工程专业国家工程教育专业认证第二轮复查，获批湖南省复杂重金属废水高效净化与应用技术工程实验室和湖南省环境保护大气复合污染防治工程技术中心……一个个平台建设的背后，都凝聚了葛飞的心血和全院师生团结的力量。

“桐花”盛开

作为一名理工科教授，在葛飞看来，如果从来没有一项成果落地转化应用到实际的生产生活中，是有缺憾的。

葛飞潜心于污染物的界面行为与控制技术研究。“黑臭水体能看见，能闻到，老百姓很关注这个问题。”葛飞把黑臭水体形成关键因素与绿色精准治理作为她的科研选题之一。黑臭水体形成因素复杂，她认为，磷是水体致黑致臭的关键因素。她与团队成员多次实地在左干渠等黑臭水体监测取样分析，开发了基于湘潭海泡石的绿色吸附材料用于磷的控制，并致力构建“植物—材料—微生物绿色精准黑臭水体治理技术”，取得了良好的黑臭水体治理效果。她说：“为实现习近平总书记提出‘水清岸绿、鱼翔浅底’的目标，作为科技人员我们应不懈努力。”

把研究成果写在中国大地上，把教书育人视为终身职责，是葛飞矢志不渝的追求。她说：“要让学生成为最好的学生，老师得让自己成为最好的老师。我最喜欢的称呼是被学生叫做葛老师，与学生在一起是我最快乐的时光!”作为《生态文明与绿色发展》课程的主讲老师之一，她与时俱进，把生态文明研究前沿和动态分享给学生，并与思政教育结合，通过深入浅出的授课方式，促进学生树立“绿水青山就是金山银山”的理念。在葛飞看来，老师要善于发现学生自身潜质，对学生因材施教。她对每一位研究生都悉心观察，将研究生分为学术特长型、应用实践型、综合素质型三个类型，按照学生特色去培养，为每一位学生制定培养方案。她的研究生毕业后，有在高校任教的，也有在企业做高管和考取公务员的……“看到学生人尽其才是我最开心的事情，天生我才必有用!”

负责、贴心、温馨，一直以来，葛飞用女性特有的人格魅力感染着每一位学生。“葛老师知道我有午休的习惯，特地给我挑选了一张紫色折叠沙发床，让我能休息好，以饱满的状态投入学习和工作。”博士生刘娜回忆起她在湘大求学生活时，对导师葛飞充满了感激。“桐花万里，凤鸣清兮”，刘娜在浙江大学博士后期间发表了高水平科研论文并获评副研究员职称，博士后出站时也如她的老师葛飞一样坚定地选择回到湘大工作。

在2022年环资学院毕业晚会上，葛飞为毕业生们深情演唱校歌，勉励学生们“青春向党，强国有我”。毕业的学生们每年在教师节或春节都会回来看望她，彼时其乐融融，犹如一家人一般亲密，这也是她最开心的时刻!

三十年来，一份春华，一份秋实。葛飞主持承担了国家自然科学基金区域联合重点项目和面上项目、国家长江生态环境保护修复驻点跟踪研究、湖南省重点研发计划等20余项课题，在国内外知名学术期刊发表学术论文90余篇，授权发明专利10项；培养56名硕士研究生和5名博士研究生，以及一大批优秀的本科毕业生；以第一完成人获得了湖南省高等教育省级教学成果一等奖和湖南省自然科学二等奖等奖项，入选了教育部新世纪优秀人才支持计划，当选为教育部环境科学与工程类教学指导委员会委员和湖南省政协人口资源环境委员会副主任。2021年，葛飞被任命为湘潭大学副校长。

校庆六十周年之际，当年的环境工程系老系主任杨润昌教授返校参加活动。葛飞深情拥抱了她的老系主任，杨老师开心打趣道：“哎呀，我们系里当年那个小丫头，现在成了穆桂英挂帅了。”

今年，湘大入选“双一流”建设高校后，葛飞在她的工作笔记上写下自勉诗：

创业艰难百事多，红土地上起高楼。

曾经沧海立潮头，今获一流唱赞歌。

不念过往路曲折，不畏将来负重荷。

珍惜当下最重要，辛勤总会有收获。

从学生到教师，从院长到副校长，葛飞的身份变了，职位变了，但那颗为建设好湘潭大学而艰苦奋斗、坚韧不拔的初心三十年来从未改变。

在第一教学楼侧，桐树深深扎根，枝繁叶茂，见证着湘大的发展。每年的五月前后，桐花次第盛开。在湘大的三十年，葛飞与湘大的所有同事们一起见证了湘大的美好，期待与大家一起遇见更美的湘大。桐花花开静谧无声，作为一名人民教师，葛飞坚守在这片教书育人的沃土，默默耕耘，也如桐花般绽放着最美的芳华。

“以学生为中心” 的践行者

——记自动化与电子信息学院段斌老师

王成奇 张 倩 黄雪萍 欧鸿添

段斌，湘潭大学自动化与电子信息学院教授，国家一流课程负责人、湖南省课程思政示范课程负责人，现任教育部自动化类教学指导委员会委员、中国工程教育专业认证协会电子信息和电气工程专业类认证委员会秘书处成员及学术委员会委员。

“抖音奇袭”“课程思政”“跨学科教育”“成果档案袋”……教学中的段斌有各种奇思妙想，“以学生为中心”的教育教学理念在他的课堂上牢牢扎根，吸引众多学子热捧。凭着满腔热忱，段斌把专业课程教学这盘“硬菜”烹调得活色生香。

放手学生主导课程思政

这些年来，工程质量安全事故引起了段斌的关注。

许多调查结果显示，如果工程师从一开始就坚持职业道德，贯彻质量至上的理念，很多工程质量问题完全可以避免。

“作为高校教育工作者，我们是不是对学生的教育缺失了某种重要的一环?”段斌问自己，假如这些工程师还在专业学习阶段，教育他们树立牢靠的职业道德，这些情况是不是可以避免?

带着美好愿景，从 2013 年开始，段斌持之以恒地投身于课程思政的教育实践。他自己领衔的国家一流课程《信息安全》成了开展课程思政的试验田。

“密码朋克基于密码技术开发的‘比特币’扰乱市场秩序、动摇经济，但底层区块链技术却被大力提倡发展，这不是矛盾吗?”在《信息安全》课程第二个单元的学习中，针对学生学习中的疑惑，段斌精心设计了一堂密码学技术与社会安全关系的课程思政大讨论。

段斌做出一个大胆的尝试，他决定把课堂交给学生，放手学生去发现问题、讨论问题、寻求帮助解决问题，而他则只设定方向、路径与目标。学生的主体性、主动性得到了充分彰显，他们主动寻求答案，解决心中所惑，把马克思主义基本原理应用于实际问题，分析了国家经济发展与科学技术研究之间的辩证统一性的道理，使大家在这个问题上达成了共识，实现了从“学有所惑”到“学有所获”的飞跃。

段斌的目的不仅仅在于让学生熟知基本的价值理念，而且他有更大的心愿。

“课程思政的最终目标是专业与思政的有机融合，让学生从不同角度运用专业知识和科学工具分析工程问题，提取思政内涵，实现专业知识和工程伦理学习任务交互、演化，在培养学生运用专业知识解决复杂工程问题的同时，实现工程伦理与职业规范的内化。”段斌说。

今年（2022 年）3 月，国外一篇“英国新冠死亡率低于流感”的奇文，引起了段斌的注意。在他的指导下，一场针对这篇奇文批判的主题班会开展。

“从信息安全的角度来说，这篇文章中所罗列的数据信息过于片面，带有以偏概全的行为。”学生们利用专业知识，针对文中采集数据的合理性、数据分析方法的准确性、所得结论的可信性展开全方位的剖析，认定这篇文章违反了信息安全的完整性、真实性等准则，并指出了这篇文章的最终意图是为便于“群体免疫”政策的推行和缓解社会经济衰落造势。由此，大家对中国疫情防控采取“动态清零”的内涵和社会意义有了更深层的理解。

段斌还尝试过应用新媒体技术，创建了将抖音＋“奇袭”模式与课堂相结合的新形态，充分激发了学生课堂教育参与度，并且将认知科学与专业技术相结合，构建了“听其言、观其行、明其心”的课程思政评价机制。

这样的课程思政，让观摩的老师们耳目一新。

“以往是老师讲思政，吸引学生学专业；现在是学生学专业，用专业知识主动辨别是非，还能利用专业知识帮助他人更好地认清真相。”自动化与电子信息学院党委副书记郭凤安称赞，“这种方式非常值得借鉴、推广。”

开拓跨学科教育视野

20 世纪 80 年代末，一位北京航空航天大学工业自动化专业的研究生，在班级团建中发现唱歌难以卡准伴奏。经过不懈研究，终于根据单片机开发了卡点演唱机，并为每首歌编写好 IC 卡和卡片读写装置。不久，他得知当时日本的卡拉 OK 技术早已超越了这个层级。这时，这位青年意识到眼界和视野的重要性，这位青年就是段斌。

往后 30 多年的教学生涯中，“打通外围，提高眼界”成为段斌不变的追求。

“任何复杂工程问题都不是单一学科问题。”多年的技术和学术积累让段斌的人生充满了底蕴和厚度。他常说，学科与学科的碰撞总是能擦出新的火花，能带来一番新天地，每个人都要培养这种跨学科的思想。

“贝多芬的《命运交响曲》时而激昂有力，时而平和流畅，那么，大家是否可以把它和 FPGA 相互联系起来呢?”指导学生课程实践时，段斌将学术科研问题揉进课堂教学，激励学生自主思考问题，建立起教学与科研之间的良好互动。

一个是半导体集成电路——现场可编程逻辑门阵列，一个是一部音乐作品，两种看似毫不相干的事物能有什么联系?

“FPGA 设计的关键，在于熟悉硬件系统以及内部资源，保证编程仿真过程中能够实现元器件之间的有效配合，提高硬件资源利用率。交响乐是不是可以让我们将相关构件组合具体化，并运用到实验中呢?”段斌启发大家。

在段斌的点拨下，2018 级通信工程专业邱志成及其团队很快就从学术的崇山峻岭之间找到了“矿脉”——实现 FPGA 设计和交响曲的科艺融合。

“密码芯片与贝多芬交响乐虽然很难联系起来，但从脑科学和认知心理学层面来说，都涉及了脑区连接和联结主义神经网络，就像竹子一样，看起来没有联系，但是地底下的根却都是一样的。”顺着老师指引的方向，邱志成在跨学科中找到了突破口。其作品《密码芯片工程隐含的艺术美——探索德智体美劳中“美的作用机理”》最终被转化成视频发布，赢得全国该专业领域内 30 多位院长的关注和肯定。

跨学科教育在科研项目研究中大放光彩，这让同学们认可了段斌的理念，开始琢磨是否也能通过跨学科研究完成科研项目。

走进段斌的办公室，书柜里摆放着《认知心理学》《脑科学导论》等上百本其他学科门类的书籍。

学生们常用“博览群书，善谋创新”来形容段斌。段斌知道，这既是赞美，更是责任。

段斌老师（中）在指导学生

“我总觉得离精益求精的境界还是差得很远。”肩上这份沉甸甸的责任，促使段斌不敢停下探索的脚步，总会鞭策他主动去学习和研究教育学、经济学、脑科学和认知心理学等相关的书籍，“只有教师不断拓展自身视野，才能使学生的视野变得更有高度、有深度、有广度。”

推动学生成果迭代发展

作为一名经验丰富的教师，段斌发现，标准化的考核并不能全面反映学生的优长和特点，怎样让每一个学生最大化利用各自优势，推动优势“迭代”发展？

经过深入思考、探究，段斌找到了解决这一问题的办法——“成果档案袋”。

“成果档案袋”是由学生自主完成的最能反映自身学习成果的作品集，记录了学生的学习经历和成长过程，其提供了一个从学生角度看待学习效果和学习经验的视角，体现了形成性评价和成长性评价的教育思想。可是，国内对这种学习效果评价体系研究少，怎样把它融入课堂，让所有学生从中得到感悟，获得成长经验，尚处于初步探索阶段。

段斌有独到的眼光。考虑到自动化与电子信息学院学生经常要和实验打交道，段斌决定采用学生优秀作品做出的实验指导书，让课程里的每位同学通过完成实验掌握运用知识解决问题的方法。

段斌让班级学生自行组队，分成数个小组，以项目或者产品制作为主题，边学习边设计。完成这样一个项目，需要完成多个关键环节，每一步都在考验学生的理论知识应用能力、实践创新能力、自主学习能力和团队合作能力，体现了成长学习的高阶性、创新性与挑战度。

“学生掌握的知识能应用到工程实践，可以解决复杂的工程问题，才是真正有用的知识。”当学生遇到难题踟蹰难行时，段斌一再给学生打气。

从开始的底气不足到慢慢探索出门道，再到随着课程的推进，授课内容不断被丰富，越来越多的学生从中感受到实践能力提高不少。

“成果档案袋”让学生们闯进了一片新天地，也让段斌更坚定了心中的想法——注重知识和技能发展的档案袋评价要比传统算分法的评价更为可取。

“通过不断更新个人学习成果，学生可以逐渐更好地认识自己，了解自己的学习兴趣、学习目标甚至个人未来发展目标。”段斌说。

课堂之外，段斌热心邀请学者同仁、企业朋友等对学生的学习成果给予点评和建议，有些学生的成果还会被推荐为科创项目参与竞赛，学生的创新热情与积极性得到极大鼓舞。

2018 级通信工程专业的张歌是从“成果档案袋”模式中最早受益的一批学生之一。在段斌的指导下，她带领团队利用扎实的专业基础，成功开发出实验指导书《基于 Disciple－EBR 的风电场通信系统安全分析》。

“相比起理论知识，工程实践过程更具有趣味性，也进一步反哺了我对理论知识的理解。”在段斌的新方法指引下，张歌找到了专业自信、学习自信。

热情参与学生的美好人生

“学生不一定比老师高明，老师也不一定比学生高明，在学术交流上，我们都是平等的。”学生眼中的段斌，总是那个笑意盈盈，能够与学生平等而真诚地探讨问题的段老师。

有学生凌晨 4 点向他发来信息，指出课堂展示时间分配不均的问题。看到信息后，段斌立马给出回复，虚心接受学生的批评，向所有参与互动课堂模式的学生们真诚致歉，诚恳提出相关改进措施。

在学生的理解和赞扬声中，师生关系更进一步。

与学生互相陪伴的时光里，段斌用自己的臂膀为学子们掌好前进的舵，让他们走得更高、更远。当学生进入大三、大四年级，处于人生道路的岔路口，保研、考研还是就业，每个学生都有不同的选择，都有自己的小心思。段斌非常理解包容，他会把学生的需求放在心上，从课程教学实际出发帮助他们把自身的发光点变成相应的竞争优势，而不再恪守程式化的教学模式。

对于那些立志读研的学生，段斌会把学生的作品适时向目标学校的院长展示，提升学生的知名度；有的学生更关注就业，段斌就挑选这部分学生完成的偏向工程实践的作品，推荐给企业专家点评。

“每个学生都值得培养，做老师的价值就在这里。”学生取得任何成就，段斌从不吝啬掌声和夸奖。

温和而包容的性格，让他成了学生心目中那个总是笑脸盈盈的温暖师者。

30余载为师，段斌收获一路芬芳。他先后获得湖南省“十一五”学位与研究生教育先进个人、湖南省优秀研究生导师、湘潭大学优秀教育工作者等荣誉称号。

那些精心培育的学子正如茵茵桃李，在祖国各处绽放芳华。

每每谈到师生相处的点点滴滴，段斌的眼神里满是笑意。他说：“学生都处在人生最美好的年龄，能参与他们这么美好的人生阶段，我感到由衷的喜悦。”

电化学领域的“追光者”

——记化学学院王先友老师

王成奇　胡景琦　曾锦威　彭忠为

2022年3月，校园里阳光明媚，春意盎然，一缕阳光透过窗，洒进化学楼A904办公室里。顺着光的指向，记者见到正在电脑前仔细研究资料的王先友老师。

王先友老师（左1）在指导学生实验

“你看，从锂到钠，正好隔一周期但在同一主族，而且钠的资源相对较多；氟又是第七主族的元素，电负性最强，得一个电子就饱和，容易形成稳定的结构。既然锂离子在充放电过程中能够在正、负极之间穿梭，那么钠离子和氟离子应该也可以穿梭。”王先友指着桌面鼠标垫上的元素周期表，向记者讲述他顺着元素周期表做科研的灵感。

国内镍氢电池正极材料修饰先行者、第一本锂离子电池著作作者、国内提出钠离子电池先行者、国内氟离子电池研究的领先者、连续7年进入能源领域中国高被引学者榜单、全球顶尖前10万名科学家排名第5862名（2022年）、英国皇家化学学会会士……这些年在“追光”的路上，王先友的头衔一直在变，但他始终怀着不变的学术热情和教育初心一路前行。这位“追光者”的世界，淳朴如斯而又奇妙无比。

谋祖国“富强之光”

1998年，王先友在南开大学博士后出站，来我校工作。2000年赴以色列理工大学开展学术研究，2001年受邀前往西班牙瓦伦西亚理工大学作访问教授参加欧洲电动车计划项目研究。2003年赴墨西哥国立自治大学（UNAM）任全职教授。回忆起在国外的经历，王先友说：“身在国外，对爱国情怀更有体会，强大的祖国永远是最坚实的后盾。”

2003年夏，王先友和同事乘车去郊外实验室。突然，车被军警拦了下来。“所有人举起双手，下车接受检查!”一位军警高喊。王先友从座位上站了起来，举起手中的中国护照告诉对方：“我是中国公民!”军警看了看他手中的护照，示意他坐下，待在车上，无须检查，而和他同行的同事，包括3位外籍专家教授都下车接受了检查。

“若不是祖国强大，我也要像他们一样举起手来。”王先友独自坐在空荡荡的公交车上，不由得陷入沉思。他回想起曾经在国外机场候机时的遭遇，有外国人因他使用笔记本电脑处理文件，却把他错认为是日本人。

“中国人为什么不能有?!”王先友愤而回击，这句话从此深深地印在了他的心中。国外再好也不如祖国强大好，王先友下定决心回报祖国。

同年，王先友前往韩国汉城参加国际锂电池会议后，毅然放弃了国外高薪工作，选择留在祖国，回到湘大，踏上了追求祖国“富强之光”的道路。

归国后，王先友马不停蹄地扎进科研事业中。当时国内动力电池研究处在初级阶段，许多研讨交流会议参与规模小，面临缺资料、缺设备、少专家、无援助的局面，只能自力更生。

“国家需要的，那就是我要去做的。”面对困难，王先友这样告诫自己。从原理研究、材料筛选、电池结构，到正负极、电解质的设计，王先友一步步地摸索，一遍遍试验。尤其是对那些国内尚未掌握的技术，王先友搜寻国外相关资料，再根据相关理论计算，结合积累的经验来验证，往往需要进行数千遍的试验。

个人的力量始终有限，互助前行方能致远。王先友深知要在国内新能源领域干出一番成绩，需要团结更多的力量。他努力筹备建立实验室，组建科研团队。几年下来，王先友组建了一支新能源材料研究的队伍，建立了“新能源装备及储能材料与器件”国家国际科技合作基地、“新型储能电池关键材料制备技术”国家地方联合工程实验室及“电化学能源储存与转换”湖南省重点实验室，承担了国家重点研发计划、国自科基金区域创新重点及国防领域课题和省重大成果转化、战略性新兴产业项目等的研究，突破了许多关键性技术，实现了在动力电池领域从跟跑到并跑，甚至是领跑的飞跃。

“科学无国界，但科学家有国界。”王先友认为作为高校教师，使命是为党育人、为国育才。他非常注重培养学生的家国情怀，对研究生的第一条标准是要爱国。王先友经常向学生讲述在国外的经历，勉励学生发奋图强，为国争光，将“强国梦”的种子播撒在学生们的心中。

如今王先友培养的学生，无论是曾经出国深造的，还是曾在国外访学的，都学成归国，活跃在我国新能源领域的教学、科研和工业生产一线。

逐科研“真理之光”

“作为科研工作者，不但要埋头做研究，还要站在国际前沿抬头想问题。”科研上，王先友不怕挑战，敢于、善于、精于做原创性科研。

20 世纪 90 年代初，南开大学承担了国家动力电池重点攻关项目，专门成立了新能源材料化学研究所。由于学电化学出身，又是研究所内第一位博士后，王先友参加了正极材料项目的攻关。当时研究所主要从事镍氢电池负极材料研究，而由于国外技术封锁，镍氢电池正极材料的研究一直未得到突破。

在导师的指导与鼓励下，曾经主攻金属防腐的王先友开始了追逐能源领域“真理之光”的道路。他大胆尝试，经历多次失败仍不放弃。终于攻克了直径只有 10 微米左右的球形氢氧化镍微粒表面覆钴或钴化物的技术难题，成功解决了具有 P 型半导体特征的球形氢氧化镍导电性问题，突破了国外对我国镍氢电池正极材料制备的技术封锁。时至今日，镍氢电池的正极材料处理工艺仍沿用王先友当年的技术路线。

高开起跳的第一步奠定了王先友往后科研的基调，从此他跨越山海，在追逐科研“真理之光”路上凯歌前进。

20 世纪 90 年代，由于工作电压更高、能量密度更大、循环寿命更长，锂电池慢慢进入公众视野。然而我国的锂电池制作起步相对较晚，为补齐这一短板，王先友通过研读国外相关著作，和几位同行一起在2000年率先出版了我国第一部锂离子电池专著《锂离子电池》，他负责撰写锂离子电池的设计、制造及测试技术等部分的内容，该书为我国锂离子及新能源产业发展作出了重要贡献。

“早些年国内举办锂电池交流会议，许多参会者过来跟我说‘我们是看着王老师的书来做锂电池的’。”提到这儿，王先友笑了，很是自豪。

在科学探索中，王先友没有满足止步，他开始从能源、资源的层面思考更深入的问题。

全球锂资源储备有限，不但导致锂电池成本高，而且锂离子电池获得大规模应用后，锂资源短缺肯定会成为突出的问题，能否寻找到更廉价、储量更丰富的替代品呢？看着桌面上的元素周期表，王先友陷入了沉思，他注意到与锂元素相隔一个周期，且在同一主族的钠元素。

海水中有丰富的钠离子储备，且相较于锂，钠可谓资源丰富，可大幅度降低电池成本，钠离子是否也能做成电池呢？经过理论探索与实践尝试，1999年王先友首次提出了钠离子电池这一概念，并从理论上证实了钠离子电池的可行性。

继钠离子电池提出后，王先友敏锐地将目光投向了元素周期表的另一端。2001年，王先友一路“顺藤摸瓜”，在研究氟化铁的项目时，他又注意到了氟离子，在国内首次提出了用金属氟化物作锂离子电池正极材料，随后又提出了氟离子电池的概念。根据多年从事电池行业研究所累积的经验，王先友在理论上验证了这一想法，再一步步向前摸索。在这个项目研究上，王先友团队2001年拿到湖南省自科基金重点项目，2002年拿到江苏省自科基金重点项目，2004年后又3次获得国家自科基金项目资助，项目研究成果获得第12届中国专利优秀奖和湖南省技术发明二等奖。

辛勤付出收获了累累硕果。在追求“真理之光”的道路上，王先友成了当之无愧的电化学能源存储与转换领域的“开拓者”。

寻教育“卓越之光”

“如何做好教育？”——这是王先友一直在思考的问题。

在西班牙访学期间，王先友看到斗兽场中的牛会被斗牛士的红布所吸引，朝着不同的方向猛扑，几个回合下来，没有扑倒斗牛士但平白消耗体力而很快累垮。这一幕给他留下了深刻印象。

“愿为猛虎，不为斗牛。”王先友常以生动的譬喻和学生说一个朴素的道理——科研上选定方向后，贵在长久坚持，只要认准方向坚持不懈，才会有成功的喜悦。

在国内动力电池研究初创阶段，有学生担忧动力电池研究的就业和未来。

“能源是人类社会存在的基础，材料是人类社会进步的阶梯。石油等化石能源毕竟资源有限，而且还带来严重的环境问题。太阳能、风能是绿色能源，但储存是难题，为实现能源可持续发展，新型动力与储能电池及先进储能材料的开发，肯定是未来必须重点突破的核心问题。”王先友以自己独到的见解，为学生答疑解惑。“而且，先进储能材料和新能源研究中的许多难题涉及化学、物理学、材料科学等领域的基础问题，把基础打好，以后做什么都会用得上。”

正如王先友所料，如今随着电动汽车和储能产业的飞速发展，新能源电池领域成为最有潜力的研究热点。他的学生中，有的成了中国动力电池领域的“大牛”。

“做科学研究，不要好高骛远，一定要脚踏实地，要么瞄准国际前沿，做一些开创性的工作；要么针对国家重大需求，解决工程实际中的关键科学问题。”王先友读研究生前曾在央企担任过工程师，深知实践能力对学生培养的重要性。他常常带领学生到合作的企业去实习，在实践中开阔学生的视野，锻炼他们分析问题、解决问题的能力，让学生将掌握的理论知识转化为现实生产力。

“读博期间，王老师常对我说，要多去企业实习，将所学的知识运用到实际中去，系统掌握锂电池材料的生产工艺和技术要领，才能为日后成长打下坚实基础。”如今，已是深圳市人大代表、深圳贝特瑞集团副总裁的杨顺毅，回忆起王先友对他的教导，深感至今受用。

说到老师王先友，学生们感受最深的是师生相处的时间特别充足。

为了把更多的时间留给学生，王先友几乎放弃了休息时间。清晨，他会一大早就来实验室，和学生交流到很晚才离开。无论是寒暑假、周末还是节假日，在实验室或办公室中，总能见到王先友忙碌的身影。

日常生活中的王先友，葆有一种来自乡村的质朴。在学生眼中，这位衣着朴素、神情朴实的老师，所做的一些“平常”的举动，却让他们感动不已。

2008年底，湖南遭受严重的冰灾，学校生活受到较大影响。王先友和妻子连续多天冒着寒风，轮流多次去食堂排队为学生购买食物，并为学生熬制鸡汤、红枣汤等，一起送到实验室。回忆起往事，毕业多年的弟子们依旧热泪盈眶。

时隔多年，学生们仍然记得，当时家境困难，是王先友从工资中拿出一部分进行补助，让他们得以安心学习，完成学业。有弟子至今难忘，家中亲人过世，是老师替自己支付价格不菲的机票，让其能够尽快回家。

每每师生聚会，弟子们提起这些温暖往事，个个感动不已。王先友倒觉得这些都是应该做的平常事：“农村来的学生很多，我自己也是农村出身，很能理解他们。更何况当老师的对待学生，就应该跟对待自己家的孩子一样。”

扎根湘大的20多年里，王先友培养硕士研究生93人、博士研究生17人、博士后7人，其中晋升教授5人，副教授8人，多位学子获“宝钢奖学金”、“湖南省百佳大学生党员”、国家奖学金，学校研究生校长奖年年都有他学生的身影。2019年，王先友获评首届湖南省优秀研究生导师。

暮色四合，当窗边最后一缕阳光消散时，王先友一如既往地在实验室里忙碌着。

他知道，他所追求的光仍在远方，他仍需不断往前进发。

坚守“分析”人生　培育一流人才

——记我的好老师龚曙光老师

卢海山

荀子言：“师术有四，而博习不与焉。严师而惮，可以为师；耆艾而信，可以为师；诵说而不陵不犯，可以为师；知微而论，可以为师”。1993年，龚曙光入职湘潭大学机械工程系。29年来他潜心科研、专注教学、服务企业，以其严谨严格的教育理念，深耕有限元分析领域，谨遵传道受业解惑的教道师风和致广大而尽精微的教学风格，真正实现了将科学研究、教书育人和社会服务融为一体。

扎根湘大，勇攀“分析”高峰

1989年从郑州工学院毕业后，龚曙光被分配到原化工部直属的湘东化工机械厂。而初入机械厂的他，专业并不完全对口，以致第一次在车间看到直径数米的容器封头时，惊讶地说道，“竟有这么大的铁锅!”，逗得同事大笑起来。

当时企业为了承担国际业务，需要取得ASME设计和制造许可证，为此厂领导委派他到大连理工大学接受有限元分析培训。学成归来后，龚曙光就“占据”全厂唯一的计算机，每天编写代码、开展有限元分析，自此他与有限元结下不解之缘。也正因为这段经历，即便多年后商业软件已广泛普及，他在讲授有限元课程时，仍始终特别强调理论基础的重要性。

1993年龚曙光调入湘潭大学机械系，也正是在湘化机的4年经历，开启了他接下来在湘大29年的“分析”人生。

来到湘大化机教研室后，龚曙光继续开展有限元分析研究，在职攻读了湘大计算数学硕士和博士，同时面向重大装备的减重降耗需求，结合有限元进一步研究装备的轻量化。他所带领的多学科优化研究团队，先后获得7项国家自然科学基金项目的资助，在结构优化研究领域取得了系列优秀成果，在国际结构优化领域顶刊 *Struct Multidisc Optim* 等国内外期刊上发表高质量学术成果百余篇。

龚曙光老师（第一排左）在为学生答疑

龚曙光不仅注重有限元和结构轻量化的理论研究，而且将理论指导实践也是他一贯的主张。“搞科研要善于从工程实际发现、提炼本质问题，解决了这些深层次的问题后，最终又要回到工程中，解决一些实际问题……”，这是他时常在课堂和研究生组会上提及的，也是他身体力行的。

在承担教学和科研的同时，龚曙光先后担任学院副院长和学校基建处长等行政职务，为学院发展和学校的基础设施建设奉献了大量精力。为了不耽误教学与科研，无论严寒酷暑还是节假日，他每晚都坚持在实验室开展研究工作。“龚老师办公室绝对是整个化机楼最晚熄灯的，而且从来没有在晚上 12 点之前熄过灯……”他的研究生、现为机械工程与力学学院教授的张建平感慨道。

艰难困苦，玉汝于成，不仅是他的座右铭，更是他笔耕不辍，攀登“分析”高峰的真实写照。

恪守初心，创新“分析”课堂

当今世界，CAE 分析已成为制造业的重要基石，可以毫不夸张地说，CAE 分析水平的高低直接决定着企业创新能力的强弱，而 CAE 分析的理论基础正是有限元。得益于在湘化机的工作经历，龚曙光调入湘大后，立即着手开设这门非常前沿的课程，并主讲至今。

有限元作为一种求解偏微分方程的数值方法，对于机械类的学生而言极为抽象和晦涩难懂。不少毕业多年的学院校友吐露心声：“有限元肯定是大学四年最难的课程，但也是非常重要的课程……”，为更好地讲授这门理论深奥、实践性强的课程，29 年来龚曙光不断探索、变革教学方法。

龚曙光结合机械类学生数学功底偏弱，但在力学及实践动手方面更有优势的特点，能从力学、机械等学科基本概念出发，淡化有限元的严谨数学推导，结合典型应用场景，深入浅出地讲授有限元的基本概念和分析过程，从而使得学生更加容易理解。同时他还要求学生在吃透理论的基础上，能够编写出简单的有限元程序，进一步加深对理论的理解，并锻炼实践能力。“能独立写出程序，可以说对有限元的理论有了深刻理解，那么在今后的学习和工作中也将受益匪浅。”龚曙光指导的研究生如今已是中联重科 CAE 技术专家的曾维栋在毕业多年后满怀感激地说。

多年服务企业的过程中，龚曙光积累了大量的 CAE 分析应用案例，而这些案例又成为充实他课堂的绝佳素材。因此在学校教改专项的支持下，他将大量的工程案例引入到课堂，开发了案例式的有限元教学模式。凡是听过龚曙光有限元课程的同学，都能深刻体会到，他的每一章节 PPT 中，都有与之对应的工程案例。这种基于真实项目的教学模式，不仅开阔了学生眼界，也更使学生意识到掌握有限元的重要性。

经过多年的教学积累，龚曙光逐渐形成了自己的教学特色，通过不断总结经验，最终编著了 7 部关于有限元的教材。这些教材不仅深入浅出地讲解基础理论，而且汇集了大量的实际案例，以致许多高校、科研院所、企业中从事 CAE 分析的技术人员都对龚曙光耳熟能详，而他的书也一度在几大网购平台卖断了货。

29 年来的耕耘，龚曙光为企业培养了大批的分析技术人才，为有限元这一先进工具的工程应用普及做出了重要贡献。

勇担使命，破解“分析”难题

或许龚曙光是出自企业，他始终能第一时间解决企业在实际生产中所遇到的难题。

十多年前，随着国内大力开展基础设施建设，国内工程机械行业发展迅猛，各类工程机械新产品不断推出。譬如三一重工开发了一款道路铺设装备——沥青混合料转运车。然而这款新产品却存在重量过大、油耗超标等问题。为了提升产品竞争力，三一重工通过招标确定与龚曙光课题组合作。得益于课题组在有限元和结构优化领域的研究积淀，经过半年多的努力，成功实现了车体减重。

如今高铁的普及极大地方便了人们的出行，然而很少有人会关注到，驱动机车的大功率电机在运行过程中会产生大量热量，需要及时地散发，因此高性能机车用散热器是决定机车动力的关键部件。然而这一关键部件长期从国外进口，不仅价格高昂，且受制于人。株洲中车奇宏散热技术有限公司决意打破垄断，自主研发。随即他们找到龚曙光，通过对其进行结构仿真、流体管路优化等，龚曙光课题组成功帮助株洲中车奇宏研制出电力机车用大功率水冷散热器。“当我们将散热器开发出来后，国外的产品立马降价……”龚曙光指导的研究生、现为株洲中车奇宏研发部负责人贺荣自豪地说。

在另一故事中，龚曙光则被企业人员亲切地称呼为“救火队长”。2014 年的一天晚上，龚曙光突然接到中冶长天研发中心负责人的电话。电话那头急切的语气，让龚曙光明白，对方一定是遇到了棘手的紧急情况。果然如此，原来是该公司建造了一台近 100 米高的浓缩塔，但安装完成试车时，塔体出现剧烈颤振，需要马上查找原因并解决。对方一再叮嘱，“龚老师，麻烦您尽快分析出来，现场非常紧急……”，接到任务后，龚曙光立即组织团队进行 CAE 分析，由于模型规模庞大，为第一时间获知结果，龚曙光连续 36 个小时未休息，带领团队成员日夜奋战，最终课题组成功分析出了颤振原因，并提出了解决方案。

这些类似的情况，龚曙光经历了太多，他经常接到企业技术人员慕名打来的电话，开口就是产品出现了问题，需要他帮忙分析……而每一次龚曙光都能第一时间圆满地帮助企业破解难题，成为名副其实的“救火队长”。老骥伏枥，志在千里。扎根湘大的 29 年来，龚曙光教授在科研、教学和解决企业技术难题方面，书写出了独具特色的“分析”人生。2022 年龚曙光受聘企业指导自主开发 CAE 软件，已近花甲之年的他，仍然为我国被“卡脖子”的关键领域——工业软件，奉献着自己的力量。

用“心”点燃田径场上的激情岁月

——记全国大学生运动会金牌教练谭新莉老师

丁小燕　唐文萱

1987年，从北京体育大学毕业的谭新莉，怀着一颗建设家乡的心来到了湘潭大学。彼时的湘大还只有黄土地的田径场和煤渣铺的跑道，条件很艰苦，但她一待就是35年。从花信年华到知命不惑，她用自己的满腔热忱培养了一批又一批高水平运动员、国家健将运动员，用“心”点燃了田径场上的激情岁月。

谭新莉教授上课情景

剑胆琴心的“教练妈妈”

谭新莉长期担任高水平运动队田径教练。多年来，她带学生训练系统而科学。她习惯“挂图作战”，按健将运动员的标准来培养队员。根据不同学生的特征，分别制定好年度目标，并将之细化成季度目标，季度目标下还有周密的计划和直观的训练日程表，每个月还会根据训练效果和身体情况改善计划。正是她一遍遍不厌其烦地打磨，每个队员的训练计划都十分“合身”，训练成绩也得到了飞速进步。她总说成绩都是汗水浇灌出来的，“一日不练，自己知道；

两日不练，同行知道；三日不练，外行知道。”每天她都会带着队员多训练一个小时，寒暑假还会布置训练计划，要求队员们回到各自的中学按照计划完成任务。

训练是辛苦的，队员们偶尔难免也会有懈怠的时候。为让他们保持持续的战斗力，同时丰富训练的趣味性，让他们在高强度的训练中也能学会放松，谭新莉还会有一些自己的小妙招。比如在跳远训练时，学生如果长时间不能打破瓶颈，她就会划定一个目标，将一个神秘的礼物放在沙子里，如果队员跳到了目标距离，就可以拿到这份“礼物”作为奖励。

这份礼物是谭新莉自掏腰包精心准备的。看到谭新莉的这份苦心，青春而热血的队员们常笑着说：“就是跳上十次二十次，也要拿到谭老师的礼物。”大家咬着牙，攥着拳，一次次挑战，汗珠挂满额头，腿部肌肉酸痛也不放弃，直到跳到了目标成绩，都会举着谭老师的奖品兴奋不已。

她带学生训练温暖又有爱。“在田径场上谭新莉是严厉的教练，在田径场下谭老师是我们亲切的教练妈妈。”谭新莉的学生们这样形容她。队员们每天训练强度大，又处于长身体的时候，食堂的饭菜难以跟上营养，怎么样让队员们补充营养，谭新莉自有她的办法。她会请教自己的营养师朋友，给孩子们准备各种荤素搭配、营养均衡的饭菜，力求他们以最好的状态参与训练和比赛。“印象里我们最期待谭老师的‘锅’，训练完大家都饥肠辘辘的，谭老师就会端出她的锅，里面可能是黄澄澄的鸡汤，可能是香喷喷的红烧肉，也可能是热乎乎的莲子羹，我们会扑上去抢着吃，可香了，谭老师经常会带这样的惊喜来田径场。”弟子们回忆起当年的训练，总忘不了说起谭老师的那口蒸煮着“爱”的电饭锅。

我还记得在 2007 年，我和师姐段红杰双双入选湖南省大学生体育代表团参加第八届全国大学生运动会。比赛的前一天，我吃完晚饭早早回到房间休息，由于赛场经验不足，焦虑如影随形、辗转反侧难以入眠。就在这时，谭老师手拿一瓶活络油，敲开了我的房门，也敲开了我如麻的思绪，她说：“别想太多，我们先来按摩一下吧。”然后谭老师就用她温热的手掌、娴熟的手法、贴心的安慰，使我很快就平和了心态、放松了身心，不知不觉进入了梦乡。每到大型比赛时，队员们难免会有紧张情绪，每当这时，谭老师都会走进队员房间，给队员来上一轮独门手法的‘谭氏赛前按摩’，边按摩边进行心理调适，帮助队员放松肌肉，舒缓紧张情绪。这对比赛紧张的队员帮助可大了！

我还记得有个叫刘显富的同学说起谭老师也是满心感激。2012 年第九届全国大学生运动会，学校有 4 名学生入选湖南省代表团参加了本届比赛，有 3 名运动员是谭老师亲自指导的，那次比赛显富同学没有拿到名次，情绪很是低落。为了鼓励显富同学，谭老师跟另外 3 名同学说：“我们是一个团队来参赛的，获得的荣誉每个人都有功劳，既然是一个团队，显富也应该分享省教育厅给我们的奖励。”谭老师便将自己奖金的一部分奖励了显富同学，激励他继续努力，在以后的比赛中力争取获得好的成绩。显富同学说是谭老师守护了他的梦想，给了他力量让他继续坚持训练。就在当年，他在韶山参加纪念毛泽东诞辰万人长跑比赛中夺得了冠军，他开心地将冠军奖品送给了谭老师，还专门发了信息：“谢谢谭老师给我的鼓励，那份奖励让我感受到了团队的温暖与力量，它更是让我知道了团队的成功也是我的成功，我并没有失败，这也激励着我不断前进。”

谈起这些事情，谭老师总是说：“这些都是微不足道的小事，每个孩子都是追梦人，我的责任就是守护你们，生活上给你们温暖，激发你们最大的热情，用爆发出来的力量去摘下属于你们的那颗闪亮的星。”几十年来，谭老师带着队员们在全国大学生运动会、全国大学生田径锦标赛等大型运动会上获得了金牌 8 枚、银牌 6 枚、铜牌 5 枚，湖南省大学生运动会上获得金牌 16 枚。1 名队员还代表中国参加了第 23 届世界大学生运动会，为学校争得了崇高的荣誉。

不忘初心的“副科老师”

在谭老师心里，即使大家都认为体育老师是“副科老师”，那也要努力做学生喜欢的“副科老师”。她会精心设计每一堂课的教学内容，关注每一位学生上课时的变化，努力把自己的温柔、优雅、自信和阳光传递给学生。

“当体育老师是自己从小的梦想！”谭老师一直对自己的职业感到骄傲。在她看来，体育老师上课不只是教学生怎么做好动作，锻炼学生的体能，更要将顽强拼搏、团结协作的体育精神融到学习和生活当中，引导学生树立积极阳光上进的心态。正是因为这份热爱和坚守，她始终在为体育课上孩子们阳光的笑脸和运动员们站上领奖台的那一刻荣光而努力着。谭老师 35 年辛勤付出也获得了师生认可，多次荣获“湖南省高校优秀教练员”“长株潭优秀体育教师”“湘潭大学教学优秀教师”“湘潭大学教学科研明星”等荣誉。

秉持匠心的“科研精兵”

“对我来说，科研是服务教学和训练的。”这是谭老师作为高校教师对科研工作的理解，她的科研问题基本上都来自自己的教学和带队过程。她先后主持或参与完成湖南省社科基金重点项目、体育局重点课题等 12 项，出版学术专著 1 部，发表论文 30 余篇。

谭老师曾教过一位残障的学生，他表现十分积极，会主动请教如何做好基本动作。但如何为他制定教学计划，如何设计教学内容，如何评定他的表现，如何让他融入集体，这些都让谭老师感到困惑。她查阅了许多资料，仅有的文献让她没有找到满意的答案。“体育锻炼对于大学生来说是必要的，现在有些学生行动不便，如何给他们带来参与度高且有收获的体育教学，是体育老师需要思考的问题。”在这一想法调动下，谭老师参与申报了湖南省教育厅课题《湖南省大学生特殊群体体育参与意识研究》，组织开展高校体育弱势学生健身参与状况调研，着手研究高校残疾、体弱学生体育教育。经过调研分析，她得出了很多新的教学想法，如体育老师要关注残疾学生的身心健康，对于腰椎间盘突出的学生要加强腰背肌力量练习等，这些结论都为她的教学带来了不容小觑的帮助。

体适能课程是学校专门针对体育弱势学生开设的体育课程，从教授体适能课开始，谭老师就发现班上有许多腰椎间盘突出、腿脚不便甚至眼睛刚动手术不能照射阳光的学生。她就积极探索教学改革。每次上课她都会准备可以让全班一起参与的课前游戏，积极调动课堂的趣味性，培养学生的团队意识。她还采取“学生自己当老师”的教学方案，将班上同学以两至三人为一个小组，让他们在课前根据自己的身体情况制定专属锻炼计划，并在课前将其发给谭老师检查，训练的效果和实施情况由谭老师判定。“这一年很感谢谭老师，因为您，我越来越热爱运动，也越来越会制定合理的运动方法。”一年的教学下来，谭老师收到了不少这样的感谢。每每看到学生这样的话语，她都会深为感动，“自己努力推动的体育教学改革，不就是让每一个学生爱上体育，让每一个人找到适合自己的运动方式吗？”各类实践研究的开展，让她的体育课和高水平运动员的训练越来越科学，成效越来越明显。

现在已经五十多岁的谭老师依然如故，常在田径场上陪伴着学生，奉献着自己的光和热。“功成不必在我，功成必定有我！”这是谭老师的真实写照。从青丝到华发，她见证了湘潭大学体育运动事业的改革和变迁，也见证了体育运动工作在学校建设发展中的作用，体育工作于她而言已不仅仅是一份工作，还是一份责任，一份初心，一种信念，更是一份荣光。

春风化雨四十载　桃李芬芳赤子心

——记我心中的好老师余新民老师

林　晨

“我是当年那批代培教师中唯一扎根湘大的女教师。”46 年，人生一大半光景，余新民都献给了这个叫湘潭大学的地方。

1976 年 12 月，为支持湘潭大学复校建设，国务院批准由部分名牌大学代替培养一批湘潭大学青年教师。“当时我们那一批有 100 人，我是韶山仅有的两个名额中的一个。”在外出代培前，省里要求学校先办师资培训班，帮助大家明确学习目的，做好学业规划。可是，湘大当时根本没有场地，只能借住在湖南大学第九学生宿舍做培训。“大部分人是直接去湖大报到，我作为代培班的几个组长之一被通知先来湘大做准备，这才第一次见到了学校最原始的面貌。”

那时候，余新民还是个扎着马尾辫的小姑娘，她怀着满腔热情，激动又自豪，从毛主席故乡坐着拖拉机一路颠簸，来到了羊牯塘。可是，当踏上这片土地，眼前出现的竟是一大片黄土荒坡与建设工地，远远望去一览无余，没有一

栋楼房。“这个位置比较高，正对着大门，以后要建图书馆。”师资科科长带着他们在山坡上走了一大圈，参观着这个“想象中的校园”。这个位置要建教学楼、办公楼、大礼堂，那个位置会建食堂、运动场、学生宿舍……余新民崭新的蓝色布鞋上沾满了泥巴，一群人在荒山上越走越慢，也越来越没了刚才的精气神。晚上，余新民和其他培训班组长在老汽车站的临时工棚里吃饭，在校门口的粮店打地铺过夜。

那一天，余新民站在未来规划的空地上，来回走了很久。她说，直到现在，我都永远忘不了那个场景。

1977年初，百名青年教师培训对象被分配到全国各个高校代培，余新民去了复旦大学政治经济学专业。在这里，她才真真切切地感受到大学应有的样子：教学设施舒适完善、专业课程安排紧凑、学术讨论气氛浓烈、文化艺术活动丰富……“在复旦，再著名的教授也给本科生上课，而且特别重视原著学习，老教授3个学期带领我们一点一点学习《资本论》的1、2、3卷，打下了扎实的理论基础。”说起在复旦的求学经历，余新民很是感慨，她说，当时最后一个学期还安排了6门专业课，到现在都还记得张薰华教授讲资本论的逻辑思维导图、蒋学模教授讲授经济理论的妙语连珠，而这些都成为她今后教学与科研道路上的养分与积淀。

1980年初，余新民回到湘大，巨大的落差让她和同伴的情绪一下子跌到谷底。面对艰苦的办学条件，有人选择了离开。余新民是留下来的代培青年教师中唯一的女教师。

“我也有更好的工作选择机会，但我舍不得啊，我难忘当年韶山父老乡亲和工作单位党组织欢送我来湘大的殷切期望以及湘大的培养之情，能扎根湘大这块黄土地，为建设毛主席家乡的大学做贡献，我非常荣幸！”余新民没有犹豫，笃定又自豪地说。

从1979级哲学班开始上课，到2018级人力资源管理专业结课，余新民在教学一线一干就是40年。她始终潜心教书育人、精益求精，为学校人才培养、学科建设献力献策。她与湖南师范大学马伯均教授合作主编了教育部“十一五”国家级规划教材《政治经济学》，主讲的课程被评为学校首批品牌课程。2013级审计学专业田舒羽曾给她发过这样一段话：“您的课堂让我们觉得自己带着期待和向往填报的高考志愿没有遗憾，更让我们找到了学习的航向和动力。”但对于此，她却始终很低调，“教书育人是本职工作，更是良心活，我只是对得起我的学生和我自己的心”。

几十年来，从学生班主任、系主任到学院基层党支部书记、党委委员，校本科教育教学督导团副团长……教师以外的众多身份，她都欣然接受，并且以身作则，开拓创新，以实际行动带领、感召着身边的每一个人。

爱的种子播撒在学生心田，学生对母校才有眷恋

从 1991 年到 2020 年，余新民连续 30 年在经济学专业新生入学教育大会上发言，她说，想以自己的亲身经历，让第一次接触这门学科的学生们真切地体会到经济学的专业魅力、发展脉络与学科特点。

在担任三届学生班主任期间，她更是竭尽心力，无微不至。她将学生工作难题归纳为五类：学生生活贫困、体弱多病或有残疾、失恋导致情绪失控、同学关系处理不当、学习成绩不好。对于不同类型的学生，她又有不同的方法。“对一二类问题，我们老师要予以更多关心，鼓励他们勤工俭学，更要帮助他们渡过难关。”有学生拖欠学费找到余教授，她了解情况后毅然决定为学生做担保，让学校代扣自己的工资；学生胃出血住院，她在家煮粥做菜亲自送去，班级同学在她的影响下也主动申请轮流看护。在余新民的鼓励和帮助下，一些贫困学生通过清扫教室、食堂帮工来赚取学费，不仅缓解了经济压力，更提升了自己的综合素质，1983 级经济学专业的陈凯还利用学生宿舍值班室的空间，办起了全校第一个“学生用品商店”，解决了多个贫困学生的生活开销难题。

2019 年 2 月，余新民看到曾任过课的学生张斯童因患重病在众筹平台上募捐，立即带头捐赠了 800 元并转发到各个微信群，随后谢罗奇、廖德芳、杨真勤等校友纷纷伸出援助之手，一夜之间，募捐金额就从 17 万元上升为 33 万余元，有了手术与治疗费，张斯童的病情得到有效救治，得以重返校园。在毕业之际，张斯童从班主任杨菊仙老师口中知晓此事，感动不已，多方辗转，她加上余新民教授的微信：“我一直不知道老师默默为我做了这些，一直关注我的成长，现在我都要毕业了，余老师，真的谢谢您!”

2020 年 10 月，本已退休的余教授接受离退休工作部（处）的邀请，担任金翼 5 • 18 学生社团指导老师，组织社团学生动员了 250 多个班级参与爱心活动，并带头捐款 1000 元予以支持。2007 年以来，她累计参加各类捐款献爱心

活动30余次，而她自己却说“微薄之力无足挂齿，只为表明教育学生需言传身教。”几十年来，无论是课堂教学还是学生工作，她以自身言行教育引导学生爱校爱国，明德修身，而她种下的那颗爱的种子，也终在学生心中生根发芽，开花育果。

余新民的学生，1983级经济学一班陈银娥，毕业后成为一名教授、博导，在湘潭大学商学院发展的关键时期，她不辞辛劳，多方奔走，为学院学科建设出谋划策，鼎力相助。在湘潭大学60周年校庆之际，校教育基金会动员广大师生、校友捐献爱心为母校筹集建设资金。余新民抱着试试看的心态，把募捐推文发到曾带的三个班级的微信群（1983级经济1班、1989级经济和1996涉外经济班）。结果，不到一个星期，捐款金额就超6万元。这是一笔不小的数目。当时，有学生在群里说，“毕业这么多年，余老师从来不愿意麻烦我们什么事情，这次我们一定要为母校贡献一份力量。”余教授感动不已，还给他们写了一句鼓励词：“绿树感恩根，根深树成林，莘莘学子情，湘大因你盛。”

掌握教学规律、苦练基本功对青年教师站稳讲台很重要

1980年，余新民在复旦大学代培结束后回到湘大政治系任教，当时的政治系只有哲学、经济学两个专业。1980年至1983年间，余新民和老教师合作授课，如李华明老师的政治经济学、郑必清老师的社会主义经济理论等课程，学生上课，余新民也去旁听，了解教学内容、学习教学方法，同时讲授部分内容、批改学生作业、组织学生讨论。前辈们治学严谨、授课细致，对余新民也很严格，要求她每节课要提前写好不少于4000字的教案讲稿，并且必须体现教学目标、重点、难点，课程内容要案例与数据并举，问题设计更要灵活多样。

面对如此高的标准，余新民没有半点埋怨。从那时起，她就一直坚持撰写教案，每节课都是如此，并且紧跟时代，改进教学手段，直至退休，她撰写和制作的教案、PPT累计达上百万字。也正因如此，余新民逐渐站稳讲台，融合前辈们的教学手段与方法，形成了自己独特的授课风格。“我非常感谢老教授们当初对我的栽培与指导，对我而言是终生的财富，所以我在退休后仍然愿意在教学督导工作中奉献余热，将这份传承与热爱坚持下去。”一说起教学督导工作，她笑容灿烂，洋溢着自豪与幸福。

2014 年 4 月至 2022 年 3 月，余新民被学校聘为第六届、第七届本科教育教学督导团专家，并连续两届任督导团副团长职位 6 年，她不断地探索教育教学改革模式，创新督导方式，为提升青年教师教学能力尽职尽责。她和团长带领校督导团配合各职能部门，维护学校正常教学和考试秩序、规范试卷评阅和毕业论文指导，完成 2018 年教育部对我校本科专业审核评估工作，成功实现督导模式转换，率先建立“以导为主”的校、院二级督导机制；面对新冠肺炎疫情带来的教学督导模式新挑战，她探索线上线下相结合的听课评教方式，提出“一对一”听课模式，“打造金课，淘汰水课”，细化具体评估指标，完善自我检查评价机制，以实际成效吸引不少新教师主动要求参加教学督导。近三年来，余新民撰写的督导工作总结与评价材料汇编就有 6 册，共计 20 余万字，研究成果《督导课堂教学，夯实人才培养主阵地 ——湘潭大学“一对一”听课指导的实践探索》获湖南省政府教育督导委员会优秀论文三等奖。

对于指导青年教师，她认为首先要以平等交流，真诚帮助的态度，多角度告知其听课交流的目的与意义、了解青年教师在教学工作上的瓶颈与需求，例如教学重点、课程宏观把握、课堂设计、互动技巧等方面有哪些困难，这样才能有的放矢地听课评课。其次要进入课堂一线“望闻听切”，向学生询问感受，找准问题，“督要严格、评要中肯、导要得法”；再次要搭建平台，促成长效交流，例如组织观摩“教学示范课”“网络视频公开课”，线上分享国家级一流课程、全国青教赛优秀作品等资料，组织线上研讨。

她自己说：“我年龄偏大，在对接新的教学手段、教学方法以及和年轻教师交流中确实有很多困难与挑战。”可事实是，她以灵活多样、图文并茂的评价方式、始终如一的耐心劝导以及亲和温柔的人格魅力收获众多年轻教师的信服与钦佩。

如今，宏伟的发展蓝图终于变为现实，昔日的荒土坡变成了美丽的现代化大学城，老一辈湘大人将青春、热情乃至信仰扎根于这片土地，不论是过去、现在、将来，你问、你看、你听，他们从未后悔。

“那时候唯一的文化娱乐活动就是每周末搬着小板凳到第一教学楼东边的土坪上看露天电影，元旦节可以在老食堂搬开餐桌跳场迎新交谊舞。”

“前几年，我和他们一起在东门草坪上跳校工会推荐的 7 套广场舞，去年还参加了离退休工作部（处）为庆祝建党 100 周年的两个舞蹈表演。这段时间也比较忙，我每周一、周二、周五上午都要去参加老科协 30 周年庆典开场舞的排练!”

余新民笑起来，眼睛眯成一勾新月。

因材施教　学生成长成才的引路人

——我身边的好老师湛泳老师

李珊　李文君　周佳丽

他，格物致知，博学笃行，怀着满腔热忱深耕学术开拓与创新。18 年来，他始终保持学生时代的纯粹和勤奋，对学术和生活的热情从未消散。他在学术上的丰硕成果激励着莘莘学子，在生活上的热情乐观传播着时代正能量。他就是湛泳，一名治学严谨、甘于奉献的大学教师，湘潭大学商学院教授、理论经济学博士生导师、美国德州大学阿灵顿分校访问学者、应用经济学硕士学位点负责人、湖南股权交易所挂牌审核委员会专家委员、中国国防经济学年度人物、《消费经济》杂志编辑部主任、（中国）消费经济学会副秘书长、国家社科基金（重大）通讯评审专家。

湛泳老师（中）与学生合影

志存高远，潜心研究国防经济

博学与勤奋是湛泳的代名词。2013 年，他凭借扎实的研究基础和成果，获得了湖南省出国留学资助，前往美国德州大学阿林顿分校进行了为期半年的访学交流，他谨记访学交流的目标，不仅坚持完成了课程学习，还与合作导师、其他相关专业教授深度交流，并且多次参观企业。在半年的学习中，他充分认识到军工产业作为科技创新密集型产业，其发展与城市科技创新生长元素密切相关。

回国后，湛泳研究重心全面转入国防经济理论与实践，他的学术热情和成果让一群群求知的学生仰望和崇拜。现主持国家社科基金重点项目、省级社科基金重大项目、省级自科基金面上项目、省教育厅重点项目、省社科基金重点智库项目等多项课题并出版著作《基础研究、科技创新与经济高质量发展——基于跨越中等收入陷阱的视角》；他与研究生合作的 3 篇论文入选中国经济学年会，2 篇论文入选中国留美经济学年会，1 篇论文入选中国工业经济学年会和数量经济学年会，中国国防经济学年度优秀成果一等奖、第十五届湖南省社会科学优秀成果奖二等奖、多项国家级、省部级课题等也被他一一拿下；通过高级别学术论坛的研究成果展示，湛泳在国防经济领域的成果引起了更多专家学者对国防经济学的关注与敬佩。如今，他与年轻学者依然在孜孜不倦地讨论国防经济学微观数据的共享、实证方法的运用，这也引领了更多年轻学者和博士研究生开始加入国防经济学研究的队伍中来。在湛泳的悉心指导下，学生们在国防经济学的一些新领地不断地开拓研究，相关的论文发表于《经济学动态》《经济科学》《财经研究》《南开经济研究》等刊物。以赵纯凯和郭坚豪为代表的研究生，他们合作的学术论文还发表在国际顶尖杂志《国防与和平经济学》上。

湛泳的学术功底扎实，学术思路清晰，学术视角广阔。除了在自身研究的国防经济学领域具有深厚造诣外，他还潜心钻研健康经济学、制度经济学、公司金融等经济学领域，并将之与国防经济学相结合，通过对军工企业的管理、退伍军人的福利保障等具有重要意义的重大课题的交叉研究，做出了极富学术价值的贡献。他经常从身边的经济现象出发，结合国家宏观经济形势，使用前沿的经济学理论分析时事热点，生动形象地传授学生经济学思维方法，让学生感受到经济学思想的魅力。

孜孜不倦，匠心独具培育英才

剑击学坛，贤归厚德。在学生眼中，湛泳是学术领域的指导者，也是人生成长的引路人。他本着一颗认真的心去对待工作，怀着一颗平等的心去对待学生，用着一颗真诚的心去对待教学。他用热心去感染学生们的心灵，用才识去点燃学生们的智慧，用赏识去激发学生们的潜能。对于学生的教育和管理，湛泳也有自己独到的想法和做法。他认为，既然“师者，传道、授业、解惑也”，老师就应该从思想和方法上对学生有所启迪，而不单单只是作为知识的传授者。

在教学工作上，湛泳一直秉持着从学生视角出发的理念，希望学生能够从课堂上真正学到知识，而不仅仅是通过考试、获得学分，力争每一堂课都做到知识通俗易懂而充实饱满，让学生在轻松愉悦的氛围中收获新的知识。湛泳这些丰硕的学术和教学成果的背后其实蕴藏着日复一日的辛勤耕耘和努力。他时常跟我们分享学生时代做学术研究的一些感想和决心。身为研究生导师，湛泳非常注重对学生论文写作能力、独立思考能力和解决问题能力的培养，教学方式灵活多样，善于激发学生的科研能力和学习潜能。同时，湛泳还会结合学生的个人特质和未来职业生涯规划，针对性地提出建议，并引导和监督学生更好地完成学习模式和目标方向的转变，使不同层次的学生都得以充分发展。

在学术指导方面，湛泳严格要求学生树立良好的学风，认真对待每一项学术命题和课题研究，要有严谨的科研态度和雷厉风行的工作作风。在研究初期阶段，他会指导学生阅读丰富的国内外优质文献，让学生理解什么是规范的科学研究，学术研究应该如何去做；对学生研究的阶段性成果会提出改进建议，让学生明白如何提出问题，如何保持良好的辩证思维逻辑；对学生研究过程遇到的难点，引导他们从不同维度思考，鼓励他们去尝试不同的方法解决。与湛泳一起的学习经历，让学生在学术研究里获得了许多成就感和快乐，使他们终身受益。自2009年以来，他指导的研究生有10人获得国家奖学金，4名研究生获得湖南省优秀硕士论文，3名研究生获得湘潭大学校长特等奖，还有8名硕士研究生被中国人民大学、上海财经大学、湖南大学、暨南大学等学校录取继续攻读博士学位。

亦师亦友，心系学生成长成才

桃李不言，下自成蹊。湛泳是平常的，朴素的穿着，带框的眼镜，有时不苟言笑，有时又满面春风，颇有学者风范；他又是不平常的，双眼总是透露着睿智、犀利的目光，在学生心中，他更是最美的播种者，不管遇到什么风雨，内心依然可以繁花似锦。除了在学术上拥有一片广阔天地，作为指导教师，他也培育了满园桃李。在学习上，湛泳会认真细致地给学生提建议，引领学生朝着正确的方向启航。他希望每个研究生有更多的时代创新意识和社会责任感。在生活方面，湛泳坚持“宽严适度、和谐永远”的处事原则，高度关注学生的心理状态和身体状况，及时疏解学生焦虑情绪，教会学生如何面对解决困难，如何为人处世。记得有段时间由于事务繁多，再加饮食休息不规律，我经常感冒。一次生病比较严重，连续治疗了很长时间，湛泳知道后，语重心长地和我说：“健康才是最重要的，只有强体魄，才能支持更长的时间，用更好的精力去实现自己的目标，要学会平衡生活和工作，抓住重点，宁静勿杂，宁专勿多。”这些话我一直铭记于心。在学生遇到困难和挫折时，他的鼓励和微笑就是学生心目中一缕温暖的阳光，更是走向成功的动力。他谦逊和蔼，和学生打成一片，经常和学生相约去食堂吃饭，去操场散步，一路上幽默诙谐地聊学术、聊生活，与学生亦师亦友。

湛泳一直以诚挚热情、积极乐观的态度对待工作和学生，通过言传身教传递和培养学生积极向上的健康心态和良好的学习生活习惯。同时，湛泳全面关怀学生的成长，细心观察学生在学习、就业或升学过程中面对的困惑，并及时提供关心和帮助，即便是对待已毕业的学生，湛泳也会及时关注学生的工作、学习状况，保持与他们的联系和沟通。湛泳培养的研究生大多也实现了高质量就业，大多在各大高校、金融机构、国有企业任职。学生们对湛泳感情深厚，经常返校看望湛泳，向他汇报自身的工作和生活状况，并仍能像毕业前那样从湛泳身上得到帮助、建议和鼓励。

湛泳数载的言传身教和以身作则，是学生成长过程的重要养分，他在平凡中坚守，将希望的种子撒播人间。

守三湘绿水青山

——记环境与资源学院许银老师

胡景琦

环保楼301办公室，随处可见绿植的身影。无论是办公桌、茶几，抑或是洗手台都摆满了小到一拳大，大到半人高的各种绿色植物。清晨的阳光从窗口洒落，映出一片翠色。在这片翠色中，记者见到了正在工作的许银老师。

出生在世界环境日的她，好似冥冥中注定与“环保”紧紧相连。“身边的朋友总说我天生就是做环保的料，可能这就是缘分吧。”每当提起自己的工作，许银总这样说。

求学为乡

昏沉的夏夜里，黑暗中出现一道亮光，直直地照在水泥道路中央，大卡车的轰隆声由远及近传来，卷起阵阵尘土，又由近及远离开。“这是今晚的第五辆”，年幼的许银躺在床上默念着。

幼时许银家住湘潭城郊地区，家门口便是一条直直的水泥道路，常年货车飞驰，噪声、空气污染严重，夜晚许银常常伴着货车的轰鸣声入睡，早晨又迎着货车卷起的灰尘上学。经济社会发展同时，环境污染问题日益突显。看着身边的环境一天天地变化，当时许银有着这样一个疑惑：“从前的蓝天白云、绿水青山都去哪里了?”这颗“环保”的种子悄无声息地在许银心中生根发芽。

2002年，在兴趣的驱使下，许银考入湘潭大学化工学院环境工程专业，想学习专业知识来改善家乡的环境。通过本科阶段的学习，许银发现自己愈发爱上了这个专业。在葛飞教授的影响下，许银决定继续在湘大环境科学与工程专业攻读硕士研究生。葛飞常挂在嘴边的那句“优秀是一种习惯”，激励着她在“环保”路上一路前行。

许银在北京林业大学读博期间，曾参加了北京市农村工作委员会举办的“最美乡村建设评选”，并作为评审团专家前往北京市各个乡村中走访调查，对乡村的改造与变化进行总结报告。“通过这个契机，我亲眼看见乡村变化的全过程，也体会到了理论与实践相结合的美妙滋味。”许银笑着回忆道。

学成归湘

“外出求学前，我就在想：学成后一定要回到湘大，回到家乡来。”北京林业大学博士毕业后，许银拒绝了北京多家单位的邀请，回到这片让她魂牵梦绕的土地。

回到湘大后，许银立马投入家乡的环保研究。“之前，我对废寝忘食的认知只停留在书本。现在，它已成为我的常态。”常人看来，日复一日的科研工作是孤独乏味的，可许银却不这么认为。在她眼中，每一次实验都是全新的历险，实验中发现的有趣现象以及出乎意料的结果都吸引着她不断探索。为此，她常常“泡”在实验室，一“泡”便是一整天。

当时，国内环保策略正由“先污染后治理”转变为“绿色可持续发展道路”，但如何将理论付诸实践仍然是个大问题。“既关注‘国之大者’，也要关注民生大事，这是科研工作者的责任使然。”在许银看来，一位科研工作者不仅要有理想，还要接地气。

“我从小在湘江边长大，更何况湘大坐落于此，这些都使我更迫切地想要去保护这片绿水青山。”2016 年，国家住房与城乡建设部发布全国黑臭水体情况，湘潭存在23条黑臭水体，任务较为艰巨。许银决定从改造家乡的环境入手，将自己的研究成果应用于实践。

为落实国家“水十条”和《城市黑臭水体整治工作指南》要求，许银将科研的重点锁定在常温常压湿式催化降解有机废水和“材料—微生物”协同治理黑臭水体的相关技术与工艺研发上，希望能为黑臭水体治理提供新的选择。

今年是许银与水滑石“打交道”的第13年，这种新型的类水滑石环境功能材料是许银的重要研究成果。磷和有害有机物是黑臭水体的“元凶”，治理黑臭水体关键是消除这些有机物。在自然环境条件下，借助生态的自修复功能，水体中的有害有机物可以自行降解，但污染严重的黑臭水体自修复能力很弱，生态净化周期比较长。她研发的这种新型功能材料，可以快速“抓住”黑臭水体中磷和有害有机物，产生富氧环境，从而强化水体修复能力。

针对黑臭水体的磷和有机物污染问题，许银专门开发了“类水滑石—微生物”协同处理系统和设备，较传统设备具有占地少、使用寿命长等优势，近年在城市黑臭水体治理中崭露头角，在实践应用中取得突出成效。该技术为湘潭摘得“中国黑臭水体治理示范城市”立下大功。

此外，由她领衔的科研团队成功获批郴州市国家可持续发展议程创新示范区建设专项——“陶家河嘉禾县观音山水库及上游河道深部安全清淤及生态修复关键技术研发与示范”项目立项，引起行业和政府部门的高度关注。

40余篇高水平期刊论文、5项专利、湖南省自然科学二等奖、三等奖等一项项成果激励着许银阔步向前。“相比外在的成就，心理上的满足是旁人无法体会的，因为最重要的是保持这颗热爱科研的心。”许银的目光中透露着坚定，“环保”种子在湘大这片沃土中深深地扎根，茁壮成长。

桃李芳香

“最开心的事莫过于将自己的知识教给学生，让他们学好本领、服务人民、报效祖国。”在许银看来，湖南实施“三高四新”战略定位和使命任务的“源头活水”就在教育，不管是推动经济社会高质量发展，还是解决“卡脖子”技术难题，都需要一大批优秀人才。

“学生从来不存在好坏之分，每一位学生都有自己的闪光点。”面对不同的学生，许银采取不同的教学方式。入学之初，许银会让学生们写下自己未来五年的目标及规划，让他们有一个明确且清晰的目标。每一个学年结束，许银会依据各个学生的表现，指导他们自主调整规划，让他们找到属于自己的路。

许银常常给学生讲“科学家发明糖精”的故事：科学家研究农药时，制备出的产物与设想不符，但在品尝后发现甜度极高。于是，科学家认真检查实验记录，最终发明了糖精。许银时常对学生强调：对待科研要保持一颗严谨的心，实验过程一定要记录清楚，不能遗漏每一个环节，每一处细节。“只有认真记录好每一个步骤，才能从细微之处窥探到那片未知的科学世界。”得益于许银的提点，2015 级环境科学与工程研究生黄文杰在整理实验记录时，发现了类水滑石对氮气的吸附是随着温度上升氮气的吸附量增大，当温度下降时氮气确能被脱附，发现是属于一种介于物理与化学之间的吸附方式。相关科研成果获得国家发明专利授权，并由博士生朱珈仪跟进并整理发表在《可持续材料与科技》（*Sustainable Materials and Technologies*）上。

“老师和学生的关系应如父母和子女一般，又应如朋友一般。”求学路上许银遇到了许多好老师，尤其是攻读硕士博士期间，恩师们的言传身教对她影响深远，这也使许银在今后的教育教学中以“待子之心”对待学生。

2018 年，许银班上的学生在校内玩滑板时不小心摔伤。许银马上将学生送至市骨科医院检查。之后，又转送市中心医院 ICU 病房急救。由于离家较远，父母无法及时到达，许银便充当起母亲角色，一直陪护在身边。

“许银老师，您让我知道了师生不仅可以是朋友，也可以是知己。”“老师，很幸运我的大学四年能与您相伴……祝您教师节愉快!”书架上的礼盒中，一张张明信片记载着学生们对许银的感激与爱戴，在岁月中沉淀出芳香。

“桃李不言，下自成蹊”，许银的学生毕业后活跃在三湘四水的环保领域，为湖南绿水青山事业贡献着智慧和力量。“环保”之树已开花结果，湘大环保人坚守的事业代代传承。

从一个普通的农村女孩到环保研究领域的先锋，许银怀着不变的学术热情和教育初心一路前行。亦如这一棵棵绿树，任凭日升月落、风云流转，它们一如从前，在湘大环保沃土上开花结果，守护这片绿水青山。

坚守湘大特色　培养“力学”一流人才

——记我的好老师马雯波老师

谢宝琦　陈甜甜　刘　俊　白天文　黄　磊

老师被誉为人类灵魂的工程师，《礼记》有言：“师也者，教之以事而喻诸德也。”而在我的身边就有这样一位好老师——湘潭大学机械工程与力学学院的马雯波教授，他扎根伟人故里，坚守湘大特色，致力于培养“力学”一流人才。

扎根科研：潜心耕耘，硕果满枝

作为一位科研人，马老师潜心科学研究，先后主持了国家自然科学基金面上项目、国家自然科学基金青年项目、湖南省重点研发项目等多项科研项目，并荣获湖南省科技进步奖三等奖、湘潭市第十二届青年科技奖。发表高水平学术论文 56 篇，其中 SCI 34 篇，EI 10 篇。马老师在学术上丰富的经历和成果为指导学生进行科学研究奠定了深厚的基础。

2021 年 10 月，由长沙矿冶院牵头，湘潭大学“深海采矿系统可靠性”研究团队参与研制的“鲲龙 500”海底采矿车，作为国家重大工程“蛟龙探海”的重要组成部分首次亮相。马老师在此研究团队中主攻深海集矿机行走安全保障技术，完成了深海仿生自清洁履齿＋增力履齿研制关键技术的研究，有效提高了深海采矿装备减粘抗滑的性能，为我国深海采矿系统研制提供了技术保障。

马老师对待科研工作极其认真，他很少给自己放假，经常工作到深夜，他告诉我们这是他读博士期间养成的习惯。马老师善于用不同的眼光看问题，面对有待研究的科学问题，他总是能找到独特的角度，采用新的方法去研究和分析问题。

以研促教：严于律己，循循善诱

马雯波老师（第一排右四）与学生合影

在学生眼里，马老师是一位严于律己、尽心尽责的好老师。印象中第一次见马老师时，给我们的感觉是和蔼可亲的。研一刚开学时，马老师会给予时间让我们熟悉他所研究的内容，以至于我们在选择课题方向时，他往往会征求个人意见并尊重每个人的选择，依此在整个科研过程中因材施教。他十分注重培养学生的科研水平，为了能够及时给予学生指导与帮助，无论平时科研多忙，都坚持每周开一次组会。会上，他会询问每个人的研究进展，也时常告诫学生："做科研，要脚踏实地。"他对待教学的态度特别严谨，不能容忍学生在学术上的不专业，时常叮嘱学生在学习的过程中要把基础打扎实，浅尝辄止是不可取的，要努力成为所学业领域的一流人才。他在教学中始终紧紧结合研究成果给学生进行启迪讲解，激发学生的求知欲和应用创新能力。在指导学生完业论文时，马老师则耐心细致，循循善诱，他对学生的论文要求很高，会给学生逐字逐句地修改并提出宝贵的意见，在改论文的同时他会教学生为什么要这么写，并指出原来论文中的不足之处。学生们经常在深夜收到马老师修改后的论文，同样，任何时候发消息给他，都能够得到及时的回复。他经常说："我的愿望就是让我的学生出去后都可以独当一面。"

有付出便会有回报，正是这些对学生深切的关心及兢兢业业播知识的种子，深深地影响着马老师课题组的学生，使得他的学生无论在学术上继续深造还是去工作都表现得很优秀。他所指导的学生有 2 位获得湖南省优秀毕业生，2 位获得校长奖优秀奖，1 位保送博士，毕业后继续深造的学生所去的学校都很不错，如西安交通大学、哈尔滨工业大学、北京理工大学、武汉理工大学等。

启智润心：无微不至，亦师亦友

作为2018级工程力学二班的班主任，马老师不仅在学习上注重开启学生聪敏之门，培养其智慧和创新精神，还特别关心学生学习生活的方方面面。他说："冷若冰霜的教育是不能润心的，教育也需要温度。"平时对学生们叮嘱最多的是："一寸光阴一寸金，希望同学们都能珍惜大学四年的宝贵时光，潜心学习。在学习和生活中遇到任何困难随时打我电话，我非常乐意帮助大家。"这些激励与关怀的话语一直萦绕在学生耳边，令全体力学二班的同学感受到家庭般的温暖。

在每个新学期伊始，马老师都会组织班会，帮助同学们规划新学期的学习计划，提出新的期待，督促同学们在学业上继续进步。临近期末考试时，马老师还会将自己的办公室提供给学生进行自习，尽己所能地为学生提供一个固定、安静的学习环境。在平时的交流中，马老师一直不断鼓励学生积极参与各项科研项目、学科竞赛，无微不至地关心着学生的学习。学期结束时，马老师又会帮同学们总结在这一个学期中的进步或者是存在的问题，同时也会鼓励同学们不怕失败、不怕困难、继续进步。

此外，马老师经常利用晚上的闲暇时间去学生宿舍了解同学们的起居生活，关心学生在日常生活中是否遇到困难。在节假日，也会经常给同学们送来祝福。在大三下学期的时候，马老师鼓励同学们继续深造，为同学们请来了学长学姐进行考研指导。对于找工作的同学，马老师也会给出积极的建议和指导。

在马老师的带领下，2018级工程力学二班获得了孝心班级、爱心班级等荣誉称号，马老师对全体同学的关心、爱护和教导，让全体力学二班的同学都铭感于心，马老师也众望所归地获得了"2021年优秀班主任"的称号。力学二班的同学中，13人继续读研。

根植湘潭：服务经济，助力环保

马老师认为，作为一名高校科教人员，也要为地方发展服务，为国家战略助力。湖南省锰矿资源丰富，湘潭被誉为百年锰都，锰矿作为我国重要战略矿产资源，电解法生产是金属锰生产的主要方式。电解二氧化锰在电池市场有着广泛的应用，湘潭电化科技股份有限公司年产 12.2 万吨电解二氧化锰，占国内产量的 35％，世界产能的 25％，同时年产电解二氧化锰渣 22 万多吨。电解二氧化锰残渣是电解二氧化锰工业生产过程中压滤过程中产生的固体废物，含有硫酸锰和其他可溶性重金属离子，会对周围土壤和地下水造成严重污染。因此，迫切需要开发一种用于电解二氧化锰残渣处理的方法和使用这种废料的技术。马雯波老师团队根植湘潭，为服务地方经济，研发了一种基于电解二氧化锰残渣的低碳环保型胶凝材料。

这种胶凝材料具有卓越的抗硫酸侵蚀性能和抗渗性，同时可以避免混凝土中的碱骨料反应，属于高耐久型建筑材料。此技术避免了煅烧活化、化学活化和机械活化步骤，采用未经处理的原状电解锰渣进行环保型胶凝材料制备，进一步提升其绿色低碳属性；通过硫酸盐激发机制，其生产可以避免硅酸盐水泥生产中碳酸钙分解和高温煅烧导致的碳排放，同时实现电解锰渣的高掺量循环利用。这种胶凝材料的生产过程绿色低碳，同时有助于促进经济发展，助力建筑行业实现“碳中和”。

从 1990 年代初至今，我国钢渣尾渣累计堆存量近 20 亿吨，在钢渣处理和利用方面，大多数企业使用冷弃法进行处理，将钢渣等工业固体废物长期堆放，综合利用率非常低，并且污染周边土壤和水体。“绿水青山就是金山银山”，钢渣等固废只是放错地方的资源，马雯波老师秉承“以废治废、变废为宝”的宗旨，与湘潭钢铁厂紧密合作，研发出把钢渣作为碱激发剂，大掺量用于超硫水泥的生产中，从而使钢渣变废为宝，在取得了显著的经济效益的同时减少了钢渣等固废对环境的污染。

教师面对的不仅仅是学生一时的教育，还是他们的一生，更是国家和民族的未来。马老师在浩渺的知识海洋中追寻科学本质的同时，不忘初心，坚守湘大特色，言传身教让学生学会坦然踏过苍苔与尘埃，为培养“力学”一流人才耕耘不辍，真正做到了扎根湘大，潜心育人。

做始于初心、忠于天性的“斜杠青年”

——记艺术学院姜倩老师

胡中平 王钰莹 李慧敏

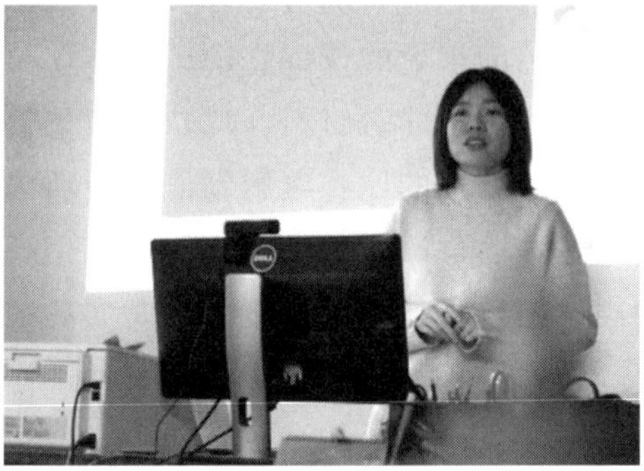

听到“斜杠青年”，就会想到艺术学院的姜倩老师。“斜杠青年”最早由作家 Marci Alboher 于 2007 年提出，指一群不再满足专一的生活方式，而选择拥有多重职业或身份的多元生活的人。可以说是突破对单一性的束缚，也可以说是对天性的释放。学生镜头下的这位正在授课、饱含温情的老师就是姜倩。回想起来，姜倩老师也有多重斜杠身份：“姜老师”“姜大师”“姜妈”，等等。她忠于天性、始于初心，给自己赋予多元身份。她“能文能武”，不仅是湖南省普通高校青年骨干教师、湖南省教育科学研究工作者协会先进个人，还是湘潭大学教学督导团专家、首届校本培训师专家；获得过湘潭大学科研先进工作者、湘潭大学青年教学标兵、湘潭大学优秀教师、湘潭大学优秀女教职工、湘潭大学“芙蓉百岗明星”等荣誉称号。

1985 年她出生于湖南娄底市娄星区，却是一个地道的邵东人，她的父母都是随祖辈调来建设娄底的医生，这和湘潭大学建校历史又有那么一些相似。在她身上总能看到父亲的影子，她的父亲是恢复高考以后第一届大学生，从湘雅毕业时年纪不小了，老来得女的他将精力都放在女儿身上，希望她以后能继承自己的衣钵。出生在医生家庭的姜倩，从小学习民乐、热爱写作、酷爱画画，五年级时和同学一起创作的一套漫画，在当时就读的娄底市第一完小流通起来，通过租借阅览的方式还赚得买笔纸的费用。2001 年，她在高中课业之余写了第一篇音乐评论刊登在杂志专版，获得了 800 元的稿酬。在父亲眼中这些“不务正业”对她来说却是一份沉甸甸的认同，也是这次让她坚定不移地走艺术之道。

北京的求学路上，她遇到很多人生中的贵人，当时在艺术实践领域中搞研究算是一个异类，她的导师却是这样潜心学术的“艺术家”。在导师的书房里藏着许多理论书籍，求知若渴的她时不时躲在里面“啃食”，就是这样一段经历让她获得优秀学位论文的荣誉。离京回湘时，导师对她说的一句话，“不要辜负了你喜爱读书、喜爱研究的初心”，对她终生受用。

坚守初心的引路人——“姜老师”

姜倩的第一重身份是“姜老师”，来湘大的 12 年里，她对教书育人与治学严谨饱含敬畏之心，学生永远是她最看重的群体，授课是她认为最神圣的事情。她每每讲到《父与女》都泪流满面、每每给大家播放《追梦者》都热血沸腾，她永远用一颗初心去体味动画给人的感动，她常和学生说：“动画人永远要保持一颗感性的心，我们得会哭会笑，或忧伤、或愤恨，我们得要有情感。”

她年均授课时长近 300 课时，教学评价均为优秀，指导的学生都表现优异：他们获得过湘潭大学十佳大学生、省级优秀大学生称号；她的研究生入选湖南省第十六次代表大会代表；她的学生们共获得艺术类赛事奖项近 200 余项，自己也先后多次被教育部高等学校动画数字媒体专业教指委、湖南省教育厅、工业和信息化部人才交流中心评为“优秀指导教师”。

2021 年冬天，姜倩宅家期间陪家人看《山海情》，开学后一次线下课，她动情地跟 2018 级同学在课堂中分享影片里一个个真实的故事，这些深深地打动了认真听课郭乾同学，让来自兰考县的他心潮澎湃，启发他创作“扶贫故事”的灵感。后来根据这部影片郭乾调研了很多扶贫案例，创作出《扶贫廿四时》系列插画，整组作品由 24 张节气插画组成，将不同时空发生的真实事件改编至一天的 24 个时辰中，场景涉及产业发展脱贫、转移就业脱贫、易地搬迁脱贫、教育扶贫、健康扶贫、生态保护扶贫、兜底保障、社会扶贫八个大类，描绘了从精准扶贫到全面推进乡村振兴的历史进程，它被团中央官微、学习强国、湖南卫视、湖南教育电视台等媒体报道，也获得国内动漫顶级赛事“金龙奖”“金海豚奖”提名；“姜老师常常引导我们把作品画在祖国大地上，她告诉我们‘艺术设计’本身就是解决社会问题的一种方法和工具。我一直想用手中的画笔，记录所思所想。”郭乾说道。在这样的教学理念引导下，工作室的学生持续关注社会发展，她教给学生对自然和与生命尊重、对人民包含浓厚的情感，在服务社会中把理想付诸实践，让人生价值变得更有意义。

永不信邪的破局人——“姜大师”

艺术圈里叫艺术造诣很深的人为大师，武侠片中称有盖世武功的人为大师，佛教中称修为很高的人为大师。不知什么时候开始院里突然兴起叫姜倩老师为“大师”，或许从她拿到艺术学院首个教育部课题开始，抑或是从她突破艺术学院第一个国家社科基金开始，如果要问她为什么可以有那么多第一次，她总会笑笑说道“永不信邪”，不信邪搞艺术实践的老师做不了理论研究，不信邪自己突破不了现有的安全区、不信邪无法跨界融合。也或许是耐得住寂寞，或许是对自己比较狠、或许是勇于尝鲜的天性，她用自己实际行动激发了艺术学院年轻老师们积极投入申报高级别课题的动力。

“姜大师，能帮我看看本子吗?”收到同事这样的短信或电话她总是第一时间打开浏览，情急之下，她隔着电话直接在纸上画起思路框架来，帮助其他老师修改课题申报材料已经变成她的日常工作的一部分，当得知被她帮助过的老师拿到课题立项通知时，她比自己获得立项还要高兴，她说这是对她最大的肯定。在她的影响下，院内逐步形成“动画伦理”“动画价值引领”研究方向的科研团队，几年来帮扶成果颇丰，助力年轻教师凝聚科研方向，成功立项省级以上课题 7 项。

她常常说“教学是老师之根本”。2021 年的初夏，姜倩又从原点出发，搭建课程思政教学团队，在前后 5 个月的反复磨课、修改讲稿、录制视频的备赛过程中，找到最优化的团队协作模式，成功斩获 2021 年湖南省普通高等学校课程思政教学比赛一等奖。她和课程团队说，她从来不怕艺术生“特立独行”，就怕他们没有良知和态度，所以“上好有温度的专业课，讲好有深度的中国故事，培养有态度的学子”，是要我们用良心干好的事儿。

“所谓大学者，非谓有大楼之谓也，有大师之谓也。”1931 年梅贻琦校长的就职演说深深地影响了姜倩。在她心中的“大师”应该拥有德艺双馨、德才兼备的品行，她将自己的教学备赛经验无私的分享给年轻教师。在她眼里，没有什么是通过努力不能成功的，在她的帮助和支持下，近两年间课程团队的《原创动画短片设计》《三维动画角色设计》课程获得省级一流课程建设，《动画雕塑基础》课程获得校级线上线下混合式培育资助；团队老师们获得全国数字创意教学技能大赛一等奖 1 项、二等奖 2 项的好成绩；2021 年姜倩受聘为湘潭大学首届校本培训师专家，同年作为主讲人之一参与校内“思享会”教学经验交流座谈，分享教学经验；2022 年课程思政教学竞赛前夕，她帮助兄弟院校优化课程教学内容。

她说她只是一个破局人，今后还会源源不断有年轻教师，前赴后继地刷新现有的成绩。

托举梦想的护航人——“姜妈”

姜倩老师有很多孩子，这些孩子总是差着辈分，有时候叫她“倩姐”有时又叫她“姜妈”，不管是哪种称呼她都欣然接受。艺术学院本科教育秉承的是“工作室制”＋“导师制”，她和孩子们从大三开始每天都朝夕相处，多的时候一个工作室近 40 个学生，少的时候也有 20 人。“教育者，养成人性之事也”，每年 9 月开学第一周，她都会准备一个名为“工作室第一课”的课件，在这个课件里承载了她的对学生们的期待：树立远大理想、做好学习规划、保持健康心理、坚守初心不改……

遇到专业学习瓶颈的学生，姜倩都会毫无保留地给予援手。2021 年初秋的一天下午，即将毕业的李慧敏同学找到姜老师，提出毕业设计想以张桂梅为对象创作一部动画。人物传记类的动画不好做，是姜老师心里再明白不过的事，她犹豫再三，查阅了部分资料后，跟慧敏同学分析了难度。在随后的创作过程中，只要有需要，姜倩都会第一时间回复，从剧本创意、文案写作再到分镜设计，看着这部人物传记类动画作品逐渐成形，姜老师才放下心来。当这部《桂梅日记》呈现在所有答辩导师面前时，姜老师悄悄地抹了眼泪，“她的故事是每个老师的终极理想，应该让更多的人看到”。姜倩就是这样一个感性的人，因此来她课堂旁听的外院、外专业学生也纷至沓来。

在生活中，姜倩也同样坐实了“妈妈”的名号，春风化雨般陪伴着她的这些孩子们，她发现当她把工作室过成家的时候，学生们就会把她当成妈。做动画免不了要熬夜，在姜倩记忆中，和同学们一起在工作室的情景都历历在目：当清晨第一缕阳光爬进工作室时候、打磨了两三个月作品杀青的时候、大家紧紧团座一起逐帧欣赏成片时候，只有动画人才懂得为之付出的每一个日日夜夜。除了专业上的问题，已经毕业的孩子们还会常常同她讲讲家里的琐事、单位上受到的委屈、人生路遇到的纠结以及对学弟学妹们的叮嘱。记得疫情那年，毕业 3 年的学生突然找到姜倩，因为公司拖欠工资导致他交不上房租，家里又出了些变故，让他不得不鼓起勇气借钱周转，姜倩二话不说给他转去了两个月的房租和生活费，“保护学生自尊”变成接下来姜倩最关注的事情，在后来的日子里，姜倩悄悄找了已经毕业的同学，带回来一些外包工作，让这位同学熬过了最艰难的日子。这样“传帮带”的风气在历届孩子们中延续着，在他们的就业、升学、留学中都能淋漓尽致地展现出来，他们虽然素未谋面，但却因为艺术学院和姜倩，如同家族和血脉一般关联在一起，互相扶持、互相帮助。

如果说教育是一朵云推动另一朵云，那么姜老师的教育理念就是一滴水浸润另一滴水，这水中，有对育人的敬重和信任；有对美的温度与尊重；有对创意的飞跃和重启；有对多元生存的挑战与释放；也有时代使命的承续与接力。她用始于初心、忠于天性的方式在这平凡又神圣的岗位上书写出对“斜杠”的新的理解。

第四辑

教育是一缕光

倾心传道育英才，初心不改；一片冰心在玉壶，静待花开。教育是一首诗、一缕光，灿烂自己，照亮他人。

我们感受光，追随光，那云层里的霞光，雾海里的航标，那尖峰，那无限的碑，那发着冷峻的光的最亮点。

教育，那一缕光

何云波

2020级中文班的《外国著名作家研究》结课了，让学生写一篇考试作业，可以是作家作品分析，可以是课堂随感。学生问：还有其他要求吗？我说：随便，只要是你们自己写的，我手写我心，就好！

交稿日期未到，就有几篇作业发在了“文心传媒”。我读了，很是感动。

然后，就对这一级同学的文字，隐隐地有了一种期待。作业交上来了，粗粗浏览一遍，发现这一级的同学，意外地比往届更加优秀，不知道是不是因为这几年学校的生源越来越好，还是中文“行情”见涨，或者，我这个老师，在课堂上也更投入、更称职、更得学生喜欢了。

两情相悦，才会有更多的回报。

那天晚上，我挑一些文章，读着读着，不觉已是深夜。第二天凌晨，四点醒来，竟再无睡意，然后开始继续地阅读。有学生说，听何老师上课，“忘却了时间，忘却了自己身在何处”。而我也是，读他们的文字，当读到最后一篇，看表，已是早上八点，窗外有小鸟欢叫，一缕阳光从窗帘的缝隙里透进来，生动无比。

那一缕光，也是来自学生的心灵之光。

曾经在课堂上，我就一次次感受到他们眼中的“光”。

然后，在这个明媚的早上，在这心与心的交会中，有了互换的光亮。

教育是一场“约会”

很多学生的作业，都是从“遇见”开始写起，甚至标题就是《遇见》《缘》《世间一切，都是遇见》《遇见人间》《始于遇见，幸而遇见》《在春日与外国作品相约》《人生最美是遇见》《哪一天，遇见真正的“你”》《在最美的清晨遇见最美的你》……有学生说，跟何老师最初的遇见是在某次关于围棋的讲座上，是在“永远的铁夫斯基”纪念活动的现场，感受什么是真正的“大师”。或者，是在写作竞赛训练课上，那次出的作文题就是遇见：“人生总有一些遇见让人心动。与何老师的遇见，又何尝不是一种不期而遇的欢喜呢?”（柴景瑞《四月静默，细流无声》）。

当然，更多的“遇见”是从课堂开始。每周两次外国文学的课程都是安排在早上，有学生很是为之抱不平：分明是这么好的课，为什么偏偏安排在早八呢？每次都是很无奈地被闹钟叫醒，但慢慢地，就习惯了早起，在鸟鸣声中，感受到校园清晨的美好：

每周二、周四早上总是最令人期待的，神清气爽的，迎着朝晖，慢慢拉进和何老师课堂的距离。

——邓亚君《遇见》

外国著名作家研究课在微冷的清晨，常常是撑着伞，踏着细碎的雨声，从南山南走到北山北，最后在逸夫楼的窗前坐定，等待着何老师的到来。我们相逢在和风骀荡又略带感伤的春日，老师的话语流淌在静默的时间之河里，浸润着我的灵魂，我的呼吸，我像一只飞鸟，短暂又永恒地掠过这片文学海洋。

——柴景瑞《四月静默，细流无声》

人生最美是遇见，校园里的遇见更是值得珍惜，在青春的绚丽时光中的美好，便是心里珍藏的阳光。

——任慧勤《人生最美是遇见》

遇见，是无数的“偶然”成就的“必然”，然后，“你碰巧坐在教室里，我碰巧站在讲台上”。

其实，我也很牵挂，每周两次的课堂，与报酬、饭碗无关，而是教室里，会“遇见”许多期待的目光。这时，我就想，好的教育应该就像是赴一场令人欣喜的“约会”。

快乐就不需要督促、坚持：“已经习惯从周末开始盼望，每周四过后，又开始新的等待。8 周 32 节课，短暂的日子寄托了我无限的热望和希冀，如果时间可以过得慢一些，我可以在何老师的课堂上多驻足一会，多停留一瞬该有多好。”（柴景瑞《四月静默，细流无声》）既如此，通过点名之类把学生赶去“赴约”，也就多余了。

教育是平等的对话

在我的课堂上，既有自己的讲授，也有让学生上台来，作阅读分享。本科、硕士、博士皆如此。

因为我经常说，老师不过就是“媒婆”，把一个人吹得天花乱坠，好不好，要你们自己去见了才知道，正所谓如人饮水，冷暖自知。

文学的阅读也是这样。

学生读过，然后到讲台上跟大家分享，需要更多的准备，收集资料，完成课件，完美表达，这就是把知识转化为能力的过程。

每一届学生都会很用心地去准备。有的分工合作、各司其职，有的两人上台，一唱一和，有的甚至把《简·爱》之类的作品片段编成小话剧。而对作品内容的解读，尽可能各抒己见，而不是按照文学史教材的规范，照本宣科，人云亦云。

有学生谈到自己上台做分享的经历：

我讲了《简·爱》这部作品带给我的启示和激励，也本着“不知者无畏”的精神，直白地表达了个人对这本书的不解乃至不满，从情节到人物，从语言到主题，一番大谈特谈，酣畅淋漓。发言完毕，浑身舒畅地走下讲台，正当我坐在台下揣测老师会如何用三言两语驳倒我幼稚的观点，何老师却温和地予以理解和肯定，鼓励我们走出教科书的已有理论，勇敢地拥有独立的思维，表达内心真实的想法。

那一刻，我感到一种自由和尊重在为我的燃情加冕。这提醒我，永远不要放弃思考和表达的勇气，如果生活写满了是非黑即白的标准答案，作为人文学科的学子，我应在这黑与白之间，永葆一颗灵动的心灵，用独特的思想挥洒出一道灿烂的色彩。

——宋文杰《自此，走向生活》

在台上，“酣畅淋漓”，“浑身舒畅”，而不是紧张、拘谨，这是多么可贵的一种状态。学生如此，教师亦然。

教育，不是给予，而是打开，不是灌输，而是对话。老师，在传统的传道、授业、解惑之外，更需要与学生平等相待，自由讨论，激发其思想创造的活力。

教育是心灵的“共情”

这个学期博士生的“最后一课”，放在旋梯书苑，品茶论道。然后有学生说：

感谢何老师！很幸运在十年后，能有缘再次走进兼具深度和广度的“何氏课堂”，重温平等、自由、愉快和启发式的交流。

虽然课程在今天结束了，但老师播撒的种子才刚刚冒芽。感动于老师对生活的热爱，钦佩于老师的治学态度。而老师上课的艺术，也会延续在我们的职业生涯中。

有本科生说，在遇见何老师之前，始终对教育这一职业抱有一种莫名的“偏见”，认为教师和学生之间永远隔着一道鸿沟，无法跨越。但在何老师的课堂，这道鸿沟却不见了。因为何老师的真诚、用心、用情。

教育应该就是一种心与心的交流，一种共情。许多学生都会谈到“爱流泪的何老师”：

何老师的爱不仅在课堂上，在学术里，还在他的泪花中，那是他的人性，也是神性。他是我至今见过的唯一一位课堂上哽咽、落泪的老师，为铁夫斯基落泪，为文学中的主人公落泪。何老师的泪水很多，甚至连自诩感性的我都敬佩。自古落泪的人很多，有人是怯懦，有人是痛苦，有人是委屈，但何老师和所有人都不一样，他是因为爱，敲打着那颗赤子之心，情不自禁，潸然泪下。

——马静《云与风铃》

然后，学生们自己，也常常会“不止一次在这门课上泪流满面，为情谊、为生命、为人性”。

中南大学文学院白寅教授曾写过一首《致中文系》：

你突然发现四年里

什么都没有学会

只学会了

为他人

泪流满面

许多年前，在彭燕郊老师的课堂，经常见到彭老师眼中的闪闪的泪花，为叶赛宁诗中那只丧失了孩子的母狗，为波德莱尔笔下遭人戏弄的信天翁，为诗人在那个不正常时代的苦难……其实，文学代表的就是共情之心、慈悲之泪，为他人的快乐而欣喜，为他人的不幸流下一掬同情之泪。

彭老师每次上课都能给人带来“人性的感动”，然后，学生说，“云波又何尝没有把这份感动传递给我们”。“何老师啊，是把心为我们打开了”。当老师敞开心扉，有同学说，他们的心也仿佛被“烫”了一下，有一种醍醐灌顶、头皮发麻的感觉。然后，他们也学会了如何以真诚待人，如何去“爱”。因为，“能够触及心底最柔软部分的东西，唯有真诚”。

有学生说，教育是“一场涉及灵魂的相遇”，是“奔跑和寻找”（董敏《课堂的那边》）。然后，“在这门寻爱的课堂上”，他们想着，“我又能给何老师留下些什么呢？”

然后，他们会很用心地对待结课作业，“不是为了学分”，而是“记录、开启尘封的记忆”。

有的同学，甚至文章标题就直接称老师的名字：《云波的课》《和云一起波动》《再见云波》。

也许，这样一来，“老师”就成了鲜活的可亲近的“人”，而不再仅仅是一个职业符号。

然后，以粘贴、抄袭来应付老师的会越来越少；然后，有了许多让人感动的真诚的文字。

教育是一首诗

有同学在结课后发朋友圈，说：

古代文学的课，让人笑着听完，感慨大唐起起落落的时光，最后依然快乐地离开；何云波老师的课，让人悲痛地沉思，深究人生中的喜怒哀乐，最后难掩忧伤地结束。

——陈扬青《四月如常，浅论过往》

教育需要寓教于“乐”，在“教”与“育”中获得一种灵魂的欣悦。它也需要让人学会思考，学会明辨是非、学会直面人生的大欢喜、大苦痛。

学生们说，“越长大越发现，世界上很多事情，从来没有答案”。然后，在这门充满“人文关怀”的课上，“人间烟火气，最抚凡人心”，他们“走过雾霭沉沉的小路”，“架起人文关怀和悲悯精神的桥梁”，读了比以往任何一个学期都要多的书，在“人格魅力和现实启迪的交织”中，收获“一段灵魂间碰撞的回想”。然后，他们学会了思考，学会了多元、理解与宽容，知道了如何以一种“温情的、怜悯的，包容的眼光去看待世界”，重视生命的价值，关注在“生存的雾霭”中，人内心的纠结、苦难与困境，“用毕生的眼睛去发现丑陋生活里的美”，在“用温情治愈的人生，用文字带来的共鸣”中，成就一个真正意义上的完整的“人”，“自此，走向生活”……我曾经写过一篇关于彭燕郊老师的文章《教育是一首诗》。学生们也写《课堂，诗意的栖居》。哲学家雅斯贝斯在《什么是教育》中说：

教育是一棵树摇动另一棵树，一朵云推动另一朵云，一个灵魂唤醒另一个灵魂。

何为教育？学生们说，是“云洗过山的光亮、波堆起沙的船帆”，是“楼外的蒹葭，今晚的月亮”，在“轻盈却真实的梦境”里，“满船星河入梦来”……然后，他们说，希望以后，“我也能成为你们”，成为像何老师一样“温良的、可爱的人”。

“我生命的流，是海上的云波，永远地照进了海天的蔚蓝无际。”（宗白华《生命的流》）然后，学生们也一个个仿佛都成为诗人了：

叶子将夏天织成一张绿色的小网
网住了日光、知了和童年
热风像个踢足球的少年
炽热的、燃烧的、自由自在的
他在午后的街道上奔跑着
跟嬉戏着的孩子们扑了个满怀
他四处收集着
那些灿烂的、绽放的、纯白的笑脸
他要把这些
全都送给一个
悲伤的人

——余攀《课堂：诗意的栖居》

这是“思”之诗，生命之诗。

你真美啊，请停留一下！

有已经毕业的同学，曾在大四的时候，写《最后一课》，说：我最爱的课结束了，我的大学也结束了。

如今，课开在了大二，那天，最后一课，我说，希望你们：何老师的课结束了，我的大学，开始了。

然后，教室里响起了比往日更热烈、更持久的掌声。

有学生写《春日的一束光》（任秀婧），说：

何老师的课结束了，我的大学生活还在继续，但是确实是有一种闪亮的东西正在悄悄成长。我由衷感谢这束光。

教育就是一首诗，一缕光，灿烂自己，照亮他人。

——2022 年 5 月 4 日，一个青春的节日

李佑新：倾心传道育英才

吕梦丽　许浩

“经师易得，人师难求。”师者，既要做学生的“经师”，也要做学生的“人师”。湘潭大学就有这么一群师者，他们扎根湘大几十年，始终坚守为国育才、为党育人的根本使命，倾心传道授业，精心铸魂育人，为党和国家培养出一大批可用之才。我的导师——湖南省“徐特立教育奖”获得者李佑新老师就是其中的一位。他扎根湘大近40年，从一名初出茅庐的“青椒”历练为享誉国内的“毛泽东思想研究”的知名专家学者。这些年来，他不为众多名校抛来的橄榄枝所触动，始终坚守湘潭大学这片沃土，全身心做学问，育英才。

李佑新老师（左三）在指导学生

立德树人育英才

从教近40年，李佑新老师在教学与科研中始终肩负着传播知识、传播思想、传播真理，塑造灵魂、塑造生命、塑造新人的时代重任。李老师始终以立德树人、铸魂育人为根本使命。在教学中，他积极推动思想政治理论课的改革，提出并组织实施“双重转化”的改革方案，即“思政课教材体系向教学体系的转化、研究成果向教学内容的转化”。为了更好地将中国共产党革命精神融入高校思政课堂，他编辑出版的《恰同学少年——毛泽东等老一辈无产阶级革命家的青年时代》教学案例集，让大学生从革命英雄人物的事迹中汲取精神营养，自觉抵制历史虚无主义对当代青年的思想冲击；开设《伟人智慧：大学生学习毛泽东》文化素质课，让大学生切身感受伟人智慧、弘扬伟人精神；开发《恰同学少年》虚拟仿真教学系统，让大学生沉浸式体验老一辈革命家的光辉业绩和精神风范。为了增强思政课的时代感和亲和力，他打造“红色之旅”情景式教学模式，通过听、查、看、走、讲、写“六位一体”的教学步骤，让学生在实践中接受思想的洗礼。扎根湘大这些年，李老师肩负立德树人的使命，致力于思政课程体系的改革和创新，形成了独具湘大特色的课程教育体系和教学实践特色，培育出大批青年才俊。

矢志不渝抓建设

在李佑新老师扎根湘潭大学 38 年的时间里，他先后担任哲学系副主任/主任、人文学院副院长、哲学与社会学学院院长、哲学与历史文化学院院长、马克思主义学院院长，现为教育部人文社科重点基地湘潭大学毛泽东思想研究中心主任、教育部人文社科重点基地湘潭大学中国共产党革命精神与文化资源研究中心主任。近 40 年来，李佑新老师团结带领教学科研团队，凝练主攻方向，在学科建设上卓有成效。2003 年，湘潭大学中国哲学学科突破博士点；2010 年，哲学一级学科获得博士学位授予权，并成为“十二五”湖南省重点学科。后来，他又牵头马克思主义理论学科的建设，先后获批马克思主义中国化研究博士点和国家重点学科、马克思主义理论一级学科博士学位点和博士后科研流动站。此外，李佑新老师继承和发扬湘潭大学毛泽东思想研究的学术传统，把教育部人文社科重点研究基地湘潭大学毛泽东思想研究中心打造成国内研究毛泽东思想的学术重镇。扎根湘大这些年，李佑新老师矢志不渝致力于学科建设，先后成功申报哲学和马克思主义理论学科一级学科博士点，为湘大文科学科建设做出了重要贡献。

严谨务实做学问

李佑新老师自1985年硕士毕业后留校工作至今已经有38年的时间。几十年如一日，李老师坚定扎根湘大的理念，弘扬扎根湘大的精神，践行毛泽东主席“一定要把湘潭大学办好”的殷殷嘱托，深耕湘大这片红色沃土。三尺讲台上，他深入浅出、娓娓道来，为学生传道、授业、解惑；办公桌前，他伏案倦首、潜心专研，为学术研究倾心、尽力。如今，已经过了花甲之年的李老师仍然笔耕不辍，潜心学术。除此之外，他在指导学生进行科学研究方面也是尽心尽责。读研期间，我曾多次在深夜收到李老师发来的论文修改意见，在发来的文档里总能看到密密麻麻的批注，从选题立意到逻辑结构，从语句措辞甚至到标点符号，他总是一丝不苟而又不厌其烦地为我提出修改建议。在做学问方面，李老师向来以严谨著称，时常告诫我们要言之有据，坚持论从史出、史论结合。印象最深的是研一第一学期期末，我给李老师发了一份自己做的读书笔记向他汇报学习情况，由于粗心大意，错将读书笔记中的人名“邹培春”误写成“周培春”。当天晚上我就收到了李老师的回复，他首先肯定了我写读书笔记的好习惯，然后又细心地指出笔记中存在的错误，并告诉我“笔记是写文章的依据，如果不严谨会出错的，做笔记时一定要细致严谨”。李佑新老师是这样说的，他自己也是这样做的。他在审阅书稿时，为了确保一个引文的准确性，他会花一上午甚至一天的时间去查证、确认。在做学问方面，李佑新老师就是如此的执着与“较真”。

凝练特色出成果

湘潭，一代伟人毛泽东的家乡；湘潭大学，毛泽东主席亲自倡办的大学；而研究毛泽东思想，更是湘潭大学毛研中心师生的传统和使命。从1985年至2022年，李佑新老师坚守毛泽东思想生平研究阵地38载。“我一直走着毛泽东研究的路，就是因为毛泽东的个人魅力深深吸引了我。像现在的年轻人说的，就是我的偶像”，李佑新老师动情地说。近40年来，李佑新老师主持国家社科基金重大项目和重点项目以及教育部重大项目等有8项；在《人民日报》《光明日报》《马克思主义研究》《哲学研究》《马克思主义与现实》等报刊上发表论文近100篇，在人民出版社等出版著作（包括主编）20余部，获省部级以上教学与科研成果奖励20多项。多次接受《人民网》《光明日报》《中国社会科学报》等媒体的学术采访。特别是近年来，李佑新老师主持国家社会科学基金重点项目“毛泽东研究中的历史虚无主义观点评析”，已经形成了系列成果，并在全国范围内开展学术报告，针对性驳斥历史虚无主义者对毛泽东的抹黑和造谣，有力维护了一代伟人和民族英雄毛泽东的光辉形象和丰功伟绩。在主持国家社会科学基金重大招标项目“中国共产党早期人物理想信念和精神风范研究”期间，李老师也做了大量的学术梳理和课题论证，形成了一系列重要的学术成果，为深刻阐释中国共产党人的初心使命提供了良好的学术范本，为党员干部的党性教育提供了通俗易懂的读物。

涓涓细流暖人心

近40年，李佑新老师培养了大批的硕士生和博士生，每一届硕博生在校期间都备受老师和师母的关心和关爱，虽然他们已经分布在全国各地，不少已经成为政府部门和高校的骨干力量，但每每提到老师和师母，都有忘不掉的恩情。

“吾师李佑新教授，科研精谨，为师严慈；为学为人，谆谆教诲，从未懈怠。或至论文，或至人生事业，均获助于君，感激涕零。吾常赞之：‘长江学者，真乃实至名归也。’何其荣幸，拜于其师门!”2013级硕士生王旭师兄在论文致谢中写道。

2016级博士生暴红博师兄说：“他高屋建瓴，总让人感到前方悬着指针，指引进路；他要言不烦，总能在我困惑时洞中窍要，一语点醒；他综览前沿，常发给我新出的资料，随时提示；他体察细微，观照每个人的感受，暖人心脾。”

“先生因材施教，宽严相济，时常与我促膝而谈待人处事之理。先生告诫吾辈，板凳坐得十年冷，文章不写半句空，人生无捷径，唯有下苦功。从师六年，吾事无大小，先生皆悉心相助，师母待我更如亲儿，爱护之情溢于言表，殷殷叮咛犹在耳畔。”2017级博士生吴璇师姐写道。

在学习上，李老师是带领我们勇攀学术高峰的引路人；在生活中，李老师和师母的关心更是无微不至。逢年过节，老师和师母总会组织师门在校学生欢聚一堂，让每一个在外求学的孩子都能感受家的温暖。饭桌上，老师会关心每个学生的喜好，总会多点一份大家都喜欢吃的菜；师母伍老师也总是叮嘱我们："女孩子不要追求瘦而节食，你们学习那么辛苦，一定要多吃点。"李老师对学生的细腻而深沉的关爱，如涓涓细流润人心田。去年硕士毕业后，我们决定留校备考博士研究生，了解情况的李老师建议我们去做学院的科研助理，这样既可以有一份基本工资维持日常生活，又可以利用空闲时间复习备考。当他得知因办公场所紧张而科研助理没有办公室时，又主动把他办公室的钥匙给我们，为我们提供一个工作和学习的地方。诸如此类的事情还有很多，李老师始终把与学生相关的每一桩、每一件事都放在心上。

从满腹才华的青年教师到闻名遐迩的花甲教授，李佑新老师坚定扎根湘潭大学近四十载，坚定扎根毛泽东思想研究事业不动摇，为湘潭大学学科建设倾心尽力，取得了显著成效，为党和国家培育英才矢志不渝，桃李满天下。他像一束明亮而柔和的光，既照亮了我们前行的路，又温暖着我们求知的心。

文卫平：初心不变，诲人不倦

周芬芳　吴庄

寒来暑往，几度春秋。四十多年前来到这片黄土地求学的同学已经成长为二级教授、博士生导师、全国模范教师、国家级教学名师、国务院特殊津贴专家。自毕业留校至今，已经过去了三十九个年头。文老师扎根伟人故里，教书育人，潜心科研，热心公益，一心致力于学院和学校的发展，把对湘大的热爱化作教学科研和管理中的点点滴滴。

不畏艰辛，苦练内功

数十年来，文老师及团队克服困难，从零起步，相继获得国家精品课程、国家精品资源共享课程、国家第一类特色专业、国家教学团队、国家一流本科专业建设点等国家级平台。台前，我们总是看到文老师静若秋水的一面，如同“定海神针”。幕后，却是文老师默默攻坚克难的无数日日夜夜。科研刚起步时，为了获取第一手数据，文老师抱着孩子，提着录音机，到学生寝室开展实验。教学改革成果“低情感障碍教学法”和“四三制”人才培养模式分别获1997年和2010年湖南省高等教育教学成果一等奖。

年届不惑，早已晋升教授且身为一院之长的文老师毅然赴北京攻读博士学位。她开始攀登另一座高峰——理论语言学。这是一个被国外高校定位为理学的学科。从头开始，谈何容易。更何况文老师读博期间，既要照顾女儿的学习和生活，还要承担院里的管理工作。多年后，文老师读博期间曾拜读方立教授的《逻辑语义学》一书。读了两遍仍找不着北，产生了畏难情绪。向文老师请教时，老师鼓励我说，她刚开始读时也确实觉得有难度。但是一遍读不懂就读两遍，两遍读不懂时就读三遍，直到读懂为止。她就在心里想：这是人写的书，我也是人，难道还能读不懂吗？文老师克服常人难以想象的困难，敢于挑战学术最前沿，辛勤耕耘。星光不负赶路人，她和方立教授等合著的《动态意义理论》由中国社会科学出版社出版。该书是我国第一部系统介绍当代西方动态语义学理论的著作，获得湖南省哲学社会科学优秀成果奖。此外，文老师已在理论语言学领域主持并完成国家社科基金项目两项。

淡泊名利，无私奉献

各种荣誉纷至沓来，文老师总是淡然处之，谦逊地说：“我就是一个教书匠，做了一个教书匠该做的事情。”文老师主张从教学中发现和研究问题，问题的解决又能够反哺教学，实现良性循环。在教书育人的同时，完成教师的自我成长和学科发展。例如，文老师关注到学生二语习得中的交际意愿问题，通过“交际意愿启动法”使语言学习内化为日常语言行为，转化为语言习得。该成果获2004年湖南省高等教育教学成果一等奖，2005年国家教学成果二等奖。

文老师认为科研应是大学教师的“规定动作”之一，是引导学生智识思考的前提，也是学科发展的需要。科研常常被认为是辛苦的，在文老师这里却是云淡风轻的存在。她不为名利所羁绊，也就拥有了内心的宁静与丰盈。这何尝不是潜心科研的最佳状态？如她的微信签名“无为”所言，文老师生动诠释了“无为而无不为”。文老师在研究第一个国家社科基金项目的同时，就完成了第二个国家社科基金项目的选题和资料收集。这些水到渠成正是老师的大智慧。

文老师常常奉献，不计得失。她爱生如子，不但学业上认真指导，工作上和生活上也关心帮助。她的一位研究生曾动情地对她说，遇见文老师可谓是改写了她的人生。在她迷茫时，文老师牺牲休息时间多次约她散步谈心，引导她处理好学业、工作和家庭之间的关系，鼓励她读博深造。后来她如愿读博，并成长为所在单位的中坚力量。文老师的一位已经毕业的研究生家里孩子生病，她得知其家庭困难后，马上为其推荐名医，并慷慨解囊。这些事文老师从不提起，默默奉献就是她的日常。

甘为人梯，提携后辈

如同何云波教授在《南山南北山北》中所述的湘大情结，文老师热爱湘大、建设湘大，并且感染了身边的年轻后学。文老师多次为青年教师做公益讲座，鼓励年轻老师突破自我，融入学科建设与发展。文老师常常说："大河有水小河满。只有学科建设上来了，我们每个人才有发展的平台，而我们每个人的职业成长也会促进学科发展。"针对外语学院的实际情况，文老师专门做了一次《我从大英来》的讲座，分享自己科研从无到有到强的历程。在学术研究上，文老师毫无门户之见，对于院里的年轻老师尽力提携。年轻老师申报国家社科基金，文老师顾不上宝贵的春节假期，正月初七就详细地反馈修改建议。这位老师成功申报，后来成长为学术骨干。每每提及此事，都感怀于心。还有一位年轻博士告诉笔者，每次科研上遇到困惑的地方，微信求助的时候，文老师都是第一时间回复，让人倍受鼓舞。文老师熟悉每个人的情况，总是能在适当的时候或鼓励、或鞭策、或指点、或是殷殷嘱托。言简意赅，然其重万钧。发展自己，建设学科的信念在每位老师心里生根、发芽。

"师者，所以传道受业解惑也。"如何当好一名老师，文老师给出了最好的回答。如何初心不变，诲人不倦，文老师亦做出了最好的诠释。

丹心一片　桃李芬芳

易灵芝

易灵芝老师在指导学生

1982 年的秋天，16 岁的我，意气风发，怀揣梦想，奔赴湘大。时光荏苒，细数流年，在湘大的四十年，我从学生成为老师，见证了机电系到自动化与电子信息学院的变迁；见证了曾经荒凉的羊牯塘日益浓荫蔽日、蓬勃兴盛；见证了这所老牌重点大学成为新晋“双一流”建设高校。坚守在三尺讲台，我始终初心如磐：教育，是只许成功不许失败的实验；教育，必须“以人为本，以学生为中心”。

学生若取一瓢水　我就准备一缸水

《礼记》有云：君子如欲化民成俗，其必由学乎。大学教育，足以影响一个人的一生。作为一名老师，我知道，学生若取一瓢水，我就必须准备一缸水。

从 1986 年留校，我辗转于湘潭大学科技处、中心实验室、机电系、信息工程学院、自动化与电子信息学院，从事科研管理与教育教学工作。“学然后知不足，教然后知困”，教与学，成为我一生中最重要的两部分。1997 年获评副教授职称后，我选择继续在湘潭大学电力电子专业攻读硕士研究生；获得工学硕士学位后，我始终保持着高昂的学习和科研劲头，于2005年获得教授职称。这样的经历，或许可以让大多数人有底气安心地待在舒适区，但我并不想止步于此。2012年，我46岁，尽管已是三级教授，还是毅然决然选择攻读博士学位。很多人不能理解，劝我不必再折腾，但人生之路，各有不同的选择，努力奔跑是一种生命存在的形式，纵然白首北面，又岂以年乎？于是，我成了当年那批博士研究生里年纪最大的“老学生”。终于在“知天命”之年，我收到了工学博士学位这份最难忘的礼物。那一刻，我潸然泪下。我知道，虽然奔跑不一定能够抵达远方，但看着那一双双如饥似渴的眼睛，我要坚持走得更远一些，寻找更多的水源，让甘霖滋润每一颗“小苗”成长。

我沉醉于我的工作，这里有爱，有我的学生们，还有诗和远方。每天早晨6点，我会准时起床，在家工作两小时再去上班。没有周末，没有寒暑假，除了上课和出差开会，其余时间我都泡在了办公室和实验室。常常遇到熟人问我：“今天还去实验室?”“这么晚才回?”我总是笑着回答：“有事呢!”工作是我的生活。有人说，“生活的兴盛，核心是：‘对事业的投入，迎接挑战，自我实现和个人成长’”，我全身心地去寻找工作带来的满足感，享受工作的乐趣：知识面拓展了，视野开阔了，能力和科研水平提升了。我在审稿、科研项目评审、工程教育专业认证自评报告审阅和入校考察中，总能学习到新的科研思路和教育理念；我在指导学生修改科研论文和专利申请书时，总能找到创新的兴奋；我在与学生一起找到解决具体工程项目科研难题的思路后，总能获得难以言表的成就感。对于自己的专业研究，我始终保持着孜孜不倦、终生学习的态度，努力为社会带来利益和价值，这正是工作赋予我人生的意义。

只有创新教学与管理　教育方能够事半功倍

承《礼记》所云“君子之教”，“道而弗牵，强而弗抑，开而弗达”，我认为教学的本质正是实现“以学生为中心，让学生主动学习”。

为此，我不断探索，构建课堂教学新模式。根据学习进度，我会在课程群分享“课前资料”，提前布置一些小任务，激发同学们自主地在课前查找资料，熟悉相关知识，也让他们知道自己课堂上需要重点听什么，能够有的放矢地高效学习；在讲述具体的专业知识时，我注意抛砖引玉式地讲解该知识的工程应用，引导同学们发散思考并讨论，既能让他们学以致用，还能提升他们沟通交流的能力、锻炼当众发表意见的胆量。

“治世不一道，便国不法古”，教、学贵创新。多年来，我重视培养学生解决复杂工程问题的能力和创新创业意识，目前已指导近百名学生完成国家级、省级和校级大学生研究性学习和创新性实验计划项目。不少学生因此受益，或得以保送研究生，或找到心仪的工作。

2020年，新冠肺炎疫情暴发，师生见面受阻，我没有一刻耽误，迅速将课堂从线下搬到了线上，带领研究生团队完成了太阳能光伏扶贫电站和绿色生态智慧农业仿真平台建设。为让线上课堂更高效，针对不同受众群体，我在全国率先开展构建相应层次的个性化教学实验，荣获“教育部智慧教学之星”。

教学需要创新，班级管理的提升同样也在于创新。我担任班主任已有多年，为了提升班级管理水平，我仍坚持多方学习，结合专业特色，独创了一种班主任工作方法——“立榜增历，两全一证”。

学生们不会忘记那一块“缺课风云榜”，和每周公布的“榜主”。每一届新的班级，几周坚持下来，全班到课率显著提高，期末考试成绩自然也就明显上升。

他们也不会忘记那一年又一年为简历“添砖加瓦”。为了4年后拥有就业竞争力，我们从就业逆向规划学业。新生入学，我第一时间与他们分享优秀的学长简历，要求他们从大一开始写简历，每半年对简历进行补充，如添加课程成绩、奖励、证书、活动等。在这样的激励下，学生们有了目标和方向，从而积极主动地努力丰富阅历，实现综合发展，他们的简历，也在大学期间得以不断完善。大四那年，这份沉甸甸的简历，就是学生们就业的最佳敲门砖，能让他们在激烈的竞争中脱颖而出。

在“两全一证”班级目标下，他们得以锻炼与提升的自身能力，同样已经永远深深地刻在了他们的骨子里。所谓“两全”，指的是全员“当官”，全体毕业。每学年保留一两个班干部核心成员，其他班干部改换新人，给每个学生锻炼组织管理能力的机会；及时跟进学生学习情况，一旦出现不及格的情况，马上安排一对一帮扶，保证每个学生顺利毕业。所谓“一证”，则是要求人手获得一份建筑电气CAD证。

正是得益于这些创新的教学与班级管理方法，我的学生就业率常居榜首，考研、考博比例也很高，我多次被评为学校“优秀教师”和“优秀班主任”。

宁愿少写一篇好论文　也要多培养好一个学生

如果科研和教学存在时间冲突，该如何处理？对于这个难题，我的态度是：如果少写一篇论文、少做一个项目，可以教育好一个孩子，那我一定乐意去做。我一直秉承这个理念，以求对得起自己、对得起每个孩子的家庭。

我把每一位学生都放在心上，因人而异，因材施教。对刻苦努力的学生，我会积极引导，对其后续的学习、科研规划给出建议；对性格内向的学生，我时时鼓励他们突破自我，并安排一两位同年级同学主动邀其一起上课、吃饭、散步、聊天，让他们在温暖的关怀中敞开心扉；对个别考勤表现不佳的学生，我采取“紧盯”策略，联合家长轮流查岗，直到学生自觉出勤；对家庭困难的学生，我则通过“政协姐妹团”，持续给予资助。

在学生中，除了易老师，我还有一个称呼——“管事妈妈”。学生的感情问题、家庭矛盾、就业难题，我管；督促学生们走出实验室锻炼、放松心情到食堂就餐，我管；打球、跑步前如何科学地开展舒展运动前奏和后收缩运动，我也管；如何通过洗发护发延缓发际线后移速度，如何更换眼镜阻止近视度数加深，我还管；甚至学生买快餐、抽烟、喝碳酸饮料、走路看手机、实验室随手关门、天冷及时加衣防感冒，二田的十字路口注意安全，女生加班至晚上 11 点后回寝室需有人护送……我通通都管！

我的一名来自江苏南京的研究生打篮球时不慎韧带拉伤，不能走路，我得知后马上打电话向医生询问治疗方法，第一时间安排将其送到医院，并多次前往探望。在该同学回到宿舍休养后，我买好康复设备、熬好营养汤，送到他的宿舍。我的学生们常讲：“虽身在异乡，但却像在家一样温暖。”

我是一个妈妈，我是我的学生们的妈妈。对他们，我不仅是要慈爱关怀，更要严格要求。帮学生改论文时，我就是野蛮刁难的“虎妈”。我建立了考勤公开监督机制、定期组会汇报督促机制，让学生端正了科研态度；制定了奖励机制，鼓励学生发表 SCI、EI 收录高水平论文和授权技术发明专利。每一篇学位论文，我至少要指导修改六次才能定稿。我告诫每一届学生：“学位论文是你多年学习的汇报成果，因此需要自己不断打磨。除此之外，要感谢每位对你提出意见的老师、评审专家，他们从不同的角度观察这个作品，提出建议，指导你不断完善!”我的学生要学会项目小团队管理，了解财务流程、专利申报流程、投标中标流程、成果登记流程、技术转让流程，这些能力将让他们在工作中受益无穷。

撒下一颗颗种子，收获一片片森林，我的耕耘与付出，同样得到了学生们的丰硕回报：“国家奖学金”“京东奖学金”“湖南省优秀党员”“湖南省优秀毕业生”“校长奖”“优秀学位论文”，一项项荣誉接踵而至；每届毕业生早早就被国家电网、中联重科、威盛电子、富士康、三一重工、格力、华为、中冶长天、中车集团等知名企业录用；不少硕士研究生更是获得鹿儿岛大学、中国科学院、武汉大学、中南大学、湖南大学、华北电力大学、北京交通大学、合肥工业大学等学校的博士名额……在“人生易站”QQ群和微信群里，从最早毕业的2003级学生，到大一新生，历届学生已数百人，这里已然是师生们共同的网上家园。

桃李不言，下自成蹊。每逢过节，来自全国各地的学生的祝福以各种方式汇集到我身边。不久前，我收到一位2013级研究生写给我的感谢信，他已经是中车大连电力牵引研发中心控制产品开发硬件主任级设计师、省部级科技奖项获得者。他在信中写道：“易老师不仅是我专业方面的指导老师，也是我职业生涯的人生导师。专业方面，不仅教会我科学严谨的学术态度，还带领我一步一步从科研小白逐渐成长成具有独立科研能力的研究生。……我来自偏远地区的普通家庭，知识体系主要来自课本……很多知识书本上学不到，但对我的职业发展和人生前进却至关重要。易老师言传身教、恪尽职守以及毫无保留地推心置腹，才让我懂得了如何科研、如何做人、如何做事……感谢母校，感谢易老师。”

不计辛勤一砚寒，桃熟流丹，李熟枝残，种花容易树人难。幽谷飞香不一般，诗满人间，画满人间，英才济济笑开颜。在韶山湘水间的40年，一路走来，我无比坚定，我早已将此生献给了我的事业。我用情、用心培育了一批又一批学子，也渐渐长成社会的脊梁。我乐在其中，收获也在其中。一片丹心化春雨，种得桃李满芬芳。

李伏清：心中有爱、眼里有光

李银艳 肖睿洋 赵芳

走在湘潭大学的校园内，一头短发、衣着朴素的李伏清扎堆在学生中显得平凡而普通；但与她打过交道的，不管是老师还是学生，都会被她的人格魅力打动。低调、踏实，淡泊名利，对工作满怀激情、对学生一片真诚，平凡岗位上润己泽人、无私奉献。这是熟悉李伏清的人对她的共同评价。

2008 年，27 岁的李伏清从华东师范大学博士毕业后，选择回到母校，扎根伟人故里，成为一名思政课教师。14 年来，她潜心科研、成果颇丰。她注重思政课改革、获奖无数；她关爱学生、倾情奉献，把青春芳华浇筑在湘大这片原野，在平凡的岗位上书写着她的教育人生。

倾心改革，只为思政“活”起来

作为一名思政课教师，如何将思政课讲得精彩、有吸引力，是李伏清这些年始终关注的重要课题。在她看来，如果思政课教学是照本宣科，或者只放几张 PPT，这样的课堂毫无生气，自然也吸引不了学生的关注。

于是，她探索将新兴科技融入思政课教学，在她的多番努力下，第一期《恰同学少年》虚拟仿真教学系统课程上线。该系统以三维建模、声光电特效、方言对话等形式，最大程度还原了特定的历史场景，学习者以“第一视角”参与，通过沙盘关卡式趣味问答、宣誓体验等方式，获得学习沉浸感、历史紧张感与革命使命感。从“指尖”到“心尖”，科技助力，让思政课真正实现了“潮”起来。

在第二期虚拟仿真项目建设中，团队还完成了“四史”中标志性纪念馆、博物馆、展览馆等 28 个虚拟仿真馆建设，打造 360°全沉浸式爱国主义教育基地建设，提升思政教学效果。她组建团队，制作了《湘谈“四史”》50 讲、

“恰同学少年”“百年百地正青春”等金微课。

作为这些项课程的主要开发者，李伏清从设计理念的提出到内容建设，再到文稿把关、视频审核，都亲力亲为、不敢有一丝懈怠，力求把每一个史实核准、把每一个理论讲透。

同时，李伏清还结合多年教学经验，将思政热点策划成“新闻观察”访谈节目，并择案例集结为《思政热点思与行》，学校师生及社会人员可以通过扫码边看访谈边学习。这一课堂教学与网络教学、第一课堂与第二课堂、线上学习与线下学习良性互动的教学体系，让思政课堂真正“活”了起来。

自实施思政课改革以来，她每天坚持工作16个小时，为了节省时间，2个馒头就是一顿午饭，开会间隙抓紧时间打个盹……她用近乎“苛刻”的标准要求自己负重前行，换来了无数个“第一”。

全国高校思想政治工作“金微课”一等奖、全国高校庆祝建党百年精品展播首部作品、湖南省第三届高校思想政治理论课教学展示一等奖、湖南省高校首届最美思政课教师、第二届全国高校思想政治理论课教学比赛二等奖、2021年度全国高校思想政治工作优秀案例二等奖……一个个熠熠生辉的奖牌，凝聚着李伏清的拼搏进取、无私奉献和智慧力量。用无数个挑灯备课的夜晚和熬出红血丝的双眼换来了一场场精彩的授课，李伏清坦言这些付出都是值得的。

“功成名就”后，李伏清常接到来自其他高校的橄榄枝，待遇优厚且资源集聚，但李伏清仍然选择了留下。“我来自农村，是湘大给了我重启人生、成长、发展的机会，是我知根知底、扎根生长的一块土地。”

交流研讨“面对面”，问诊磨课“手把手”

“一名好教师，不仅要做到自己优秀，还要让学生优秀，带动整个团队走向优秀，这样才能使更多学生受到更好的教育。”李伏清常常这样告诉自己。

想在前、干在前是李伏清对待工作的一贯作风。2021 年，是中国共产党成立 100 周年，李伏清开始敏锐地围绕中国共产党成立 100 周年做工作，利用寒假时间组建团队，拍摄素材，推出《湘“谈”四史》。2 月 20 日，习近平总书记号召在全国开展党史学习教育，李伏清团队推出的系列作品，以得天独厚的时间优势迅速占据了从省媒到央媒各宣传平台，产生了良好的效果。

李伏清还带领学生主动参加党史故事百校讲述活动，《听湘潭大学讲述抗美援朝铁道神兵尚瑞尧的故事》视频拍摄、制作、剪辑等工作全部由在校学生完成，视频经新华网推出后浏览量达 183 万人次。

热烈反响的背后，是李伏清的默默付出。带着学生们磨课、写脚本、做视频，哪怕是一次小小的讨论，李伏清也要亲自参与，“面对面”指导、“手把手”教学。其间的辛苦不言而喻，但她却乐于“享受”这种忙碌。

此外，李伏清还与湖南教育电视台等单位共同搭建实践教学平台，指导学生参与创新创业大赛、三下乡、社会调研、阳光支教、学习性研究竞赛展示等校内外活动，牵头组织党史学习教育学生基层宣讲团，让学生下到基层开展有针对性的群众“点菜”宣讲团“配餐”式宣讲。140 余场精心组织的宣讲，也换来了基层干部群众的如潮好评。

“思政课是有温度的。”李伏清还始终把“真信、真学、真讲、真干”八字箴言作为教学的准则。她说，言传身教，做学生的引航灯，才能真正让学生内化于心、外化于行，让思政课更有说服力、感染力。

去年（2021 年）8 月，湘潭疫情出现反弹，早已是教授的李伏清主动申请参加抗疫志愿服务，在长郡湘潭高新实验小学方舱点以及湖湘学校方舱点协助健康码排查、人员分流等工作。由于核酸检测人流量大，天气炎热还要穿防护服，几乎没有替换和休息，防护服已被汗水湿透，嗓子也已干哑，但她却连续奋战了 9 天。

在被人问及值不值得时，李伏清说：“这个岗位只是个普通的防御岗，相比那些冲锋在前的一线医务人员，这又算什么？我是个‘老’共产党员了，同心同德同担当，胜利才在望！”

用仁爱之心，把学生工作做实

李伏清课讲得好、研究做得好，这是大家都知道的。但她对学生有多好，却是学生们你一言、我一语，逐渐拼凑出来的。因为她自己，鲜少提及。

2021 年 6 月，教学科研之余，李伏清又有了新的“使命”——担任院党委副书记，分管学生工作。在很多人看来，做科研出成果多，带学生那是捎带手，更遑论分管学生工作，因为学生工作繁杂琐碎而难出成绩，而李伏清却喜欢来到这群“小年轻”中间。

“带着感情去做学生工作，用贴心服务为学生留下一段对大学时光温暖美好的回忆。”怀着这样一颗心，她尽可能为学生学习生活提供便利，为学生的成长引路指航。马院每位本科生在生日这天，都能收到李老师或根据人名或根据家乡量身打造的专属生日祝福，这些“心意惊了”的祝福常让学生感动不已。

学生们说，她有一颗仁爱之心，总是平等地对待每一个学生。不管是自己带的研究生，还是公共课上仅有几面之缘的学生，但凡有事向她寻求帮助，她总是义不容辞，不论是经济上的困难，抑或心理上的困惑。在学工岗位上才满一年的她，就为资助学生自掏腰包花了好几万元。面对他人对其付出的赞誉，她总说：“不觉得这是一种付出，只要能解决一些问题就好。”而她自己穿着朴素，不尚打扮，一件参会发言、接受采访、视频录制时出镜率极高的连衣裙，竟是十年前的“旧衣裳”……　　“她为学、为事、为人都是我们的榜样，是我们心中的‘向日葵女神’”学生周萱芝如此评价。

2021 年春节，湘谈“四史”团队有学生发动态：“先夸夸李老师，今年老师没有十张敬业福、二十张爱国福，那这件事情是完全说不过去的。”有学生写对联赞誉她“勤业勤职勤公勤奉献，从来勤为天性；爱国爱校爱生爱教育，总之爱是源泉”，对于这样的高度赞美，她自叹还有很大的差距，这是她以后努力的方向。

做科研又要搞教学，带团队还要管学生，工作同时还要兼顾家庭，不辛苦吗？面对他人的疑问，李伏清笑着回答说：“高强度工作不累是假的，但是一到讲台，一看到那一张张青春洋溢的脸，自己又似打鸡血般地复活。”谈起学生们，李伏清眼里有光。

心中有爱，才能眼里有光——我想，这就是教育者该有的样子！

赵又红：一片冰心在玉壶

祝爱民 彭璐瑶

在我们的身边，有这样一位教育工作者，她牢记立德树人初心，坚持为党育人、为国育才，积极探索新时代教育教学方法，不断提升教书育人本领，几十年如一日，尽心尽责，兢兢业业。她就是机械工程与力学学院的赵又红教授。

赵又红老师于1989年考入湘潭大学机械系锻压工艺及设备专业。毕业后，秉着“年轻一代要有所作为”的想法，她选择了留校任教。她扎根湘大，见证了学校的不断发展进步。学校里一草一木的变化她都看在眼里，记在心里。留校工作近30年来，她在自己的工作岗位上，一直坚守初心，始终坚持潜心育人，潜心科研，用实际行动彰显了对教育事业的无限热爱，践行着一个共产党员的初心使命。

倾心耕耘育桃李

“大学四年对于我来说年复一年并无差别，但对于这些孩子的一辈子却影响深刻。”赵又红老师这句话深深打动了我们。

担任班主任期间，赵老师多次被评为优秀班主任，她的学生中，有一个寝室6人考研成功，有担任学生会主席等优秀学生工作者，她用心指导学生参加学科竞赛，获省级一等奖、二等奖及国家级三等奖。她坚持对每一个同学负责的原则，以“多做一点”的态度，影响了许多学生。

在班级管理上，她张弛有度，有效管理整个班级；在教育学生上，她因材施教，前列者加以引导更上一层楼，落后者时刻关注加强教育；在拯救沉溺于网络的少年时，赵又红老师亲自带他回来，晓之以理动之以情感化他，最后这位同学成功考上研究生。

“每个人有每个人的目标，每个人有每个人可以成为的样子，只要有目标在前进就很好，成绩不是唯一标准，我最大的希望就是他们都能保证身心健康，积极面对生活。”谈到学生的后续发展，赵又红老师说：“他们最后能达到的成就肯定是不一样的，希望他们在我的引导下可以更好地适应自己，适应社会。”

赵又红老师（第一排）和同学们开班会

她用一生的精力上好一堂课，不断启迪莘莘学子的心灵。

“学生的很多事情发生苗头了，就要马上介入采取措施。”

班级中有同学抑郁，赵又红老师付出几倍时间关照他，将关怀落实到他的生活学习，这是“小事”；有一个同学半夜从床上摔下来，当时正是寒冬腊月时，赵又红老师接到通知立马赶到现场，井然有序地处理后续事项，这是“大事”。不管是在处理女生寝室问题时请吃冰淇淋这样可爱而又真实的调解方式，又或是在带领学生参加学科竞赛并获得优异成绩的认真严谨，都体现赵又红老师“随风潜入夜，润物细无声”的爱。

对于这些反而需要耗费极大时间和精力的“小事”，赵又红老师很谦虚：“这是很一般很一般的事情，也是我的职责所在，我只是希望我的学生能健康成长，鼓励他们多参加竞赛，多走出寝室进行体育锻炼，总比待在宿舍好嘛。日常生活中，反正我都是要散步的，那就顺便去孩子们的寝室看看。也许刚上班时，这只是一份工作，到现在，真的是一份爱了，我把他们当做自己的孩子一样看待，当然希望他们能过得更好。”

潜心钻研结硕果

“问渠那得清如许？为有源头活水来。”当谈到赵又红老师的成就时，一句

“不厉害嘞”表明她对于自己在科研和教材编著上的成就并不看重，很亲切地说自己只是一步一步往前走罢了。

她主编和参编的教材已纳入国家级规划，并且广泛使用。在这条艰辛的科研之路，赵又红老师所坚定的很简单：“根据上级指示，去写一本适合现代学生的教材，满足各种需求，结合时代要求，一步一步踏实走下来就是了。”

赵又红老师以身作则诠释了三点：“静”，静下心来，多学习，全面提升充实自己，坚定信念，转变角色，有计划地统筹安排工作，把要做的事、可能遇到的问题、如何应对等想清、理顺；“敬”，敬畏规则，树立契约意识，规则即尺度、标准，严格按照规则执行，在规则内给师生最大的便利即是创造；“竞”，竞争，岁月和磨砺让一块山料变成沁皮包裹的光滑、圆润的籽料，安详地躺在河床的砂砾里，静待采玉人，君子当常佩玉、因玉有德，琢为玦，即为决。

她从年轻时为爱发电到如今且挨过三冬四夏，暂受些此痛苦，朝着一个方向发奋，只为科研更进一步，孩子们能接受更合适的教育。在她们那辈人的身上是国家，而她所努力的，是为了现在的我们，因为我们的身上是未来。

丹心一片践使命

赵又红老师曾任院系里的支部书记，多次被评为优秀共产党员、湘潭市优秀党务工作者、青年党员示范岗。作为党员，她用持之以恒的精神和锲而不舍的努力始终践行奉献群众的誓言。当谈及党时，她很温柔地微笑着：“年轻时入党并没有想很多，但到后面，不管是组织各类党建活动还是进行党史教育，我都乐在其中并且深刻感受到时代的进步，党的进步，这几十年我都有亲历。到如今，年轻人也从我们这一辈手里接过时代的接力棒啦！希望新一代青少年负国家之未来，担振兴之责任。”赵又红老师的声音掷地有声，饱含着对新一代青年学子的热切期盼。

人们说，这世上没有从天而降的英雄，只有挺身而出的凡人。老一辈人们用他们的实际行动告诉了我们什么是奉献精神，什么是共产党人的初心使命。发展到如今的成就，在这个过程中，他们既是奉献者，也是见证者，他们传承的精神是下一代发展和成长的基石和动力。

赵又红老师扎根湘大，扎根教育沃土，为了这番大事业，她用真情和汗水来浇灌这片希望的土地，燃起了学生心中的火把，为湘大发展的辉煌尽自己最大的一份力。她用行动履行着一个教师的责任，践行着一个教育工作者的使命，执着地追求她的人生追求，用心谱写当代教育发展的华章。

情怀筑梦，终身坚守一苇以航。百年风雨路，回首是少年。耳边隐约传来赵又红老师的声音："我们这一辈人，很简单的，就是脚踏实地做好一件事，为国家做一点贡献。一步一步往前走就好了。"

回首望去，赵又红老师的身影似块块铺路石，镶嵌在湘大的安康大道上。我们无法抵御浪潮，但会永远记得灯塔。要弘扬并传承许许多多像赵又红老师这样的奉献者精神，以其作为指引和方向，负重攀登，敢为人先。

我的思政之路：春风化雨，感悟人生

龙进良

天空没有留下翅膀的痕迹，但我已飞过。自1986年毕业留校工作至今，时间已过去了36年，明年我将光荣退休了。回望自己在湘大工作的点点滴滴，感慨时光之易逝，感恩湘大对我的培养，感悟工作带给我人生的意义。

感恩湘大　感恩老师

1982年高考，我有幸进入湘大数学系计算机软件专业学习，遇到了大学中最好的老师，他们是罗铸楷、邹自兴、陈基禄、何玉帧、曹佑安、许超、李维立、周经野、刘任任、李宏……他们大多是响应党的号召从全国各著名高校来支援湘潭大学的，学识渊博，教学经验丰富。在湘大，我在学习中增长知识，在活动中增长能力，曾担任班长、学生会文娱股副股长等学生干部。能积极向党组织靠拢，光荣地加入了中国共产党。时任系党总支副书记安少华老师和班主任李维立老师评价我“能歌善舞、根正苗红”。

1986年本科毕业，我被安排留校工作，任系团总支书记兼学生干事，从此开启了我的工作之旅、思政之旅、党建之旅。抛开自己所学的专业从事学生思政工作，开始还有点不适应，思想有些波动起伏，是领导和老师们及时开导了我，帮助和鼓舞着我一路前行，使我明白了思政工作和教学工作都是为党育人为国育才的工作，意义同样重大。在工作中，我听从组织安排，几易其岗，先后在计算机科学系、化学系、化学化工学院、化学学院、材料与物理光电学院、哲学与社会学学院、商学院、物理与光电工程学院等单位工作，先后任系团总支书记、党总支副书记、院党委书记等职。曾与一些湘大“牛人”合作共事，他们中有教育部长江学者、全国名师、湖南省121人才工程第一层次人选、湖南省“百人工程”学者、宝钢优秀教师等。他们都是湘大发展建设的中坚力量，他们都是我的良师益友。

从一名学生干事成长为一名处级干部，学校给了我重任和荣誉，曾多次被评为湘大优秀共产党员、优秀学生思想政治工作者、关心共青团工作育才奖、综治维稳先进个人、敬老爱幼先进个人、湖南省高校优秀党务工作者、湖南省优秀共产党员、湖南省优秀党务工作者、优秀思政工作者……自己从中感到了工作的快乐、体会到了人生的意义，使自己感受到了人生的意义，是湘大培养了我，成就了我。

扎根湘大　奉献湘大

留校从事学生工作，我对一切都充满了激情。学生工作者被认为是学生思想的指引者、学生成长的知心人、学生成才的领路人，我努力地实践着这些要求。我被安排住在学生宿舍中间的套间里，里间为卧室，外间为办公室兼会议室。召集学生干部开会、找学生谈心谈话都很方便。那时，我对我所在院的每一位学生都能叫出名字，对他们的性格品行都非常了解，学生有困难或遭遇突发事件也能及时出面，予以化解。记得有一次，有一个刘同学深夜突发脑溢血，昏迷不醒。接到消息，我立马叫车将其送到医院进行抢救，终于使其转危为安。还曾有学生睡觉不慎从上铺摔下摔成重伤的、打球摔伤的、在外面餐馆吃火锅被酒精烫伤了脸的、打球时不小心撞伤了校外误闯入球场的老太太的……事件发生了就得处理，不处理好，我常常吃不好饭、睡不好觉，心里很是着急。还有一次，一学生踢足球时，不小心将球踢到一校外来校闲逛的小青年身上，学生当即表示道歉，但那小青年不依不饶，非说自己受伤了，要学生赔钱，否则扬言要打人。考虑到学生家庭困难和学生的安危，我替其支付赔偿。从某种意义上我的处理方法有些“迂腐”，但只要学生安全了，我就放心了。我一直以为，每一位学生就如同自己的弟妹、侄子侄女，每一位学生的健康成长关系着其身后的家庭幸福，我们有责任关心他们、帮助他们、保护他们。在工作中我与学生建立了良好的师生关系，他们也乐得与我交往，把我视作“朋友”“兄长”，学生毕业多年，还有的经常来电向我问好。

2005年我升任哲学与社会学学院党委书记，其后又先后在商学院、物理与光电工程学院担任党委书记。相对于院长主管教学科研和学科学位点建设工作而言，书记是一个相对“务虚”的工作。其职责概括起来主要有：做好党建和教职工思想教育工作；把握社会主义办学方向；确保院务工作清正廉洁；支持院行政的工作；协调各方关系；调动教职工工作的积极性。新的工作需要自己转变角色，适应新形势。在工作中，我不断摸索工作规律，坚持向老同志学习，渐渐有了自己的工作体会。我认为书记工作虽然看起来比较“虚”，但要真做起来还是比较具体、比较实的，虚功需要实做。我把书记职责用“五个比喻”来形容。

第一，书记有如“户籍警”，必须充分了解每一位教职工情况。书记只有对每一位教职工情况了如指掌，充分了解每一位教职工的履历、爱好、特长、习性等，随时掌握教职工所思所需，才能有针对性地做好工作，才能划向教职工的心海。

第二，书记有如“交警”，必须引领教职工思想导向。学院教师成分多样，有党员、有民主党派、有群众，思想和学术呈百花齐放之势。为了确保社会主义办学方向，确保我们培养的学生成为社会主义事业的可靠接班人，确保党的各项方针政策得以贯彻落实，书记必须时刻高扬中国特色社会主义伟大旗帜，高唱主旋律，给教职工思想导好向、把好关。要加强师德师风教育，严禁教职工在课堂或其他场合散布有违四项基本原则的言论，从而使我们的办学不迷失方向。

第三，书记有如“经警”“法警”，必须保证院务活动的清正廉洁。在院务活动中书记要发挥监督保证作用，保证政务公开、公正、公平。要严格财务制度，严格党政联席会议制度，严格民主生活会制度，使各项活动处于群众的监督之中。这也是从根本上关心班子成员的一个有效办法。

第四，书记有如“民警”，必须努力为教职工排忧解难。书记要牢固树立为教职工服务的意识，关心教职工生活，支持教职工工作，努力为教职工办实事。形成“有困难找书记”的风气。教职工遇到生病住院、生孩子、父母过世等情况书记要前去看望，表示关心；教职工办公室灯坏了、锁坏了，也要安排人及时维修；教职工对某项事情有意见要耐心听取，合理解决。在 2008 年冰雪灾害期间，我和院工会及办公室的同志冒着风雪前去看望离退休老同志，给他们送去了萝卜、白菜和生活用品等，老同志深受感动。这些事情虽小，似乎不值一提，但它拉近了书记与教职工心与心的距离。

第 5，书记有如“消防警”，必须做好“防火”“灭火”工作，维护稳定大局。书记要时刻保持高度的政治敏锐性和危机意识，善于发现教职工中的不稳定“苗头”，及时做好矛盾化解工作，使问题解决在萌芽状态，确保一方平安。

感悟人生　自己本就是一名普通兵

湘大发展离不开老一辈湘大人的开拓、创业和辛勤耕耘，更离不开当下湘大人的接续奋斗。每一个岗位都有其神圣的使命：党建和思政工作者担负着指路明向的任务，为师生的前行提供着绵绵不绝的精神动力；专任教师和科研工作者卧薪尝胆、勠力奋发，终于实现了学科学位点建设的根本性突破，学校迈入了“双一流”建设高校的行列；后勤人、园林人、医护人、幼教人为广大师生的生活提供了优良的环境和便利。曾经简陋的食堂变成了现代化的餐厅，曾经的黄土高坡变成了“最美园林式高校”。此外，还有教务人、学工人、基建人、保卫人、子校人……他们以自己的方式为湘大的发展增添着光辉。“苔花似米小，也作牡丹开”，一个人的能力有大有小，对湘大贡献有大有小，但作为湘大的普通一兵，唯有干好本职工作，才能不负韶华、不负青春。三十六年过去了，湘大教职工的生活发生了很大变化，住房搬迁经历了从南青楼、北青楼、南阳村、东坡村、北斗村到中天教师公寓、大学里的变迁；出行方式实现了从步行、骑自行车、骑电动车到开小轿车的飞跃。办公场所也得到了极大的改善，各种大楼相继落成，西山 600 亩建设即将竣工，湘大一派欣欣向荣景象。

作为一名退居二线的湘大思政工作者，我为湘大的发展感到十分高兴，衷心地祝愿，湘大的明天更美好。我唯一遗憾的是，自己能力太小，为湘大的贡献太少。

三尺讲台一生情

郭有贵

“韶峰高，湘水长。人文胜地，科教殿堂!”自 2001 年怀揣青春和梦想来到湘大这片富有人文气息的土地，直至今日，我已经完全融入这个“大家庭”，找到了幸福的归宿。回想这二十多年来，我牢记育人使命，扎根教学一线，踏踏实实做事，认认真真做人，用青春和汗水换回的经验、心得和惊喜……点点滴滴都是珍贵的回忆。

初到湘大，我就告诉自己，这就是我扎根的地方。尽管当时的湘大条件差、生活苦、任务重，但对我而言，这是一个自我成长与锻炼的好地方。我始终鞭策和要求自己，把湘大看作“煅炼”自己的熔炉和施展抱负的舞台，暗下决心要把自己的青春和学识全部献给湘大这片热土。

通过这些年任教的经历，我深感教学一线的重要性，因此我丝毫不敢松懈。我讲授研究生和本科生课程十余门，其中本科生课程有《电力电子技术

I》《电力电子技术 II》《C 语言程序设计》《电子技术》《电工电子学》《计算机控制技术》《建筑设备》《电工技术》《电工学（上册，电工技术）》《电工学（下册，电子技术）》等，研究生课程有《计算机控制技术与应用》《风力发电中的控制技术》等。每一门课，我都认真对待，精心备课，争取把枯燥的理论知识讲得浅显易懂。

作为一名教师，不仅要上好课，还要关心每一个学生的成长成才，更要帮扶班级里的“后进生”，确保每一位学生都不掉队。记得有个学期讲授“电力电子技术”时，班里有个同学，相对于其他学生来说性格内向，不善与人沟通，上课注意力也不集中。我很担心他这段时间会把学业落下，于是我就格外关注这个孩子，课前都会检查他是否到课。虽然上课时没办法时刻关注他的动态，但是会格外关注他的作业情况。他的作业错误较多，字也写得很乱，有时候还交得特别晚。我看在眼里，急在心头。课后一有时间，我便会与他交流沟通，询问和分析他的学习状况，并且告诉他老师相信他肯定能学好。通过长时间的爱心投入与帮扶，孩子的进步非常明显，作业情况也越来越好。他的进步就是对我最好的“回报”。

我很自豪也很庆幸一直坚守三尺讲台默默耕耘，因为这是我深爱的地方。经过这些年艰苦环境的历练淬火，我更加明白教师的神圣使命，也更加清楚做一个好教师是多么不容易。

在教育教学方面，我始终秉持积极努力和求实创新的态度，获得了一些教学育人成果。2008 年，我撰写的《提高矩阵变换器电压传输比的新型调制策略》一文荣获“湖南省第十二届自然科学优秀学术论文”一等奖。我主持开发的《电子技术》荣获“第六届湖南省高等学校多媒体教育软件大奖赛”三等奖。我指导的硕士研究生曾萍 2011 年荣获“校长奖优秀奖”；我指导的硕士研究生刘中坚 2014 年荣获“湖南省优秀毕业生”以及“校长奖优秀奖”；我指导的硕士研究生邹博维 2021 年获评“湖南省优秀毕业生”，并且考取华南理工大学的博士研究生；我指导的硕士研究生王潇正在攻读海军工程大学的博士学位；我指导的硕士研究生王震已经从武汉大学博士毕业。

在教书育人的同时，我认为作为高校教师，还需要跟紧时代步伐做必要的科研工作。所以这些年我积极关注科研的前沿方向，积极申请并成功担任湖南省电工技术学会理事。为了不断提升自己的科研水平，我多次出国做访问学者。

2008 年 12 月至 2010 年 5 月，我在丹麦奥尔堡大学能源学院做访问学者，进修矩阵变换器和风力发电控制，合作导师是丹麦科技研究院副院长 Frede Blaabjerg 教授以及 IET Fellow 风力发电研究带头人陈哲教授。2013 年至 2014 年，我在韩国亚洲大学电气与计算机系做访问学者，进修矩阵变换器与电机控制，合作导师是 K. B. Lee 教授；2014 年 7 月至 2015 年 7 月，我在清华大学电机系做访问学者，进修矩阵变换器和电机控制，合作导师是清华大学汽车研究院副院长李永东教授；2016 年 12 月至 2017 年 12 月，我在美国俄亥俄州立大学电气与计算机系做访问学者，进修电机矢量控制，合作导师是电力电子中心主任徐隆亚教授；2019 年 7 月至 8 月，我到美国弗吉尼亚理工大学国家电力电子中心访问，合作导师是美国工程院院士和中国工程院外籍院士 Fred C. Lee 教授。

近些年来，我也主持完成了一些科研项目，包括国家自然科学基金面上项目 1 项，省级项目 2 项；我还参与完成了国家自然科学基金面上项目 3 项、省级项目 3 项。此外，我以第一作者或通讯作者发表了 60 多篇学术论文，其中 40 多篇 SCI 或 EI 收录。另外，我已申报发明专利多项，发明专利授权 2 项。

吾生也有涯，而知也无涯。我认为只有孜孜不倦地虚心学习，以开阔的视野面对未来，才能使自己的教学和科研焕发出夺目的光辉。

回想扎根高校教育的二十一个春秋，我爱岗敬业，工作刻苦努力，得到各级领导和导师的重视、培养，对此我要时刻铭记在心。作为高校教育的守望者，我初心不改，一如既往，履行当初的承诺：扎根湘大，活在湘大，爱在湘大，在平凡中绽放美丽！我要牢记习近平总书记的话：一个人遇到好老师是人生的幸运，一个学校拥有好老师是学校的光荣，一个民族源源不断涌现出一批又一批好老师则是民族的希望。

扎根红色热土 矢志为国育英才

杨振华

以科研修身

2004 年 7 月，我从中南大学材料学专业硕士研究生毕业后，怀着育人梦想，踏进了湘潭大学，开启了人生新篇章。之前，我一直是以一个学生的身份，刻苦学习，默默跟随导师在学术的道路上前行。如今，我成了一名高校老师，即将担起教学育人的使命。如何完成身份的转化，这困扰着刚步入教师领域的我。除了向前辈请教，我自己也在不断摸索，在这个过程中，我深刻认识到高校教师应具备的首先技能是学识渊博、学业精深。正如著名教育家苏霍姆林斯基所言："要给学生一杯水，教师需要有一桶水。"然而，当时我深觉自己拥有的这桶水还不够。既然还不够，那就得努力蓄水。2007 年，经过一番考虑，我决心在湘潭大学材料学专业攻读工学博士学位，师从王先友教授。

博士毕业之后，我认识到一名优秀教师除了要有深厚的专业知识，还应具有跨学科和跨专业的结合力。为了实现这一目标，我于 2012 年 3 月开始在湘潭大学化学博士后流动站从事博士后研究，师从裴勇教授。出站后，我并未停止前进的步伐，继续在科研的道路上奔走。于 2012 年 3 月，我又师从黄云清教授在湘潭大学数学博士后流动站从事博士后研究，历时 5 年，兢兢业业，在 2017 年 10 月顺利出站，并获得优秀等级。

近年来，我主持完成了国家自然科学基金项目 1 项、湖南省自然科学基金面上项目 2 项、湖南省教育厅重点项目 1 项、湖南省教育厅优秀青年项目 1 项和中国博士后基金面上项目 1 项，发表 SCI 论文 20 余篇。2013 年 12 月，我获副教授职称。2018 年 12 月，我获教授职称。

回想这些科研经历，我的心中感慨万千。科研的苦是常有的，因为我们需要坐冷板凳，需要始终如一的坚持，需要敢于面对失败的勇气。但科研也有它的甜，当取得一定的科研成果，能为学术界贡献一点自己的力量时，我们就能深切感受到它的甜。也正是这种甜，让我明确了自己对科研的热爱，并最终在科研的道路上坚持了下来。

以教学为本

60多年前，毛泽东主席指示，一定要把湘潭大学办好。这一嘱托，激励着一代又一代的湘大人。自从踏入湘潭大学那一刻开始，我便成了一个湘大人。这个身份的背后是荣誉，也是使命。所以，我默默地发誓一定要牢记入党初心，牢记伟人嘱托，牢记教师使命，扎根这片红色热土，为国育英才。这18年来，我坚持以立德树人为根本，引领学生追求理想信念，培养学生正确的价值观，使其具备服务国家和人民的责任感。

课堂是老师们的责任田，所以，我们得重视课堂且创新课堂。虽然已经从教18年，但每次上课前，我都会认真准备，及时更新教学内容，融入先进教育理念。在教师专业成长的路上，我也不断虚心向优秀教师学习先进的教学方法与手段，在教学方法上跟上时代发展的步伐，不断更新教学理念，构建具有学科特色的“高效课堂”，实施灵活多样的教学方法与模式，深受学生好评。

为了提高课堂的教学效果，我积极探索科学的人才培养模式，进行教学改革。从教18年来，我主持完成了湖南省普通高校教学改革研究项目2项，湖南省学位与研究生教学改革研究项目1项，湘潭大学教学改革研究项目3项；发表教改论文7篇，获得了湘潭大学研究生教学成果奖1项。看到这些荣誉，我心中很欢喜，但也告诉自己，这些已经属于过去式了，我要继续前行，不断去探索更好的教学模式，时刻牢记以教学为本的初心。

以育人为重

我深感课外教学的重要性，因此自2004年7月入职以来，我每年兼任本科班的班主任工作，先后担任了2004级微电子1班、2006级测控1班、2010级材料物理1班、2014级材料物理1班和2018级材料科学与工程6班的班主任。在这个过程中，我严于律己，做好表率，当好学生的学业导师、人生导师和领路人。

杨振华老师（左五）与毕业生合影

“如何做好班主任工作?”——这是我一直在思考的问题。首先，拥有爱心、责任心和公正心，善于发现学生的亮点，从不落下任何一个学生。慢慢地，我认识到教育的最高境界是用心灵赢得心灵。记得我当2006级测控技术仪器1班班主任的时候，班上有个学生，喜欢玩游戏，属于特殊学生，挂科率很高，处于留级边缘，对学习已产生放弃的想法。当时，看到这孩子颓废的状态，我心里很担心，不忍心也不能让他这般沉沦。为了挽救这学生，我开始将更多的目光放到他身上，希望能够多了解他。后来，我发现这学生虽然成绩差，喜欢玩游戏，但是很有想法，组织能力也很强。于是，我让他担任班长，刚开始和他沟通这个想法的时候，他有些不情愿，怕自己做不好让同学们嘲笑。我当时拍了拍他的肩膀，细细道来我对他的看法与期待，听完，他眼睛一亮，问道：“真的吗，老师?”我也向他投去肯定的目光。自从他担任班长之后，不仅戒除了游戏，而且在学习成绩上也取得了很大的进步，最后顺利毕业，找到了理想的工作岗位。

其次，正确树立“管”和“理”之间的关系，实现“管”到位，以“理”服人。记得我刚开始担任2018级材料科学与工程6班班主任的时候，由于学生对本专业的不了解，该班有10余人要求转专业，严重的转专业思想挫伤了学生的学习积极性。针对此问题，我开展了专业思想教育，动之以情，晓之以理。同时，本着自愿的原则，我让学生加入我课题组，为学生树立目标，让他们在实践中学习专业知识，从而加深对本专业的认识。经过一个月之后，学生们不再有转专业思想。2020 年，全国暴发严重的疫情，学生不能正常返校学习，长期的线上学习，让一部分学生产生了心理波动。因此，为了了解并调节学生们的心理状态，我挨个与他们交流，做好记录，并定期展开了线上心理辅导和主题班会，及时解决学生面临的各种问题。

作为一名老师，我最大的幸福就是看到学生们的进步与成长，当看到他们在追梦路上的奋斗姿态，我为他们自豪。还记得，保送到中国科学院金属所的刘璇娅曾给我发了这样的信息："感谢您四年来的鼓励、支持、帮助。在这四年里您教会了我很多：除了知识的积累，还有人生奋进的目标，让我这个一些小惰性的人，也知道青春时该多努力。不忘您的教诲，难忘您的师恩!"

在我和学生们的共同努力下，我所带班级的班风和学风位居学院前列，特别是近年来，学生进入名牌高校深造的比例逐渐增加，如 2022 年，我所带学生中，有 2 人分别被清华大学和北京大学录取为硕士研究生（全学院一共 3 人）。我在 2008 年、2013 年、2016 年、2018 年和 2020 年先后五次被评为湘潭大学优秀班主任，我在 2019 年和 2021 年先后两次被评为院级优秀班主任。

作为一名研究生导师，我自觉用师德规范自己的言行举止，为学生做榜样，在出勤方面做好表率，除了上课和出差之外，我几乎每天比学生到得更早走得更晚。我努力与学生建立平等、合作和尊重的关系。为了解决科学难题，我把办公地点搬到学生办公室，与学生一起学习，共克难关。

我积极了解学生的生活、思想和学习状态，当学生有困难时，努力为其排忧解难。如 2020 年，突如其来的疫情使学生无法按时到校学习，这让学生无所适从，为了消除学生们的忧虑，我从正月初三开始，每天通过微信和腾讯会议组织学生学习与讨论，为学生解答疑惑，一直坚持到五月份开学。

自从成为研究生导师以来，我坚持高标准和严要求，耐心指导每一个学生，严格把关学生的每篇小论文和学位论文，让学生明白做任何一件事都要追求精益求精，追求卓越，不留任何遗憾。如果学生出现偏航，我及时调转他们的方向，指引他们走向成功的彼岸。

近五年来，我所带的研究生的获奖率再创新高：2 人获湖南省优秀硕士论文奖，1 人获湘潭大学优秀硕士论文奖，1 人获湘潭大学校长特等奖，2 人获湘潭大学校长优秀奖，3 人获湘潭大学伟人之托奖、3 人获国家奖学金、1 人获湖南省优秀毕业生、4 人获湘潭大学优秀毕业生、1 人获湘潭市优秀毕业生。

这些荣誉是学生们用不懈的努力和辛勤的汗水换来的，能够这般勤奋，我想只要他们继续保持这种态度与动力，未来更将是一片光明！

踏入这红色热土，我便找寻到了自己扎根的方向，步入这三尺讲台，我便立下了志向要为国培育英才。历史的车轮仍在向前行进，我会尽好自己的责任，带着学生继续往前走，行而不辍，未来可期。

坚守的美　静待花开

周丽华　王莉君

今年，是葛幸幸老师来湘大的第四十年。

悠悠四十载的美好时光凝聚于此，在纷繁复杂中不慌不忙，在漫长岁月里不忘初心，在喧嚣热闹间守望宁静。为了那一份爱与敬的信仰，她向下扎根，向上生长，寻找属于湘大人自己的大江大河。回首这四十载，虽然同事们和学生们都十分钦佩和爱戴葛老师，诸多荣誉加身，但她却总是笑着说："我做得还远远不够……"

葛幸幸老师在给学生上课

潜心扎根：依托平台修炼

2022 年 2 月 14 日，湘潭大学入选世界一流学科建设名单。"当时知道咱们湘潭大学进入了'双一流'建设高校的那一刻呀，真的是，我的眼泪一下子就涌出来了，久久不能平静，内心这个滋味，五味杂陈，说不出来。"葛老师动情地说。她的眼中泛着泪光，既兴奋又感慨的情绪深深地触动了在座的所有人。“当时我毕业后就直接回到了生我养我的家乡，来到了湘潭大学。那时，我才是一个20岁的小姑娘，比你们现在还小呢，扎着两个长长的小辫子，在黄土漫天的空旷地给学生们上体育课，条件特别艰苦。”葛老师描述的画面，一下子就把我们拉到了四十年前。“湘大被评为‘双一流’建设高校，是一代又一代湘大人坚持接棒、努力拼搏的结果。我是亲眼看着体育教学部从以前的十几个人发展到现在的五十多人的大家庭，看着多功能体训馆、现代化体育馆的纷纷落成，看着田径场从煤渣跑道的一田到塑胶跑道的二田、四田相继铺就……真好呀！我很荣幸地见证了这一切！”说起这些时，葛老师声音略有颤抖。无论是人力、物力还是学校发展层次，湘潭大学都有了从量到质的飞跃，这一路的发展，她都看在眼里，感动在心里。

“只有平台好，个人才会有所发展，自己才可以绽放出美。”这一直都是葛老师的信念。正因这份信念，葛老师在教学上有着多方面前所未有的尝试：刚来湘大之初是田径专业的葛老师，在1998年健美操风靡之时，为更好地服务于师生，主动外出学习，改行成了学校里第一个教健美操的老师，并带领着同事们创新实践了体育俱乐部教学，开创了湖南省体育“三选”课教学改革的先河；后来，担任体育教学部副部长，为努力探寻人才培养的新手段，在长达八年的时间里带头探索如何从理论制度和实践操作两方面更好地服务于体育教学，勤学勤看，不断操练，建立了一套点线面相结合的体育管理新机制，成功搭起一个科学化、系统化、信息化的体育教学平台；如今，退任行政职位后，还常常能在啦啦操课堂看见葛老师富有活力的身影。葛老师笑呵呵地说：“五十多岁开始学啦啦操，是对自我的挑战，也是一种自我实现，尽管有些困难，但我自己却乐在其中！活到老，学到老嘛，即使就快要退休了，我也想为湘大发出最后的一份光和热。”

“湖南省芙蓉标兵岗百岗明星”“长株潭地区优秀体育教师”“湘潭市巾帼建功标兵”“湘潭大学杰出教学贡献奖”“湘潭大学优秀教育工作者”“湘潭大学优秀工会干部”……诸多的荣誉是葛老师潜心教学的印记，而她却谦虚地将这一切归功于湘大这个平台，感恩于湘大给予她的资源与力量，不断修炼自身本领。

遮风避雨：温暖身边之人

“与人为善，真诚相待，宽厚包容，勤恳励志”是葛老师的人生信条，亦是她自己品格的真实写照。

与葛老师同事数年，她总是以温柔的笑容示人，给人以真诚的关心，予人以无私的付出，却不求回报。我有幸与葛老师同在啦啦操课程组，她一直都在默默地鼓励、包容和引领着我，给予我温暖与力量，陪伴我一路成长。

还记得 2020 年 10 月，我参加湖南省第五届普通高等学校青年体育教师课堂教学竞赛比赛（两年一届），作为一个“三战”选手，我压力倍增，整个人都瘦了一大圈，但是，葛老师从始至终都十分相信我的能力，支持我的决定，更在实际行动上给予了巨大支持：大至比赛的课程选择、教学设计和教案撰写等方面给予最新的教学理念指导，小至教学器材的落实、拍摄场地的朝向、服装搭配等具体细节都陪我一一落实。

印象最深刻的是比赛视频拍摄当天，葛老师和周红杏老师早上八点不到就赶到了拍摄场地——第四田径场，一直到九点正式拍摄之前，她们俩一直都在为拍摄前的准备忙个不停，希望将老师与学生们最好的状态展现出来；正式开拍之后，一开始我和学生们还不适应，出了很多的小问题，导致整个状态比较紧张，她们就不断地鼓励我。后来，摄影师临时提出清场，葛老师二话没说就打电话给主管教学的李群力副部长请求清场，李部长立即就在单位工作群发了信息后，当天上午本要在四田上课的同事们都非常配合，默默支持。清场之后，我还是小错误不断，这时她们仍不急着去责怪我，而是把我叫到跟前，引导我用另一个视角去自觉地发现问题，主动地面对问题并积极地解决问题，鼓励我大胆去做。之后，她们就安静地盘脚坐在边上一角，虽不再言语，但是视线从未离开过我，默默地用眼神传递信任与支持。正因如此，后面的拍摄竟出奇的顺利。最后，也终于在历时 5 年获得两次二等奖之后，拿了个一等奖！这一段人生经历对于一名青年老师的我来说，不仅在结果上收获是极大的，而且在经历过程中得到了难能可贵的尊重、包容、爱护与引导。葛老师对我来说，她不是夏季一场解热却急匆匆的暴雨，也不是冬季唯美但稍纵即逝的雪花，她是春日的山泉，是秋日的微风，总有柔和美好、生生不息的力量。老子说：“上善若水”，言说的何尝不是葛老师呢？在我心中，葛老师一直都是一个“温暖而有力量”的人，是我心中的标杆。

葛老师是把善作为一种习惯、将自己活成了一束光的人，她总是照亮他人而不自知，法学院的王霞老师便是被照亮的学生之一。多年以前，王霞个子不高，却完成了跨栏示范，葛老师在全班同学面前表扬了她，殊不知一句鼓励之词激励了她后来对什么事都敢于去做、去创新，一路披荆斩棘，如今已经是湘大法学系一名优秀的青年教师。葛老师笑着对我们聊起这个故事，不好意思地说自己都忘了自己说过的话，也惊讶于自己的一句话带给学生如此大的影响。除了种种“不自知”的善举，她还记得身边人谁的肠胃不好，谁的脊椎需要多保护，谁缺乏核心力量的训练……保持热情，默默发光，力量总是于不经意之间汇聚在点滴善行之中，润物细无声。正如葛老师自己所言：“让自己的内心保持一定的温度，一定的新鲜度，一定的开阔度。”

播撒种子：展望更好湘大

都说教育的本质是“一棵树摇动另一棵树，一朵云推动另一朵云，一个灵魂唤醒另一个灵魂”。在湘大的四十载，葛老师教过的学生已难以估算。进入湘大不久带出湘大第一个一级国家运动员，首次教健美操时就培育出 62 个健美操六级运动员，带领出一批又一批的研究生、湘大老师……如今在湘大任教的很多老师都是葛老师的学生，一粒粒种子亦在萌芽、生长，进而挺拔、卓越……人们往往惊艳于树干之伟岸、枝叶之繁茂，殊不知，土里的根向下探索深掘了多少年；人们往往惊艳于高校的辉煌、学子的荣耀，殊不知，背后的教师们潜心付出了多少汗与泪！是如葛老师般多年深深扎根的湘大人，成就了今日之湘大。此生有幸遇见葛老师，在亦师亦友的九年相处时光里，葛老师就是我身边最暖的“小太阳”，同时给我的职业、家庭和为人等树立了一个全方位的优秀榜样，扎根湘大亦将成为我现在乃至余生的内心追求。

葛老师这种坚守的精神悄无声息地融到我们年轻老师心中，如同一颗种子，只待时光催芽，静待花开！

跨越千里的追光之旅

祖丽呼玛·艾合买提

2018年7月，22岁的我挥挥手，告别了挚爱的故土——新疆，一路向东，来到了湖南湘潭，开启了与湘潭大学的美妙缘分。其实作为一名土生土长的新疆少数民族女孩，我从未想过自己会离开陌上草原，来到异域他乡，但是因缘际会，18岁的我“变心了”，“辅导员”成了我生命里的长诗，而现在，湘大成了我近在咫尺的远方。

感受光

2014年，那时的我才刚上大一，还沉浸在高考结束后的“惬意”之中，第一个考试周却“翩然而至”，经过“全天候”“无缝隙”地挑灯夜战的复习，这场战役终于画上了句点。于是，我与室友们开启了左手羊腿，右手干杯的“吃货轰趴”，然而，很快我就乐极生悲了。莫名的疼痛让我面色发青、冷汗直流，室友也吓坏了，思索再三，还是在凌晨三点钟打响了辅导员老师的电话，而我也被紧急送往了医院。

是阑尾炎，我哭了，也和老师讲了好多好多话，他明显睡眼惺忪，却还是努力倾听的样子超可爱。后来，我们成了很好的朋友，他总觉得我“太闲了”，嫌弃我“待在宿舍”，于是在他的“碎碎念”下，我“不情愿”地报名参加了新疆克州的暑期社会实践，调研当地小学生的义务教育成效和汉语学习情况。在那段时间，我大着胆子走乡入户，耐着性子和小朋友沟通交流，脚走肿了，嗓子哑了，但是却没觉得累，反倒无比地精神。在服务期满的时候，一个哈萨克族小朋友不停地拽着我的衣角，嘟囔着让我留下，并把一只她亲手叠出的粉红色的千纸鹤放在了我的手上，还用她那不太流畅的汉语跟我说：“姐姐，送给你！”原来当一名“小老师”真的好幸福！而这段经历也让我开始明白自己想做什么。

追随光

2018 年，在辅导员的鼓励和推荐下，我跨越 2763 公里，带着一份对新世界的崇敬和忐忑来到了这座红色的城市——湘潭，来到了由毛主席亲自题写校名，并殷切嘱托一定要办好的大学——湘潭大学。

还记得来到湘潭大学的第一天，我对身边一切新奇的事物都充满了好奇，我兴冲冲地在毛主席铜像广场上拍下了与湘大的第一张合影。还来不及适应和过多的思考，2018 年 9 月 1 日，我就迎来了第一批学生，成了“00”后孩子的“95 后小家长”。当我面对这些相差三四岁的弟弟妹妹们，根本不知道“分寸”应掌握在哪里，想融入大家，成为好朋友，却也怕失去了“威信”。

让我印象最深的是一个学生深夜来办公室向我倾诉她在异乡的孤单与不安，或许是由于对学生焦虑的感同身受，又或许是由于此前在工作上累积的挫败感，我不禁在劝导学生的过程中流下了眼泪，谈心变成了学生哄我。我真真切切地感觉到了职业带给我的巨大挑战和压力，我哭着拨通过我辅导员的电话，“嘟，嘟”响了两声，我还是挂断了，因为我想起在我离开时，我答应过他一定会努力成为一名优秀的辅导员。那晚，我感叹着自己“玻璃心”的同时，也开始思考，思考自己该如何胜任这个崭新的身份。我开始调整心态，学着适应湘菜的味道和湘潭的雨季，在工作中优化总结，把握每一次培训的机会，去提升自己。渐渐地学生开始信任我，愿意和我分享自己的生活，慢慢地，曾经对我来说困难的工作变得容易面对了，大家对我的称呼也由老师变为祖丽姐、丽姐。

2020 年中秋节，一位新疆女孩拿着一盒月饼对我说：“每当我路过服务大楼，就知道有一盏灯是永远为我们亮起的，我就很有归属感，谢谢你带给我们的爱和力量。”这突如其来的“表白”，让我真切地感受到了自己被接纳，感受到了专属于“辅导员”的职业幸福感。我突然意识到，曾经是我的辅导员用无私的爱改变了我，让我有勇气跨越千里成为他，而如今，我也正努力从一名追光者变成一名发光者。

2021 年 12 月 29 日，我在毛主席铜像广场上拍下了第二张属于我和湘大的合影。那晚星光耀眼，我的笑容依旧很灿烂，但不同的是，2018 年铜像广场上孤单的我，变成了一群人。

一卷风烟，一纸流年，四季变化流转，转眼间我认识的第一届学生即将迎来属于他们的毕业季，食堂里飘散的辣椒味儿不会再让我闻之色变，湘潭漫长的雨季也不会再引起我的愁绪，追光的路上我有了并肩前行的同伴，我也从那个需要安慰的“小丫头”，成了一个可以为学生遮风挡雨的“艾姐”。

我想热爱可抵岁月漫长。如果你问我，未来你会如何打算？我可以毫不迟疑说，未来，我想要一直在湘大这片热土上坚守，我还要在辅导员的岗位上奋斗多年！

第五辑

湘大之路

湘大的路，由每一个遇见的人用汗水浇就。

湘大的路，由每一个扎根的人用行动铺就。

湘大的路，由每一个念她的人用灵魂铸就。

湘大的路，是守望，是担当，是赓续。

望穿秋水，一朝梦圆，而今迈步从头越，从此星辰大海，风雨兼程，梦想自会引路，风景都将成歌。

伟人故里筑起数学学术高地

肖　畅　张俐明

湘大复校初期开荒建校

复校时期的老照片

40多年前，一颗颗数学的种子，播撒在湘潭大学校园。当时，这里还是“荒山一片、楼无一栋、房无一间”，被外界称为“黄土高坡”。

袁亚湘、许进超等课后讨论数学题

时间的齿轮悄然运转，给了在这片黄土地上接续奋斗的耕耘者最深远悠长的“回响”：数学学科跻身“双一流”，培养出 2 位中国科学院院士以及 10 余位国家杰出青年科学基金获得者、长江学者等一大批数学及相关领域杰出人才，成为享誉中外“计算湘军”的重要力量……

暮春时节，记者来到这里，校园里一排排高大的香樟亭亭如盖，有的枝丫上探出俏皮的嫩芽。所行之处，尽是青翠烂漫、芳香沁人。

那山：翻越座座“高山”，立起数学学术高峰

二十世纪七十年代中期，湘潭大学复校。陈仲沪、郭青峰、杨向群、傅凯新、陈传淼、李寿佛、朱启定、阮国桢等热血青年响应中央号召，怀着满腔热忱千里迢迢来到湘大，组建数学学科。

此时的湘大，没有电灯、自来水，没有图书馆、教室，没有教师宿舍。老师分散住在附近农民家里，蚊子又多又大，晚上备课，就把腿放在盛半桶水的水桶里。除了教书育人，课余时间还要开垦荒地、种树、铺球场。

“报到时，从湘潭火车站坐大巴到湘大后，一下车就踩到黄泥巴里。第一次远离农村老家，我特意穿的一双新‘解放鞋’，马上变成了‘泥巴鞋’。”回忆起刚入学时的情景，中科院院士、湘大 1977 级校友袁亚湘仍印象深刻。

“每逢雨天，道路泥泞，井水变黄，食堂用井水做饭，白米饭都成了黄泥巴饭。”中科院院士、湘大 1981 级校友周向宇至今还清楚记得校园高音喇叭播

唱的歌曲，“幸福不是毛毛雨，不会自己从天上掉下来……”

尽管办学条件艰苦，却丝毫不影响老师为学生演绎优雅的傅氏声波、灵巧的复变函数。当时，他们心中只有一个愿望，就是牢记毛主席嘱托，把湘潭大学办好。

“建在‘黄土高坡’上的学校，怕会剃个光头。”1980 年，湖南省举行理科数学分析竞赛，湘大学生参赛，有人如是说。不曾想，湘大数学却“一战成名”，袁亚湘和许进超夺得一等奖，邹恒辉和罗承杰获二等奖，杨新建获三等奖，比赛成绩名列全省榜首！

“湘大数学学科尽管比较年轻，但起点高。二十世纪八十年代初，就有基础数学、计算数学、概率论等 3 个硕士点获批，这在当时是全省独有的，在全国也是相当不错的。”湘潭大学党委书记、数学学科带头人、国家杰出青年科学基金获得者黄云清说。

二十世纪八九十年代，老一辈的接力棒传到第二代数学人，形成以黄云清、舒适、陈艳萍、高协平、肖爱国、喻祖国等为代表的计算数学及应用数学团队，以王键、曹佑安、刘建州、肖跃龙、周勇、张汉君等为代表的基础数学团队。薪火传承，以省杰青、省芙蓉、中国科协青年托举的一大批第三代湘大数学人崭露头角，显示了学科活力和可持续发展的巨大潜力。

然而，早些年，因与“985”“211”失之交臂，加之学校地处中部非省会城市，资源受限，湘潭大学咬牙经历一段艰苦的厚积薄发期。

“迎难而上！”白手起家、荒山建校的经历，锻造了湘大人艰苦奋斗、越挫越勇的气质，也练就了湘大人如磐石般坚定、如蒲苇般坚韧的性格。他们众志成城、苦干实干，一步一脚印，翻越座座前行路上的“高山”——

他们，扎根本土，建设数学领域重点平台，国家重点学科、教育部重点实验室、国家国防特色学科、全国首批国家应用数学中心——湖南国家应用数学中心、教育部基础学科拔尖学生培养计划 2.0 基地等落地开花，为师生提供大显身手的舞台。

他们，潜心育人，全面建立涵盖本科、硕士、博士、博士后的多层次人才培养体系，8000 余名学生在这里点燃数学之光，袁亚湘、周向宇等一大批杰出人才从这里出发，走向全国、走向世界。

他们，心怀家国，服务地方发展与国家战略，承担国家自然科学基金重点项目、国家重点研发计划重点专项等项目，荣获国家自然科学奖二等奖、国家教学成果奖二等奖、教育部自然科学奖一等奖等。

他们，团结奋进，拧成一股绳，国家级教学团队、教育部创新团队、全国教育系统先进集体、“湖湘创新 70 年”基础研究致敬对象、全国高校黄大年式教师团队、全国党建工作标杆院系等荣誉，频频加身……

2 月 14 日，春风捎来最美“情书”：湘大数学学科入选国家“双一流”建设学科！一座数学学术高峰，巍然伟岸，郁郁葱葱！

那人：引航数学之路，于薪火相传中立勤勉致知学风

所谓大学者，非谓有大楼之谓也，有大师之谓也。

复校初期，622 位来自全国知名高校的教师来到湖湘大地，成为湘潭大学的“发家宝贝”。“当初的选拔非常严格，既要政治可靠，又要学术造诣深厚，并且要正值壮年。”黄云清说。

住在农舍，每天走几公里路去给学生上课。课堂设在施工队的工棚里，后“升级”到食堂。课堂外，他们为学生辅导作业，答疑解惑。

国际著名数学家、湘大 77 级校友许进超说，大学老师入门引领，数学成了他毕生的追求。令他印象最深的，是李寿佛老师讲的数学分析课。

“常常备课到深夜，在黑板上分几栏，每栏写几行，每行写哪些内容，都要提前计划好，最大限度吸引学生。”李寿佛在《荒山建校回忆》一文中写道。

虽退休多年、荣誉等身、桃李满天下，85 岁的李寿佛依然保持对学术的“饥饿感”。今年，凝聚他多年心血的《辐射流体动力学若干新的数值方法》一书即将出版。记者捧着 30 万字的书稿，沉甸甸，仿佛托举着一位耄耋老人的忠诚之心、赤子之心，闪耀着直击灵魂的光芒。

时光挑高了树，也染白了教育者的头。李寿佛的坚守与执着，是湘大数学团队的缩影。他们在言传身教中践行初心使命、引航数学之路，于薪火相传中立艰苦朴素、勤勉致知之学风。

“丹心向阳逐数理，悄然人生孺子牛。湘大数学人追求卓越、默默奉献，一心想的就是如何上好课、做好学问。”湘大数学与计算科学学院首任院长舒适说。这位二十世纪八十年代初在湘大攻读硕士的学者，从此一直扎根这里，从助教、讲师，一步步成长为全国高校黄大年式教师团队负责人。

“数学研究不是今天播种明天就能收获，需要团队几年、十年或是几十年的赓续努力。这种学术氛围的薪火相传，引导我们力戒浮躁与‘短平快’，勇闯‘无人区’，去攻克大问题、深问题、难问题。”湘大数学与计算科学学院现任院长杨银说。

“过个春节，有的老师甚至大年初二就赶回学校工作。”易年余，湘大数学与计算科学学院青年教师，也被这种浓郁的学风包裹，“不管是工作日的晚上，还是周末、节假日，都能看到办公室、实验室的灯亮着。”

“老师的言传身教，让我们学生在潜移默化中深受感染。”2020 级数学专业硕士研究生张泽说，前几天，他下午 6 时吃过晚饭去实验室，经一楼大厅时看到几位同学拿着资料、敲着电脑在讨论数学问题，“晚上 11 时我离开实验室时，他们仍在那里讨论热烈。”

那情：立德树人，扎根伟人故里，胸怀家国做学问

1958 年，毛泽东同志亲笔题写校名，并嘱托“一定要把湘潭大学办好”。2018 年，习近平总书记对办好湘潭大学提出殷切期望，希望湘潭大学扎根伟人故里，努力把学校办得更好、更有特色。

地处伟人故里、红色圣地，湘大的红色教育具有得天独厚的优势。学校每年都会组织师生参加“徒步韶山行”活动，从湘大铜像广场出发，历经 10 多个小时的跋涉，徒步 40 余公里到达韶山毛泽东铜像广场。

“我们坚持立德树人，把使命担当、价值引领与知识传授、社会实践有机结合，引导师生正确做人做事做学问。”湘大数学与计算科学学院党委书记张普说。

流淌在血液里的红色基因与家国情怀，是湘潭大学矢志不渝的使命追求。自建校起，湘大就没有把目光局限于视线所及，而是在特色发展的航线上，以积极主动的姿态连天线、接地气，向着国家战略的灯塔，拼搏前行。

二十世纪九十年代初，跟着陈传淼教授做浏阳株树桥面板堆石坝应力计算的一段经历，让黄云清和舒适等人至今难忘。“当时经费很少且计算机只能算小规模问题，一次模拟需要花费几十个小时，通宵加班是常态，累了就铺张草席睡在机房。”舒适说，“数学是阳春白雪，应用却接地气，不能把学问锁在‘象牙塔’里。”

新一轮科技革命和产业变革的蓬勃兴起，催生对应用数学研究的巨大需求。“在基础研究上，瞄准国际前沿，追求理论成果的原创性；在应用研究上，积极服务社会，围绕国家和湖南发展的重大需求，通过学科协同交叉，解决一批实际应用问题。”在阐释数学学科定位时，黄云清说。

2020 年，湘潭大学作为依托单位获批全国首批国家应用数学中心——湖南国家应用数学中心，这是湖南数学界的第一个国家级平台。

该中心是组织高水平应用数学研究和数学应用研究、培养数学人才、开展应用交流的重要基地，重点在新一代信息技术、先进装备制造技术、新能源与智能电网技术等领域方向开展研究，推进数学与工程应用、产业化的对接融通，提升数学解决具体问题、支撑经济社会发展的能力和水平。

一年多来，湖南国家应用数学中心建设成绩斐然，承担“智能导航及遥感数据高精度融合的数学方法”等国家重点研发计划重点专项。联合院所、企业共建空间智能计算与数据处理研究中心、智能城市与大数据研究院等产学研合作平台，解决了勘探产业、医疗卫生、人工智能等领域多项关键技术瓶颈。

“胸怀家国做科研，是本分，更是使命。”杨银说，“我们正积极探索基础学科特色发展新模式，组建数学学科牵头、多学科参与的优势特色学科群，瞄准先进制造业、科技创新和改革开放关键领域的重大需求，不断提升服务‘三高四新’战略定位和使命任务的能力。”

那束光：与时俱进，追求卓越，成为学子心中的灯塔

“湘大 4 年是我成长最关键的 4 年，是我人生最重要的部分，没有湘大就没有我的一切。”袁亚湘说。

“湘大培养了我的一些品质，练就如何能在艰苦环境下成长的本领，这无疑是人生的一笔宝贵财富。”周向宇说。

能成为学子心中的一束光，是大学、师者的无上荣耀。

3 年前，还在读本科的张泽在偶然间听到湘大数学教授的一堂讲座，“讲得深刻又易懂，就像一束光，照进我心里。那时候就暗下决心考研，一定要考到湘大去!”2020 年 9 月，他如愿跨进湘大“三拱门”。

与张泽不同，已在湘大就读本科的茹宇圻寻找到心中的那束光，是在大一上学期末，他通过考试，成为数学类韶峰班的一员。

“不仅学习氛围非常浓厚，老师还实行自由开放式教学。”茹宇圻说，“师生平等交流，课堂上，我们可以随时举手向老师提问，回答问题的可以是老师，也可以是学生。在兴趣班上，大家可以随时走上讲台，向老师讲解自己的研究课题。”

学科发展的生命力，在于与时俱进、追求卓越。在大学教育日益大众化的新时期，如何在本科阶段培养各领域出类拔萃的尖端人才，是个新课题。“2014 年，我们开设数学类韶峰班，这是专门针对拔尖创新人才培养的新探索和新尝试。”杨银说。

数学类韶峰班是湘潭大学首个基础学科拔尖人才培养实验班，通过实施单独招生和动态管理、学业导师和学术导师“双导师制”、“小班化”教学、“个性化”培养、“协同化”育人等系列举措，促进拔尖学生脱颖而出。

依托韶峰班，湘潭大学去年入选教育部基础学科拔尖学生培养计划 2.0 基地，成为湖南省属高校中首个教育部基础学科拔尖学生培养计划 2.0 基地。

目前，韶峰班历届 89 名毕业生中，有 79 名学生进入国内外知名高校和科研院所深造，多人获丘成桐新世界数学奖、全国大学生数学竞赛决赛一等奖、ACM 国际大学生程序设计竞赛亚洲区域赛金奖。

“在这里，我找到了梦想的光。”茹宇圻说。今年 6 月，他将从湘大毕业，赴中国科学院大学数学与系统科学研究院继续深造。

“是学校、是老师，将信仰之光、使命之光照进了我们的生命里，指引我们循着灯塔的方向，不断前进。”采访中，湘大学子们如是说。

在湘大教育者眼里，这群扬帆起航的学子，又何尝不是照亮祖国发展、民族未来的那束光！

（载《湖南日报》2022 年 4 月 22 日第 15 版）

亲历历史系发展四十年

王继平

我于1978年3月进入湘潭大学政治系1977级政治专业学习，1979年7月政治专业撤销，政治专业两个班分别转为政治经济学和历史学专业，同年9月政治系撤销，分别成立哲学系、历史系、政治经济学系（简称经济系）。我选择学习历史专业，成为历史系的首届学生，除1984年至1987年在湖南师范大学攻读中国近现代史专业硕士学位之外，均在历史系教学，即使兼任行政工作时期，也一直从事本科教学和历史学术研究。如今40多年过去了，知往鉴今，回顾历史系的风雨历程，期待为保存湘潭大学校史，激发系友母校感情，能够产生一点作用。

一

历史系的前身是政治系历史教研室。政治系在我们77级入校前，已招收1975、1976两个年级的工农兵学员。历史教研室承担政治专业的历史学课程。当年1977级招生规模不大，记得当年入学教育在韶山（竹鸡塅）省直机关党校，为期一周。校领导在入学报告中颇为自豪地说，学校将发展为3000人在校生规模的文理工综合大学，“北有北大，南有湘大”也是那时第一次与闻。1977年恢复高考时，湘潭大学的招生规模并不大，1977级招收大约300多人。文科有政治系、中文系、外语系三个系，招收了政治专业两个班、中文、哲学各一个班。理工科只有数理系、化机系两个系，招收了数学、锻压、环保、计算机等专业，数学、锻压、环保三个专业我有茶陵老乡在读，所以记得清楚。

历史系成立以后，经历了一个较快的发展阶段。1977级招收历史专业，1978级招收中共党史专业，1979级招收历史专业，这三年是历史、党史轮流招生。从1980年开始，历史、党史专业同时招生，1981年，历史专业、党史专业各招收一个班。从1982年起，历史招两个班，党史招一个班，一直延续到1988年，学生人数是学校最多的（当时各个系大多只有一个单一学科，招生人数较少；法学、管理学等社会科学学系尚未建立），曾经连续10年获得学校学生百人大合唱冠军及“百灵鸟”杯辩论赛冠军。当时，历史系设中国古代史教研室、中国近现代史教研室、世界史教研室，非洲问题研究室，后来增设档案专业，设立了档案教研室。从1983年开始，国家教委扩大研究生招生权限，没有学位授权的专业可以依托相关学校招收硕士研究生。历史系易漫白、韩长庚、曹木青、余明光、杨逊等老师分别依托中国社会科学院、西北大学、湖南师范学院等单位，招收了考古学、文献学、中共党史、思想史等专业的硕士研究生。同时，历史系老师还承担了《曾国藩全集》奏稿部分的校点工作，在岳麓书社出版的1987年版30卷《曾国藩全集》中，历史系承担了11卷全部奏稿的校点工作。可以说，历史系的教学、科研、学生工作是位列学校前列的。

1988年，历史专业停止招生，自此时至20世纪90年代初期，历史系进入一个艰难的发展时期。我至今不了解也不理解当时湖南省教委作出停招历史专业的原因，那时“政治风波”还没有发生，“全民经商”也没有开始。历史系此时档案教研室也因为某些原因整体调入法律系，非洲问题研究室也在酝酿调入法律系。历史专业停止招生持续了两年，1990年开始恢复历史专业招生，但招生人数降为一个班，三年级开始分为历史、党史两个专业方向。国家教委也收回了依托其他高校招生硕士生的政策。历史系和哲学系等人文学科进入艰难的发展时期。面对困境，历史系开始了创办应用型专业的尝试。当时历史系主任是余明光教授（历史系创系主任是吴新福老师，1981年调入湖南省社会科学院历史研究所任所长，第二任主任是曹木青教授），他是第三任系主任。为了使历史系走出困境，余老师发挥他研究中国古代史的优势，与湖南省博物馆合作，创办了文博专科。湘潭大学是当时湖南省创办文博专业最早的学校，为湖南省文物博物馆事业培养了一批人才。1992年“全民经商”开始后，高校基础学科倍受冲击，“造原子弹的不如卖茶叶蛋的”是当时写照。高校为了创收，举办各种成人教育和培训教育，创办各类应用型专业。教工家属也纷纷在家做小炒、茶叶蛋摆放在南苑学生宿舍路旁叫卖，或者晚上进入学生宿舍推销。1993年我担任历史系副主任，协助杨静婉主任分管教学科研，经过艰苦努力，创办了公共关系专业，分经贸公关和旅游公关两个方向。哲学系也创办了酒店管理专业。记得有一次从系里回家，路遇徐泰来教授，扛着一堆锅瓢碗筷，兴高采烈地告诉我，他担任了酒店管理专业的西餐制作老师，所以购买了这些家伙什。徐泰来是我本科中国近代史课程老师，讲授洋务运动一章，于洋务运动颇多研究，史学界人称“徐洋务”，与夏东元、陈绛、李时岳齐名。国人吃西餐估计也是洋务运动的成果吧。

1995年，我评聘为教授并担任历史系第五任系主任。我在上届系领导班子工作的基础上，主要致力于本科专业的提升和学位点的突破。本科专业方面，在旅游公关专业的基础上成功获批旅游管理本科专业，使历史系拥有历史学、中共党史（一段时期改为中国革命史与中共党史）、旅游管理三个本科专业，并且每年同时招生。在学位点建设方面，1990年历史系获得中共党史硕士授权，我主要的工作是希望获得历史学的硕士授权，提升历史学科的层次。当时历史既是学科门类，也是一级学科，主要是进行二级学科的授权。我本人是从事中国近现代史教研的，但考虑历史学整体建设的需要，我还是组织申报“专门史”二级学科硕士授权，这样专门史获批以后，中国古代史、中国近现代史、世界史都可以在其专门史下设立研究方向，如中国古代思想史、中国近现代文化史、中西文化交流史，一个时期还设立了中国教育史研究方向。同时，也对提升中国古代史、中国近现代史、世界史的学科层次有帮助。1995年，专门史开始招收硕士研究生。至此，历史系从二十世纪八十年代末的低谷中走出，拥有中共党史、历史学具有硕士学位授权和历史学、中共党史、旅游管理三个本科专业。同时，配合学校的博士学位授权申报工作，历史系也确定申报中共党史博士学科授权。

1996年，学校决定合并中文系、历史系、哲学系，成立人文学院，张铁夫教授任院长，我担任第一副院长，原中文系、哲学系主任担任副院长。历史系的旅游管理专业、档案专业，哲学系的行政管理专业划出，成立管理学院。这是一种工科办学模式，并不适合建校以来以文理见长的湘潭大学。后来的实践证明，已有相当基础的不同学科合并为一个学院很难融合发展。不久，人文学院一分为二，原中文系成立文学与新闻学院，原哲学系、历史系则挂牌为哲学与历史文化学院。在此期间，湖南师范大学政治系已一分为三，成立了法学院、经济与管理学院和公共管理学院，旅游管理专业从历史系分出成立了湖南省第一家旅游学院，新闻专业从文学院分出，成立了湖南省高校第一家新闻传播学院。我在1998年10月即调入校机关，担任研究生处长兼学位办主任、党委研究生工作部部长。2000年，李树丞教授从湖南大学调入湘潭大学，任校长，我多次向李树丞校长建议并从湖南师范大学引进郭汉民教授，哲学与历史文化学院分开，成立哲学与社会学学院、历史文化学院。郭汉民教授担任历史文化学院院长。

历史文化学院成立以后，在郭汉民院长的领导下，各项工作取得了新的发展。在师资队伍建设方面，引进了一批博士，如古代史的周书灿博士、邹水杰博士、刘琴丽博士、雷炳炎博士，近代史的黄小用博士、李永春博士，世界史的陈可风博士，等等；在学科建设方面，在武汉大学宋镜明教授的指导下，集合全校力量，获得中共党史博士学位授权；在专业建设方面，申请设置了文化产业管理本科专业，国际关系专业从法学院划入历史文化学院。因此，历史文化学院拥有中共党史博士点、中国古代史、中国近现代史、世界史、中共党史硕士点，历史学、中共党史、文化产业管理、国际关系四个本科专业，发展势头良好。

2006年，学校又开始酝酿将马克思主义学院、哲学与社会学学院、历史文化学院合并，我此时已经担任副校长，对此不知所以，迁延至2007年完成。

2013年，章兢教授从湖南大学调入湘潭大学任党委书记。时值各高校成立马克思主义学院，在历史系、哲学系老师们的要求下，哲学与历史文化学院一分为三，成立马克思主义学院、历史系、哲学系。马克思主义学院对部分教师实行年薪制，中共党史部分教师进入马克思主义学院马克思主义中国化博士点。历史系存在的时间不长，2017 年，学校为推进马克思主义理论学科“双一流”建设，将历史系中共党史博士点、硕士点、本科专业及其师资，中国近现代史师资，哲学系马克思主义哲学师资划入马克思主义学院，历史系、哲学系再次合并为碧泉书院·哲学与历史文化学院（碧泉书院系南宋理学家胡安国在湖南湘潭县隐山创办的书院，因斋前有碧泉一潭，其子胡宏遂以其定名。胡氏父子在此讲学，故此地被视为湖湘学派滥觞之地，今废不存。）2021 年，学校自主撤销中共党史博士点，置换为计算机科学与技术博士点。2022 年，教育部公布新一轮“双一流”入选学科，湘潭大学数学学科进入“双一流”建设学科行列。

二

湘潭大学恢复建校时，是直接从本科起点开始的。当时国务院发布文件，要求全国各高校、科研院所在师资、设备、图书各方面支援毛泽东家乡的大学。奉调来湘大的员工都以能够建设毛泽东家乡大学而骄傲。二十世纪八十年代中期，我在湖南师范大学读硕士研究生，导师林增平和我谈及，当时他也打报告要求调入湘大，建设毛主席家乡的大学，但那时他还在“五七干校”劳动，没有“解放”，有关部门没有批准他的请求。据统计，当时共有来自北京大学、清华大学、中国人民大学、北京师范大学、中央民族学院、复旦大学、南京大学、武汉大学、中山大学、吉林大学、四川大学、中南矿冶学院、湖南大学、湖南师范学院等 90 余所高校和中国科学院、中国社会科学院等科研院所的 622 名教师，汇集湘潭大学，参与学校的建设。

1979 年历史系成立时，老师来自全国各地。主要来自北京大学、武汉大学、中山大学和中国社会科学院以及省内的湖南师范学院来。最初一年级政治系是政治专业、哲学专业三个班一起上课。讲授哲学原理课程的，是来自武汉大学的沧南老师、来自中山大学的陈仲瑜老师教的；考古学概论是著名考古学家、中国科学院考古研究所所长夏鼐的弟子易漫白先生讲授的；中国古代史是来自北京大学的赵桦老师和来自中国社会科学院民族所的唐启淮老师以及来自东北师大的杨静婉老师、来自湖南师范学院的唐兆梅老师教的；中国近代史则是来自武汉大学的崇汉玺老师，来自中国社会科学院近代史所的杨奕青老师、来自中央民族大学唐增烈老师和来自辽宁师范大学的徐泰来老师讲授的；中国现代史是来自武大的曹木清老师、来自湖南师范学院的戴柏汉老师等讲授的；世界古代中世纪史则是来自湖南师范学院的伍新福老师教的；中国思想史是来自安徽大学的杨逊老师以及哲学系的朱继武老师教的；目录学则是来自武汉大学图书情报系的王晋卿老师讲授的。古代汉语则由中文系彭辉球老师讲授。中国历史地理则是请中国科学院地理研究所的钮仲勋研究员、湖南师范学院地理系何业恒先生讲授的；中国土地制度史是请兰州大学赵俪生先生讲授的。

1978 年的湘大校园，可以说是荒凉。校门口有一排平房，充作最初的教室，四层办公楼已建好，校机关和部分系办在里面办公，历史系即在办公楼二楼。南苑有七、八栋教工宿舍和不到十栋学生宿舍，东区（东坡村）陆续建了专家楼、招待所和几栋教工宿舍；北苑还是荒山一片，西山开始建设，常常挖出一些棺材残木。图书馆、一教学楼还在施工。我们最初是步行到校门口平房和南苑食堂上课，后来才进入一教学楼上课。教师们基本上都借住在附近的农家，生活起居与农民无异，晚上在煤油灯下备课，买煤、买粮需到几公里外的砂子岭去。当时历史系的老师基本在 40 岁左右，大部分是“文革”前夕毕业进入高等学校和科研院所的，学术基础扎实，只是被“文革”耽误了十年黄金岁月。到湘大以后，正是思想解放、学术复苏的大好时光，因此，老师们对教学、科研非常认真。师生关系也非常融洽，我们常到老师家里请教问题，看看电视，帮助做藕煤或者搬家（从农家搬到教师宿舍）。

崇汉玺老师是从武汉大学历史系调来的。崇老师祖籍安徽天长，在武汉大学工作近二十年，来湘大后担任中国近现代史教研室主任。主要从事辛亥革命史研究，曾参与章开沅、林增平先生主编的三卷本《辛亥革命史》的撰写。崇老师为人直率、正直。我上学的时候和崇老师接触不多，只是在大四的时候，我被分配由他指导毕业论文，从此请教的时间比较多了。当时我读了《湖南历史资料》刊载的贺金声的材料，感觉可以做毕业论文。在崇老师的支持下，我到邵东县佘田铺贺金声的故乡查找资料，很幸运地发现了贺金声未刊文集，这一发现使我的毕业论文建立在新史料的基础之上，很受崇老师的赞赏。也可能是这个原因，崇老师力主我留校任中国近现代史教研室助教，并且对系里声明论私交，我和他并不密切，但中国近现代史教研室要留人就留我，否则不留。其实当时我是很纠结的，我少年时有一个文学梦，考大学第一志愿是中文系，却被录取在政治系，虽然我是属于随遇而安的人，但分配时有两个职位我很想去，一个是出版局（湖南人民出版社），一个是广播局（湖南电视台）。有老师转达崇老师的意见，我很感动，就决定留校了。留校后，崇老师对我要求严格，指定读《资本论》和中国史学会编辑的《中国近代史资料丛刊》，要做读书笔记和资料卡片。这实际上是希望我从理论和史料两个方面奠定坚实的基础。记得留校头两年，除随主讲老师听课并做专业辅导外，每天都在啃这两套书。这两套书对我帮助很大。近代中国是一个半殖民地半封建社会，也是封建主义衰亡，资本主义成长的时代。《资本论》有助于我建立关于资本主义的理论视角。此外，按崇老师意见，我还精读了恩格斯《家庭、私有制和国家的起源》以及普列汉诺夫的《论艺术——没有地址的信》，对我确立唯物史观帮助极大。历史学是实证科学，“言之有据”、“据之有注”是其学科特征，没有史料，治史就是空中楼阁。中国近代史资料丛刊是中国史学会在二十世纪五十年代开始编辑的一套大型中国近代史资料丛刊，分《鸦片战争》（6 册）、《太平天国》（8 册）、《捻军》（6 册）、《回民起义》（4 册）、《中法战争》（7 册）、《洋务运动》（8 册）、《中日战争》（7 册）、《戊戌维新》（4 册）、《义和团》（4 册）、《辛亥革命》（8 册）。这套书囊括了中国近代史的基本史料，于中国近代史教学和科研入门有极大好处。可惜这套资料我没有完全读完，因为留校第三年（1984 年）我考入湖南师范大学，师从林增平先生，攻读中国近现代史专业硕士研究生了。但崇老师建议我从事湖南地方史的研究的意见，我一直坚持，并且在这一方面有所建树。

在大学读书期间，接触比较密切的是唐启淮老师。唐老师是从中国社会科学院历史研究所调来的，专攻隋唐历史。给我们上中国古代史隋唐史部分，学术造诣很高，撰写的唐羁縻府州的论文在学界很有影响。唐老师为人热情、诚恳，经常邀请我们去他家做客，我和徐联初同学经常去他家里看电视，也帮他家里做藕煤。唐老师夫妇是四川人，做泡菜是其日常，我留校成家，太太怀孕以后，他还送泡菜给我们。读研期间，不记得哪一年了，唐老师突然到师大来找我，告诉我学校评职称他没有被推荐上，三天三晚没有睡着。我导师林增平先生当时是湖南省职称评审委员会主任，我陪唐老师向林先生汇报了情况，林先生说评审会已经结束，已经没有办法补救了。当时职称评审没有制度化，不知道几年评审一次（1992 年以后制度化了，每年评审一次）。1988 年，唐老师因肝癌去世，还只有 50 岁出头。临终前，历史系总支书记宋耕耘老师，在其病床前告知：唐老师，你的副教授职称已经批准了。其实，当时还没有完成评审程序。我当时在场，悲痛难以抑制。我们的老师那一代知识分子，被各种政治运动耽误了大好年华，努力拼搏所取得的成就，也不太容易获得认可。每每想起此事，心情总是压抑的。自己所做的业务成绩，其实也没有什么值得自豪的。

当年教我们中国近代史课程的是崇汉玺、杨奕青、徐泰来和唐增烈四位老师。杨奕青老师是教太平天国史的。他毕业于武汉大学，来自中国社会科学院近代史研究所。杨老师祖籍广东，说一口“广普”话（不过当时还没有流行粤语），待人非常热情，于学术有一种痴迷。我们读书期间，他和唐增烈老师在编一部太平天国在湖南的史料集，名曰《湖南地方志中的太平天国史料》，遍收湖南方志中的太平天国史料，是研究太平天国在湖南的基本史料，1983 年岳麓书社出版。记得当年他请我们暑假留校帮助抄写书稿，给予报酬，多少钱一千字我记不清了，总之抄了一个暑假。那是我大学四年唯一没有回家的暑假，应该赚了一些菜金，但现在不记得多少了。我记得有一次校园散步，路遇杨老师，他兴高采烈地上前告诉我：继平，我终于搞清楚了太平军是从东门攻入道州（现道县，是太平军入湘攻克的第一座县城）城的！杨老师治学之严谨与热忱，溢于言表。当年崇老师要我留校的话，就是杨老师转达给我的。大约在我做硕士学位论文时（1986 年底或 1987 年初），杨老师因心肌梗塞住院，愈后效果不错，但于身体毕竟有损害。不久，杨老师举家调回老家广东省惠州市，在市志办从事史志编纂。总纂了《惠州市志》及《惠州人物传》等一批惠州地方文献。21 世纪初，《湖湘文库》编纂，由于初版年代已久，当时没有将《湖南地方志中的太平天国史料》收录文库，我特意向主其事的熊志祈先生报告，推荐此书，后收入其中，于 2010 年由岳麓书社出版。这本书常常为湖南地方史研究者引用，引用率是非常高的。杨老师一直工作到退休，十几年前参加惠州市组织的离退休干部赴云南考察，因心肌梗塞客死异乡。我们都没有机会参与告别仪式。

记得当年给我留下深刻影响的授课老师还有伍新福、李广一、杨逊等老师。伍老师是第一任历史系主任，给我们讲授《世界古代中世纪史》。伍老师不苟言笑，讲课严谨，逻辑性强，一句话重复两次，不讲废话，也不插讲逸闻趣事以活跃课堂，但一门课下来，听课笔记就是一部严谨的书稿。我们没有毕业他就调入湖南省社会科学院历史研究所任所长。伍老师是凤凰苗族人，后来改攻苗族史，著有多卷本《湖南苗族通史》，几年前80岁时，还出版了新作《湖南文化史》。李广一老师讲课时风度翩翩，普通话标准，课堂非常活跃，给我们上《世界现代史》和《国际关系史》以及非洲史专题。受他的影响，我一个时期把资料室的非洲国别史全部读完。杨逊老师是学问深厚而又不拘小节之人，他是湖南邵东人，乡音很浓。来湘大之前在安徽劳动大学，据说最早曾在新华社编过大参考。杨老师给我们上中国思想史课程，不必看书，在黑板上大段大段地板书史料，一字不差，对古籍是相当熟悉，于元史有深入的研究。在日常生活中，杨老师不拘小节，穿着随意，常常扛着与农村八仙桌相配的长条凳，带着孩子到学校露天电影场看电影。坐在后面的以为他是当地农民，大声呵斥，他也不计较，移个位置照样看得津津有味。

外聘教师中印象深刻的是赵俪生教授、钮仲勋研究员和陶懋炳老师。赵俪生教授是著名历史学家，我曾经在一篇文章中回忆过他给我们上课的情形。钮仲勋先生，1928年出生，别名钮先锂，江西省九江市人，1953年本科毕业于复旦大学历史系，1962年研究生毕业于中国科学院地理研究所，是1949年后谭其骧先生的第一位研究生，后留所工作，长期从事历史地理、地理学史、水利史研究，著有《我国古代对中亚的地理考察和认识》（测绘出版社1990年版）、《中国边疆地理》（人民教育出版社1991年版，合著）、《地理学史研究》（地质出版社1996年版）、《黄河变迁与水利开发》（中国水利水电出版社2009年版）等。钮先生给我们上历史地理课时是50岁左右。印象中钮先生温文尔雅，讲课平实无华，但能引人入胜。我的一位同学受其影响，一度留校教授历史地理，曾在钮先生的介绍下，到陕西师大史念海先生门下进修。陶懋炳先生是白寿彝的弟子，此时是湖南师大历史系的老师，给我们上中国史学史课程，喜谈“文革”掌故，嬉笑怒骂，率直任侠。于中国史学史、五代史颇有研究。给我们上课时曾说，正在做“狗尾续貂”的工作，就是接续白寿彝先生撰写《中国史学史》的续篇，后来果然出版了《中国古代史学史略》和《五代史略》。20世纪90年代初，退休后在海南参加学术会议时，不幸去世。

和经济系一样，历史系是从政治系历史教研室发展而来，建校时并不是像中文系那样作为专业来办，而是作为政治专业的课程教研室来办。因此，它最初没有引进像姜书阁先生、羊春秋先生那样的大家作为师资，也许又因为是教政治专业，必须是出身好、历史清白的师资。但是，历史系创系时的教师队伍是学缘结构合理、学术素养深厚，年富力强的优秀群体。在他们的教育下，历史系人才辈出，在各个领域涌现了大批优秀人才。

三

我们历史系1977级历史专业分别从政治专业一、二班整合而来，共36名同学。我是从政治二班来的。同学们大部分是从工厂、农村、机关来的，应届的好像没有。基本上是20岁出头，当年1977级招生有最高25岁的规定（1978级放开年龄，所以1978级的年龄比我们大10多岁的都有）。我17岁高中毕业，下乡知青三年，入学时刚满20岁。在班上属于中等年龄，最小的大概是1959年、1960年出生的三位蒋姓同学。最大的25周岁，因为工龄长，带薪上学，成为我们的电影票“供应商”。因为经历丰富，学习非常自觉，常常寝室熄灯了，我们自备煤油灯在教学楼自习至晚上12点以后。那时教学有序，每周周一至周六上午上课四节，下午、晚上自习，有很多时间读书和思考。不像现在，本科相当于高中四、五、六、七年级，白天、晚上、双休日都有课，学生没有独立读书、思考的时间。那时老师满怀热忱讲课，学生专心致志学习，总之同学关系、师生关系很融洽。毕业时，我们班36个同学基本上分配在长沙、湘潭两地，个别同学回生源地分配（那时是指令性分配，36个同学有36个去处）。基本上是机关、事业单位。留校就有9位，其中7位任专任教师，一位到校团委、一位到校人事处学生科（现学工处的前身）。到20世纪80年代中期，做教师的改行到省人大做秘书一个（当时一位省人大的老革命副主任指定要湘大历史系调一名青年教师做秘书，帮他写回忆录《西北革命根据地的历史地位》），20世纪90年代初，留校做行政工作的出国一个，调入市政府一个；两位调入中南工业大学做老师，两位调到华南师范大学做老师。目前，只有我和刘启良自留校后一直工作至今。本世纪初，一位分配在衡阳市，已经做了衡阳市档案馆馆长的同学调入管理学院。所以，目前在校的三个同学，分别在历史、哲学、档案三个专业任教。

我一直坚持在历史学专业教学和科研。我是1983年开始给本科生授课，但1984年就到湖南师大读硕士研究生。所以真正进入教学是1987年毕业回校后。记得毕业回来给1984级指导毕业论文，从1985级开始上课，直到现在。

先后讲授过《中国近代史》《中国近代经济史》《中国近代文化史》《湖南近现代史》等课程，也为新专业开设过《中国旅游地理》《舆论学》《服饰文化》等课程。为本科生上课一直坚持，即使做副校长时也是如此。只是兼任机关行政工作后不再担任专业主干课程了，毕竟要坐班，也经常出差，怕耽误学生学习，改为上本科的方向课，课时也相对减少。我从1996年开始招收硕士研究生，2004年开始招收博士研究生，前后培养硕士、博士研究生百余名（未做过详细统计）。

历史系从1977级于1981年12月毕业开始，至2021年7月止，共招收38届历史专业本科生（1988、1989两年未招生）、37届中共党史本科生，若干届旅游管理、文博、经贸公关、档案、文化产业管理、国际关系与国际事务专业本、专科生，走过了40多年的历程（1979—2022）。从我的教学和管理实践来看，历史系培养的学生是优秀的。

学史明理，学史增信，学史崇德，学史力行。民族历史、文化凝聚民族的血脉和智慧，学习历史能够培养人们的家国情怀。历史是民族几千年生存发展的智慧结晶，沉淀历朝历代治国理政的经验教训，学习历史可以获取资政的智慧。历史学是实证的科学，学习历史可以培养学生的理性思维和历史逻辑。老一辈历史学家强调治史必须“板凳坐的十年冷”，学习历史有助于克服浮躁习性，树立踏实作风。历史也是一个综合性的学科，举凡政治、经济、思想、文化各方面的发展，都是历史学的应学之义。因此，历史专业毕业的学生，适用性都比较强。我的同班同学就有做央行大区行长的，也有做上市公司的老总的。

历史系培养的学生基本上在党政部门、文化教育等事业单位，也有部分进入国有企业从事文秘、管理岗位。本世纪以来大学和研究生扩招，从而对本科生就业形成冲击。但“逢进必考”的规则对于有历史学专业素养的学生是有利的，历史专业的综合性充分显示其知识面的宽广，理性思维和质朴的文风彰显其朴素扎实的禀赋，赢得用人单位的好评。

在从政方面，历史系毕业生出现过两位副省长、三位地级市市长、市委书记，十余位县委书记。至于在各地市、省直担任厅、处级领导的系友，不胜枚举。至今仍有两位在省内市委书记岗位上，五、六位在县委书记任上。从事组织工作似乎是我校历史专业毕业生的特长。有担任中组部老干局长的系友，省市委组织部也有不少毕业生。曾经一段时期，湘潭市各县区及驻潭高校如湘潭县、湘乡市、韶山市、湘潭大学、湖南工程学院的组织部长都是历史系毕业生。还有两位系友担任过省公安厅副厅长。

在高等学校，从事教学的毕业生不仅专业技术工作优异而成为杰出的人才，而且因表现出卓越的领导能力而推荐到高校领导岗位。西北大学、佛山大学、五邑大学、东莞理工学院、湖南工程学院、湖南工学院、邵阳学院、怀化学院、湖南信息职院、湖南医卫职院、湖南国防工业职院、湖南航空职院等省内外高校，都有历史系毕业生担任校级领导职务。在湘潭大学，先后有四位历史系毕业生担任副校长职务。

当然，更多的毕业生工作在普通的岗位上，他们与千千万万普通的劳动者一起，构成新时代中国特色社会主义伟大事业的建设者，为中华民族伟大复兴的中国梦贡献自己的智慧和汗水，也成为母校、母系引以为荣的优秀毕业生，是湘大声誉的践行者。

湘潭大学走过恢复建校 47 年（1975—2022）的历程，今年因入选“双一流”建设高校而重回“国家队”；历史系也走过了 43 年的风雨历程，正经历又一次的发展挑战和机遇。我作为湘潭大学历史系首届毕业生，在湘潭大学学习、工作也已近 45 年了。从 20 岁的青春少年到已逾耳顺之年，为历史系的历史而骄傲，虽有遗憾与无奈，但更多的是希望与期待。期待历史系的师生共同努力，克服困难，再创辉煌。

湘大的路

刘期达

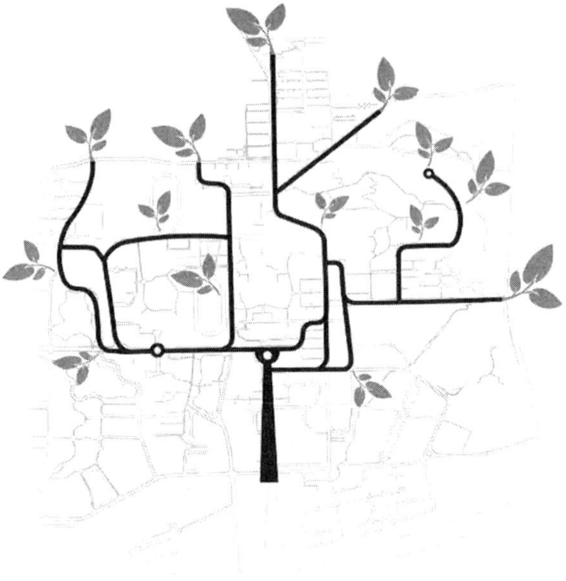

湘大主干道路示意图

（感谢秦老师提供平面图，克文先生精心绘制。）

一

我永远忘不了第一次来湘大时经过的路。

1996 年 9 月初，我来湘大报到。乘坐的长途卧铺汽车头天下午从通道出发，第二天清晨驶抵湘潭。汽车在羊牯塘左转，驶入一条狭窄的小路，穿过一个铁路道口，然后继续前行。右边是伴随道路逶迤的红砖围墙，左边是连绵的稻田。睡眼惺忪的我顿时被吓醒了——我是来读大学的，怎么到农村了?!

直到汽车驶入南校门广场，看到宏伟的三道拱门，以及迎新的高年级同学和通道老乡，一颗忐忑不安的心才算安稳下来。

转眼，我在湘大已经待了二十六年，对于湘大校园里的道路也了如指掌。

湘大由于依自然地势而建，所以校园道路不像通常大学的道路那样横平竖直、十分规整。如果从空中俯瞰，湘大校园里的路像一棵郁郁葱葱的大树。它的根，深深地扎在铜像广场和三道拱门位置；北京路是它的主干，到了图书馆前坪，开始分出枝丫——

一个枝丫，从第一教学楼北侧往东延伸，途经学生活动中心、南苑师生餐厅、东坡村 1 栋、东坡村 12 栋、国际交流学院，直至松涛村；中途，在南苑学生宿舍门口又分出一个枝丫，向北一直“长”到北苑学生宿舍区。

一个枝丫，从图书馆南侧向西延伸，掠过第二教学楼南侧，再转而向北，伸向化学学院、化工学院；中途，在第二田径场和泉山之间发出一枝，向北延伸到第三教学楼。

在这些大枝丫的中间，又生发出许多小枝丫。整棵树便枝繁叶茂，生机勃勃。

如果给我一双有力的腿，我要从南走到北，我还要从白走到黑，走过北京路、博学路、盛德路、学林路、崇文路、广东路……还有那些便道，以及秀山、泉山上隐秘的小径，用双脚丈量这片我深深爱着的土地。

我会邂逅一教前坪的白玉兰，图书馆广场的栀子花，慧山脚下的丛丛修竹，秀山泉山的阵阵松涛，泽园的紫藤，沁园的银杏，双子塔下的樱花，北青公寓上空的圆月，以及北山一年刮两次一次刮半年的风。

我最爱的路，是一教北面那条横贯东西的林荫道。夕阳西下的时候，温暖的阳光洒过来，树叶，路面，还有路上走着的人儿，便都成了金黄色。路的尽头是图书馆前坪，走到这里的时候，太阳已经收起了它的热力，举目望去，夕阳像一个极圆极温柔的蛋黄，浮在天边的暮霭中。每次走过这里，心间总是一片澄澈，不由得感叹一声：人间，值得。

除了陆续增加的金瀚林、琴湖学生公寓区内部道路，兴湘学院片区道路，以及西边新征地的道路，二三十年来，湘大校园的主干道路鲜有变化。无非是路幅拓宽一些，路面由破损的沥青改为平整的混凝土后来又铺上舒适的改性沥青，或者人行道改铺更好的砖块，避免雨天师生走过时成为“扫雷”游戏。

湘大人熟悉校园中的路，就如同熟悉自己的掌纹。

这些路，尹世杰、宋世杰、何文燕、羊春秋、姜书阁、彭燕郊、刘桂斌、张铁夫、郭汉民、陈仲沪、刘政威、袁龙蔚、罗铸凯、童志权……老一辈湘大学人曾经走过；

李佑新、刘启良、王向清、王继平、唐正芒、楚尔鸣、颜佳华、李伯超、廖永安、欧爱民、肖冬梅、洪永红、季水河、文卫平、黄云清、喻祖国、舒适、周勇、钟建新、王先友、张海良、罗和安、郑学军、葛飞……中生代湘大学人正在走着；

张今杰、方红姣、杨小军、韩雷、盛明科、肖伟志、刘友华、黄显中、刘中望、宋德发、胡强、杨银、易年余、杨雪娟、毛宇亮、王金斌、钟向丽、裴勇、邓国军、游奎一、刘平乐、刘金刚、李澄清、张俊丰、许银……新生代湘大学人已经走来。

湘大有两条崭新、漂亮的路，“北京路”和“广东路”。我曾以为，它们的命名，仅仅是因为分别由北京校友会和广东校友会捐资修建。细品之下，方觉其中深意。

北京路，是从南校门到三道拱门直至图书馆的中轴大道，象征着一代伟人毛主席从湘潭出发走向北京创建伟业，并倡导创办湘潭大学；之后，湘大的发展也不断得到党和国家领导人的重视和关怀。这条路以“北京”为名，寓意不忘初心，饮水思源，是为守正。

广东路，从东坡村十字路口一直延伸到东校门，是一条全新的、在真正的“原野”上辟出来的路。广东曾得风气之先，高歌猛进数十年；现在成为粤港澳大湾区三足之一，仍将是拉动中国经济社会发展的重要引擎。这条路以“广东”为名，寓意不破不立，开拓进取，是为创新。

二

要想富，先修路。

高校的发展何尝不是如此。出入学校的路，曾经长期困扰湘大人。

如果要去长沙办事，开车从学校南校门出发，经过弯弯曲曲的小路走到羊牯塘，左拐上潭邵路；经砂子岭，穿过市区，过一桥，走到板塘铺，上107国道往长沙方向赶。如果不堵车，也要耗费两个小时以上，运气不好的话，就得三个小时。长沙高校的负责人去省委、省政府或者省教育厅等厅局汇报工作，又回到学校把工作布置下去，湘大人还在 107 国道上踽踽而行。如果是去长沙开会，上午 9 点的会，早上 6 点刚过就要出发。当然，也可以选择头天晚上到长沙找个宾馆住一夜。但湘大人摸了摸干瘪的荷包，咬咬牙：还是明天早点起床吧……这还是坐小汽车，要是乘坐公共交通工具去长沙，简直是一件有“仪式感”的“大事儿”。所以，湘大人一直把去长沙叫作“进城”，这绝不只是一句调侃。

走出去，不容易；请进来，也难。

邀请外地的领导、专家来校，不管是从黄花机场还是长沙火车站出发，得把走出去的路倒过来走一遍。领导、专家到了湘大，已经是人困马乏，倦意渐生。再次接到邀请的时候，心里难免有点打鼓。

据说很多领导、专家来到湘大，曾说过这么一句话：“没想到湘潭大学这么漂亮!”这里面或许有客套的成分，但相信也包含了曲径通幽的惊喜。就像陶渊明在《桃花源记》里描写的那样：

“林尽水源，便得一山，山有小口，仿佛若有光。便舍船，从口入。初极狭，才通人。复行数十步，豁然开朗。土地平旷，屋舍俨然，……”

曲径通幽，是一种别具韵味的审美。但对于湘大人来说，却是难以言说的苦涩。

所以，当宽阔笔直的湘潭北二环线 2003 年正式开通的时候，你能想象湘大人内心的激动。走北二环，经过 2001 年 4 月开通的湘潭三大桥，去长沙可以节约近一个小时。

2007 年 2 月，长潭西高速建成通车；2007 年 7 月，湘潭莲城大桥（四大桥）通车；此后，坪塘大道、芙蓉大道、潭州大道陆续通车，高铁修到了湘潭北，长株潭城轨通勤圈也建立起来……湘大与外界连通的路，变得越来越宽阔。

三

生存和发展，是永恒的主题。

出入学校的路，修得越来越好；然而，湘大的出路，在哪里？

1958 年，毛泽东主席倡导创办湘潭大学，亲笔写下“湘潭大学”四个遒劲大字，并亲切嘱托“一定要把湘潭大学办好”。1974 年，在老一辈党和国家领导人的亲切关怀下，学校复校重建，并确立为文理工综合性大学。622 名优秀教师怀着对毛主席的深厚感情，从北京大学、清华大学、中国人民大学、复旦大学、武汉大学等 90 余所高校赶来，其中有不少全国知名的专家学者，他们带来了丰富的教学经验，也带来了“兼容并包、海纳百川”的治学精神和传统，湘大办学起点之高，世界高等教育史所罕见。1978 年，学校跻身 88 所全国重点大学之列，也是 16 所综合性全国重点大学之一。

然而，20 世纪 90 年代，由于种种原因，湘大没有进入国家“211 工程”建设高校之列。受伤的情绪弥漫开来，学校的发展也陷入低谷。

每一个湘大人都在思考：今后的路，该怎么走？

当年毛主席嘱托“一定要把湘潭大学办好”，并没有指定主语。但作为湘大人，把湘潭大学办好，责无旁贷。

提出“椭圆形”办学模式，学校气象为之一新；两次接受教育部本科教学工作水平评估均获得“优秀”，专家赞叹湘大“人心齐、人气旺、人情真”；先后成为湖南省人民政府与教育部、与国家国防科工局共建高校；扎实开展教学和科研工作，各种国家级、省部级的平台、课题、奖项……逐一揽入怀中；从众多高校中突围而出，获批成立湘潭大学出版社……

但这一切，还是不够。湘大的胸前，没有一枚刻着“211”的徽章；跟人交往时，拿不出一张写着“211”的名片。获取办学资源，开展校际交流，引进和留住人才，招收新生，毕业生就业……都深受影响。

2、1、1，三个普普通通的数字；组合在一起，却成了无数湘大人心头的一根刺。一如 16 岁那年，那个女孩儿的名字。每每提起，便要热血沸腾；沸腾过后，就是久久的惆怅……对于很多校友来说，提起“211”，便要扼腕，便要叹气，酒入愁肠的速度便也快了一些。

那间门楣上贴着数字“211”的会议室，大门紧闭。这间会议室还有一个里间，是门楣上贴着“985”的小会议室。湘大徘徊在会议室门外，手里拿着无济于事的号码牌——

据某知名《中国大学排行榜》，湘潭大学的综合办学实力在全国高校的排名，2000—2008 年保持在第 90 名左右，2010 年跃升到第 78 名，之后常年保持在第 80 名左右。

湘大一次次地前去敲门。有时候自己敲，有时候请了人去敲。但是，大门紧闭，没有回应。在不经意间，会议室似乎开启了一条缝，旋即又关上。然后，那扇门就再也没有打开过。

跻身“211”无望，改个名字，如何?

远有中山大学以纪念中山先生立校、成为百年名校在前，近有湘潭师院和湘潭工学院合并、顿享更名红利在侧，湘大何不效而仿之?但由于种种原因，更名未能如愿。

请进来，难；那么，何不走出去?

偌大体量的学校，整体搬迁不太现实；如果在长沙争取一块“飞地”，在那里重点建好一个学院，作为学校的基地、窗口，是否可行?学校出面联系、制订方案，不少校友也积极奔走、鼎力襄助。但最终，迁址也不了了之。

或许，不断进行理念的刷新、制度的创新、机制的革新、文化的更新，比迁址更为重要。羊牯塘，可以成为一种情结，却不应成为一个标签。

一次次求索，一次次失利。在漫长的蛰伏中，湘大人感受着凛冽的寒意……

敢问路在何方?

2018 年 9 月，在湘潭大学建校 60 周年之际，习近平总书记就学校的建设发展作出重要批示，希望湘潭大学扎根伟人故里，把学校办得更好、更有特色。习近平总书记的批示，为湘大的建设发展提供了根本遵循，指明了前进的方向。

众里寻他，望尽天涯，原来，路一直在脚下。

扎根，是守望，是担当，是赓续。湘大人贯彻落实习近平总书记的重要批示精神，更加投入地开展教学和科研，扎实推进学科建设工作。

2022 年 2 月 14 日，教育部、财政部、国家发展和改革委员会联合发布通知，公布第二轮世界一流大学和一流学科建设高校及建设学科名单。湘潭大学入选“双一流”建设高校，数学学科入选世界一流学科建设名单。在阔别 26 年之后，湘潭大学这所老牌全国重点大学，终于重返高等教育的“国家队”!

当晚，湘潭大学南校门的毛主席铜像广场，有人放起了焰火，三道拱门上方的夜空被点缀成五彩斑斓的画卷。那冲天而起、灿然怒放的，不只是焰火，不只是硫磺、硝石和木炭的热烈相逢，也是湘大人郁积胸中三十年、沉甸甸的块垒，是望穿秋水、一朝梦圆的盛大喜悦，更是而今迈步从头越的磅礴激情。

如今的湘大，站在了“双一流”建设高校的新起点上。学校将牢记伟人嘱托，以习近平总书记的重要批示精神为根本遵循，扎根伟人故里，弘扬优良传统，坚持立德树人，勇于改革创新，努力把学校办得更好、更有特色。

踔厉奋发，接续奋斗，则湘大有路！

（注：在湘潭话中，“路”，读作 lǒu，主要有三个意思：1. 实际的道路；2. 事情、项目、工程等；3. 希望。）

老照片、老故事：我与湘大同长大

朱向群

在2018年学校60华诞校庆之际，校园里、校友群里浓浓的校庆风感染了我。作为一个见证了湘大从无到有、从寸草不生的一片荒山到美丽山水校园的老湘大人，这个特殊的时刻和特殊的气氛勾起了我对湘大建校初期一些往事的回忆……毛主席一直想在家乡办一所大学。1958年9月10日，主席亲自题写了“湘潭大学”校名，并嘱咐“一定要把湘潭大学办好”。后因历史原因学校于1959年停办。

1974年，湘大在主席的亲自过问、中央领导的直接关怀下复校，父母作为第一批建校者于1974年8月5日来到了当时还只有一个校名、校址都未确定的湘潭大学筹备处。10岁的我随父母一起来到湘大。16虚岁的湘大（1959年到1974年停办）和10岁的我在1974年8月相遇，这一缘分让我们不离不弃一起走过了45年（有三年在外上学）。

初到湘潭时，学校的校址尚未选定。第一站我随父母到了板塘铺。当时我们临时住在一个集贸市场的楼上，每天下面买菜的吆喝的好热闹。听父母说当时第一批到湘大筹备处报到的只有30人左右。来时正是暑假期间，我只知道每天父母都要顶着烈日外出，忙于筹备建校的征地、谈判、协调等各种工作。我们几家最早到的孩子们则在小小的楼道内嬉戏玩耍。后来听大人们说因板塘铺那带选址占用耕地太多，后来又在湘潭市区内看了好几个地方，有的离市区近，但地方太小，不宜今后的扩大规模，有的又离市区太远。最后选中了现在的这个地方——当年这里叫羊牯塘鸭婆冲（好难听的名字）卢家滩47号（三拱门建好后还在一个立柱上挂过卢家滩47号的门牌，不记得什么时候撤了）。当年这里是一大片荒山！按照当时大人们的话说：学校想办多大就可以多大！

地址一确定，我们很快就从板塘铺搬到了羊牯塘。当时附近的冻肉厂十分支持湘大的建设，腾出了一栋宿舍平房给湘大筹备处。我们第一批到校者都住进了平房里，住宿、办公室都在一起。当时我家隔壁就是学校办公室。父母还是每天都在外奔波，忙于征地建校工作。到了晚上，大人小孩都会搬个竹椅坐在外面乘凉，看满天的星星，看拖着长长尾巴划过天空的流星和一闪一闪亮晶晶的萤火虫，我们就听大人们讲故事。

后来调来湘大的老师们就都只能借住在附近的农民家中了。好多老师还是学界泰斗，满腹经纶，有的老师来自相对发达的大城市，忽然来到了一切全要靠自己动手丰衣足食的农村，生活条件十分艰苦，不少老师吃尽了苦头。还有一些从北方调来的老师，没有体验过南方的潮湿闷热，当时周边农村很多人家都没有通电通水，老师们就用水桶装满冷水，把脚泡在水桶里防蚊降温，在煤油灯下看书备课；1975 年招生后，老师们白天要上课、要参加建校劳动，回到借住在农家的临时家里后还要自己种菜、挑水、烧柴做饭……

1974 年到学校的子弟不多。学校帮我们联系了周边的几个乡村学校上学。1974 年 9 月我到上新小学读四年级。那时候的农村学校可能是因为早上孩子们要放牛要帮家里干活，所以早上 9 点半才上课。记忆深刻的是当时我们年龄较小，见到那长长犄角的牛十分害怕，放牛的孩子看到我们害怕，就故意把牛牵到我们上学要经过的田间小路上，害得我们每次看到了都要绕好远的路躲着走。他们看到自己的恶作剧得逞总是好开心。

第二年因为随父母来湘大的子弟增加了，湘大决定自己办子弟学校，就临时把当时的家具仓库腾出来作为我们的教室。家具仓库就在大人们上班的那一片简易工棚里，这片工棚在一大片茶场的中间，三栋平房成凹字形围在一起，都是红砖砌墙，油毛毡盖顶，没刷漆的木窗框中间有圆圆的钢筋，房子中间的平地只是泥土夯实，凹凸不平，这就是我们的课余活动场所。离学校不远处是蓄电池厂，有时炼铅时一阵阵飘来的烟，辛辣刺鼻，呛得我们直咳嗽。

因为湘大刚筹建，往学校调的干部和老师都还不多，所以孩子们也不多。我们班一开始只有5个同学。别看人这么少，坐第二排的同学必须从第一排的桌子上爬过去才能进到第二排。可见教室多么小！我们每天就这么爬来爬去却也其乐融融！

虽然每个年级都只有几个人，但教室还比较紧张，所以当时我们每天只上半天课，一个星期上午上课，另一个星期就下午上课，不上课的半天时间就放假或者组织我们搞劳动。比如春天老师带我们到附近的茶场采茶、到学校种树，农忙时还组织我们学农——到附近插秧割稻子等。刚开始还没有专门的子校老师，给我们上课的老师就在调来湘大工作的干部和老师中临时安排人给我们上课，后来才慢慢有了子校的专任教师。

那时候，整个校园南山北山机器轰鸣，红旗猎猎，工地上到处都竖着大大的标语牌："荒山起家，劳动建校"，推土机整日在把丘陵推平为一块块的平地，蛇穴、兔子窝经常被翻出来。

后来学校收购了附近一个正规砖瓦房的小四合院，学校把这个地方临时改成了子校，我们就有了比较大的教室，不用每天在课桌上爬进爬出了。学校还在院子里用砖头和水泥板搭了几个简易的乒乓球台，大家也就有了一些课外运动。不过球台一般都被男同学占领了，我们女同学只能在边上看或者搞搞跳橡皮筋之类的活动。

别看当时的学习条件很艰苦学习环境很简陋，我们学习都很认真很刻苦，2021年新晋科学院院士里就有一个是我们班的同学呢！

随着来湘大的老师越来越多，子弟也越来越多了，学校就修建了现在的子弟学校，彻底改善了我们上学的条件与环境。下图就是刚刚建好的子校。那时候还只有一栋楼。教室宽敞明亮，南北通透，对当时的我们来说简直就是高端大气上档次的豪楼了！哈哈！看，子校后面秀山上的水塔当年还是个单身汉呢！

当年的湘大被称为黄土高坡。荒山上几乎是寸草不生。流传着“湘大的风一年刮两次、一次刮半年”的玩笑话。这也形容了当年恶劣的生态环境。我记忆中的湘大总是晴天一身灰、雨天一身泥。每家必备的生活必需品有长筒套鞋、长把雨伞、斗笠草帽、煤油灯、手电筒、锄头、铁锹、打藕煤的工具等。刚建校时老师们买米买煤和日常生活用品最近的地方也需要到砂子岭，需要走到羊牯塘坐 4 路公交车到砂子岭和市里。那时候家家户户都是借个手推车走路到砂子岭去买散煤，然后推回来自己和泥做藕煤。从羊牯塘到学校有个很大的坡，我每次随父母走路到砂子岭去买煤，帮忙推车，都感觉好远好累！

勤劳的湘大人硬是用辛勤的劳动和汗水在这寸草不生的荒地上种下一棵棵树苗、一片片草地，把一片黄土地变成了绿树成荫百花盛开的美丽校园。

1974 年复校后，来自全国各地各校的教师们都投入了边学习边劳动建校的工作中。虽然当时的条件十分艰苦，但大家都是抱着建设主席家乡大学的心愿和热情来的，再艰苦的环境也没人有怨言，大家都是热情高涨地一边开荒一边建校一边教学，先修建的几栋红砖平房全部先用于 1975 级的大学生们住宿和做教室。

大家都很熟悉的这张 1975 年开学典礼的照片，简易的台子后面的红砖平房就是当年大学生上课的教室和宿舍。记得当年沿着山坡建了 5 排这样的红砖平房，东边 2 栋是教室，西边 3 栋，后两栋是学生宿舍，前面一栋是学校的生活用房，有粮店小商店和邮局等。当年的教室也十分简陋，很多教室的黑板都是直接放在垒起来的红砖上。在我的记忆中当年的大哥哥大姐姐们学习都很刻苦，白天要上课还要劳动，晚上常常可以看到有很多人在路灯下看书学习。

这张开学典礼的老照片大家看的很多，对于我来说每次看都十分亲切，因为台下那众多小小的黑脑袋里有一个小小的黑脑袋是我。虽然我们当年还是小学生，作为为数不多的湘大人之一，我们都参加了那场开学典礼。

当时学校周边全是农田和农舍。那个时候的我们和大学生们经常去附近的农田里抓泥鳅改善生活呢。

学校最早建的教工宿舍是南阳村。这也是后来进校的青年老师们留下许多回忆的地方。最初先建了 4 栋（现在保留下来的南阳村 12、13 栋就是当时最早建的 4 栋中的东边 2 栋），部分老师就从农村搬进了家属楼。我们家也从临时工棚（湘大筹备处盖了一些临时工棚用于办公后，冻肉厂就收回了借给学校的平房，我们家也就搬到了一个临时工棚暂住）搬到了后来叫南阳村 12 栋的二单元三楼。房子是两居室，使用面积 24 平方米的房子住了三代 6 口人。入住时学校还一直没有寻找到合适的水源，所以家属楼里的厨房厕所一直未通水。我们每天都要到楼下去挑水和上公共厕所。

后来学校又在南阳村建了 4 栋外走廊的红砖房和 4 栋大板房。后来又建了东坡村，借住在周边农村的老师们就全部搬回学校住了。我们家后来也从南阳村搬到东坡村 10 栋二单元 4 楼住了好几年。比南阳村的房子稍微大一点，那时候叫大三间。（下图中的前面两栋就是东坡村 10、11 栋，在校庆前和东坡村 5 栋一起拆除了）。

住宿条件慢慢改善了，我成家后，在女儿上幼儿园时也分到了南阳村 3 栋的一个大三间。大三间只有 32 平方米左右。但在当时感觉好大好奢侈！

建校初期的一田是一个大水塘，当时我们都在这个水塘里游泳、玩水、消暑。记得我一件绿色的小花衣服硬是在这个水塘里泡成了泥土黄色的小花衣。水塘是原生态的，下面深浅不一高低不平，不会水的我有次不小心踩到一个低洼的坑里一下水漫头顶，还是旁边一个叔叔一把把我拉起救了我一条小命。当时年纪小又吓得哇哇直哭，没有记住救我的叔叔是哪位老师……后来第一教学楼和南阳村建好后学校就把水塘的水放光修成了晴天黄土飞扬、雨天黄泥满场的田径场。现在这里已经是个休闲文化广场了。

建校初期我们最期待和最开心的校园文化生活就是周六晚上电影公司来学校放电影。最早是在第一教学楼东边的空坪里放电影。白色的银幕就挂在两棵树中间。因为看电影的人多，地方太小，我们小孩子就常常坐到银幕的反面去边玩边看。不久学校在东坡村旁边修了一个露天电影场。那一排排水泥凳子、那一场场露天电影，给远离市区、交通不便、娱乐活动贫乏的湘大人增添了许多的快乐与记忆。现在这里已经变成了沁园。

下图是学校早期建的图书馆。后来在前面建了一栋宏伟的大楼，这个老馆就成了藏书楼。

学校最早建的教学楼是第一教学楼。父亲说原设计有六层。在开建时受当时“朝农”精神的影响，学校准备在全省 14 个地州市办 14 个分校，总校这边就由 3000 人的规模降为 1000 人，第一教学楼也就由六层变更为四层了。

南山的第三、第四阶梯教室当时都只有一层。后来分别在上面加建了两层并用连廊相连。

以前寸草不生的西山，中间是水塘和农田。现在这里已经变成了美丽的画眉潭和第二田径场。

泉山上校工会办公的那个红砖小平房是当年学校成立最早的研究所——流变力学研究所实验室所在地。也就是在这里袁龙慰教授创立了流变力学学科。这个实验室从成立到搬走，我都参与并见证了。有缘的是在2000年我又在这个小平房里工作了8年。这个小平房也是目前学校保留下来的最早期的建筑之一。

湘潭大学从1958年毛主席亲笔题写校名、1974年复校、1978年进入全国重点大学，在后来的建设与发展过程中经历了一些曲折与艰难，2022年2月14日重返国家队，跻身国家“双一流”建设高校行列。我作为与湘大同长大的湘大人，亲身经历和亲眼看到了湘大的发展与成长经历，我的心已经与湘大完全融为了一体。湘大的每一个角落每一棵树木每一块砖瓦都深深地烙在了我的记忆里。无论在什么场合，无论和什么人，每每提到湘大时，我的心中总有一种藏在灵魂深处的情愫。

我们常说，一朝跨入三拱门，终身便是湘大人。我们一代代的湘大人，一直传承着一种不认输、不放弃、敢拼搏的奋斗精神，因为我们一直坚守着一个信念，那就是毛主席说的：一定要把湘潭大学办好！

湘大：由“草棚大学”成“湖湘佳境”

刘爱德

1979年，我在偏远的湘西黔阳县工作。当听到毛主席“一定要把湘潭大学办好”的指示，不觉心情激动，思接千里。湘潭和我的家乡株洲相邻，这不就等于是在我的家乡办大学吗？我立即提笔奋书，申请支援家乡建大学。回想当年毛主席号召抗美援朝，我和当地乡亲父老都激情满怀，投笔从戎，奋勇参加中国人民志愿军。奋战不久，不幸于平壤负伤，回国。现在，如果能再投身于毛主席家乡办大学，那是多么荣耀啊！

来到湘潭市，转车沿湘黔路西行，不过十余里，就见黄土漫漫，荒丘层层，人称是湘潭市的“西北高原”。我和所有来校的同志一样，放下行李，脱衣挽袖，就举锄挥刀，挖土砍树，修路盖房。就这样，一栋栋草房建成了，一条条校园大路修通了，办公室有了，食堂、宿舍成了，可人们并不觉得简陋，倒豪气满怀，拍胸自乐：“身居陋室，心怀湘大。”人们都以“住草房为乐，吃粗饭为荣。”戏称上的是“草棚大学”。

湘大就这样办起来了，然而，到校人员日渐增多，盖草棚仍然无法满足到校人员的需要。于是，学校决定：新到教职工，暂时无房住时，可就近借住农家，由学校支付租金，提倡与当地农民交友，平等相待。就这样，借住农民家的教职工日渐增加，大家都乐观以对，自称“身居陋室，心怀湘大。”

如今，近半个世纪过去。湘潭大学已巍然屹立于这片黄土地上，旧貌换新颜。

站在校门前，引颈北望，但见一代伟人毛泽东的金色铜像，屹立于三座拱形大门之前，仿佛在招呼、欢迎一切远来的学子、游客。

进得门来，迎面一副巨墙，上书“数风流人物，还看今朝。”不用说，这是毛主席的著名诗句，怎不令人肃立起敬，当自问可否列入这细“数”风流之列？或者应当怎样争取到这“数”之列来？以慰伟人之期望？

进过这三座拱形校门，极目北望，但见一片绿树隐隐，道路纵横的广场，其间楼阁遍耸，花草纷呈，沿林荫路北行，过办公楼，穿图书馆转西行，不过百步，一座黄色六角亭迎面扑来。咦！这里原来不是一座山冲水库吗？一座大坝横亘山冲，水满时，大坝是一片汪洋。如今这山冲水坝安在哉？但见一座小湖，躺在这一片绿树杂林间，静静湖面，宁静秀美，俊雅端庄。放眼细望，对面假山石上隶书："画眉潭！"

忆往昔，这画眉潭何曾见水，不过是一条黄土冲，看两边山坡叠起，野花竞放，山坡上，荒草漫漫，绿树隐隐。偶尔有野鸟掠过，也不过是在枯枝上稍待，稍停即飞。偶尔有画眉掠过，在林间嘎嘎飞鸣。考究起来，这画眉潭倒也秀雅，在那时不过是个画眉冲而已。如今要在这山间办大学，人多了，画眉也就少了。改冲为潭，这"冲"焕然一新，"潭"自然也就新了。

由"画眉潭"北行，不上百步，陡然一山横阻，过泉山，一鼓劲，攀一百三十级阶梯登秀山，山顶至高处，建有一"游息亭"，站在"游息亭"中，极目东望，但见湘江北去，浩浩渺渺，神志飞扬，骤感天地之悠悠，日月之光辉。俯视山下，琴湖静卧山坡之下，九曲桥呈姿于岸畔，六角亭倒影于湖底，学子、游人络绎不绝，或迷书卷于树荫下，或赏湖景于余晖中。人过处，有人吹箫，有人抚琴，琴瑟之声不绝于耳，琴湖之名显乎其中。琴湖，为湘大之福地；湘大，诚湖湘之佳境也。

甘为人梯，默默奉献：图书馆人的精神传承

曾湘琼

早上由长沙市汽车站搭乘城际汽车到了湘潭市汽车站，后再转乘6路车前往湘潭大学。6路车是没有空调和风扇的小巴，非常拥挤，颠簸在黄沙高扬、偶有大坑的路上，再经过蜿蜒的小路，车停在了南校门；拖着行李箱，顶着烈日走路到人事处报到、房产科办房屋和家具分配手续，再走路到达北山青年楼，已汗流浃背，黄昏来临。但因之前得到湘潭大学人事处老师的细致指引，一路都很顺利。

在北青楼六楼北边转角的一间12平方米的房子，学校派发每人一桌、一椅、一单人床，我和另一位女孩子一同在此安顿下来。

时光飞逝，这已是30年前的6月28日。

第二天傍晚，时任馆长的邹洪斌馆长和其爱人图书馆学专业的曹素芳老师一起敲开了我的房门，说是散步路过来看看我们，笑意盈盈关切地询问。小小的房间，因为4个人的加入而有点拥挤，但却充满了爱意。我知道他们是特地而来的，因为没有手机联系，是需要提前向房产科问询到房间号的。领导的关心、长辈的关爱、舐犊之情夹杂在一起，让初到湘大的我心里甜甜的、酸酸的，至今人至中年，依旧记忆如新，终身难以忘怀！也自此，种下了“图书馆人”认知的种子。

邹洪斌是湘大图书馆第一任馆长，从1975年年中图书馆筹建起至1992年，图书馆已拥有身居学校中轴线、前坪喷泉、东西向绿树丛荫、开阔大堂的，大开间阅览室、有四层承重书库的馆舍在当时的条件下可称优越。大堂内左右两边扶梯而上，中有1988年11月著名历史学家、社会学家、时任全国人大常务委员会副委员长的周谷城先生题写的“图书馆”馆名，右墙书写高尔基的“书籍是人类进步的阶梯”的文字。

邹馆长说：“事情都是人干出来的，图书馆最宝贵的资源就是馆员。”至今

我深以为然。同时，其“从严治馆 开拓创新 优质服务”理念历久弥新。

1989年4月邹洪斌馆长（左四）陪同外宾考察图书馆

在他的管理下，作为图书馆新人的我开始了每天签到上班，被安排在自然科学借书处，结识了第一位部门负责人陈果老师，得她的悉心指导，熟悉了跑库外借、目录组织等业务，开始了图书馆职业生涯篇章。可以说，陈果副研究馆员是我图书馆实践工作的第一位指导老师。

半年之后，我主动请缨调到了社科借书处，因为自然科学图书外借量远远小于社科图书外借量，我觉得自己应该去更辛苦的地方。

跑库的日子，是职业生涯最简单而快乐的一段时间，穿着平跟鞋，接到读者厚厚的一叠索书单，快速地找到抱出一大堆书，在读者急切又满意的眼神中麻利地办理好出借手续；抽空对书车上的书进行排架，拖进书库上架；那时候的四层书库，纤尘不染，到处都是馆员忙碌找书、上书的身影。

此后，得以熟练地担任起了采编部目录组织岗位，维护全馆卡片式目录。负责每一本新书目录卡片的编制、打印，每周拧开近500个读者目录盒螺丝，放入每一张新书目卡片供读者查阅。在只有纸质文献的当时，馆藏目录的及时和准确关系着整个图书馆借阅率和读者满意度，责任较大，此间，当时的采编部主任喻群义老师（后担任副馆长）给了我充分的信任、鼓励和指导。

也是这段经历，让我对图书分类、编目、排架、检索、读者需求、流通率、文献利用率，以至馆藏建设等基础业务有了非常深刻的理解和体会，为今后从事各项信息服务工作，打下了坚持基础。

尤其培养我得以在1998年成为首批国家机读目录MARC编目员，和同事殷焱一道承担所有馆藏图书机读目录原始编目，圆满完成本馆以及全国书目共建共享的开创性工作。

1992年的领导班子是邹洪斌馆长、彭道杰副馆长、尹小萍总支书记，全馆54位馆员，不管是在业务、馆际和学术交流、党团工会活动、行业学会工作、争先创优等各方面都积极向上、朝气蓬勃，图书馆凝聚力强，以及馆员爱校爱岗的精神，无不对我们新人馆员起到了非常积极的深远影响。

之后，图书馆学人朱建亮馆长、数学向熙廷馆长、文学王澧华馆长、哲学张建民馆长、数学金继承馆长、朱育平书记、彭道杰副馆长等对我影响深刻。因从事的业务岗位工作联系较紧密，均受到他们的教诲和悉心指导培养，促使我不断完善、学习与进步，得以积蓄力量，具备了走上副馆长岗位的政治素质和业务素质。至今那些干过的事，都历历在目。

1995年复印机作为当时的新技术设备，在张友信老师的指导下，学会使用并能做基础维修，为读者复印文献；1996年全馆第一个承担在外文阅览室开放晚班的重任；1998年完成全馆MACR数据处理；2000年挑战独自负责“湘大人文库”建设，一年期间文库规模达3万余种，并建立了书目数据库；1999年，见证了图书馆办的《读书人报》，深受读者喜爱；2000年暑假搬迁新馆，每天搬书上架7个小时，我和很多馆员累病了都还在坚持，就为了开学能正常开馆；2004年起从无到有开创文献传递、读者培训、学位论文提交，和大家一道建设特色数据、2004年开设本科生和2007年开设研究生文献检索课；2008年迎来了历经3年筹备的科技查新站申报，协助肖冬梅副馆长参与教育部科技查新站申报，函评和实地考察均为“优秀”等级，获得和湖南大学站的战略合作，开始面向湘潭地区开展科技查新，支持学校和湘潭地区科技创新；2008年起在办公室工作，其间为全馆10多项国家级、省级奖励申报制作材料和专家实地考察材料，成功申报全国总工会的“全国模范职工小家”、湖南省文明窗口单位、湖南省资源共建共享先进单位等。之后又被借调学校党建评估办工作了半年等。

2004年起在信息部工作，也开启了我专注探索科技服务的方向，学习科技工作规律、研究科技工作需求等，学习、思考、实践不断地在工作中交互、积累，2013年获得湘潭市青年科技奖、2019—2021年获得湘潭市自然科学优秀论文一等奖等。丰富的多岗位经历、经年的辛勤汗水，总是有收获的。

馆员新兵的成长，不能或缺也没有或缺的是老馆员的传帮带；光阴荏苒，但记忆犹新。

书厅管理馆员，把厅室的每一本书按索书号精准摆放，清楚每一类书的存放架位，知道最近本厅进了哪一些新书，熟悉经常来本厅利用文献的师生读者；每天都要做厅室卫生，细致到有拖地的拖把，还有专门抹阅览椅脚上的横梁的拖把，厅室内的每一把椅子周身都是一尘不染的。如张凤英、杨锦荣、李莉、曹九秋、张春环、彭润银等；

技术馆员，不断学习钻研图情与计算机系统的结合融合，在图书馆上自动化管理系统后，克服技术障碍保障业务数据和系统顺畅运行。如张友信、杨天军、刘伟林等；

信息服务馆员，专注钻研前沿业务，引领开拓新业务，开展情报信息服务。如肖冬梅、谢海华、刘晓英等；

资源建设馆员，改革传统资源供给模式，全心全意落实读者文献需求。如傅秀兰、陈星、谢双凤等；

特色文献管理馆员，独守一隅潜心修炼，专注于古籍除虫、编目、利用，保护和开发学校独一无二的文化宝藏，如陈果、陈代春、李红慧、言文静、王熊青等。

他们为读者提供最整洁的环境、最新的图书信息、最准确的文献线索、最及时的文献供给、最稳定的技术保障、最有温度的人情关怀、最真诚的人生指导，与师生读者亦师亦友。

大家曾一起并肩作战，每一位同事都有鲜明的个性，但他们却都有着同一个共性，就是对工作的认真，克服困难做好服务，积极探索实践提升服务水平，他们默默无闻、坚韧不拔、甘当人梯，在平凡的岗位忠诚履职。尤其是彭道杰副馆长，退休十几年后至今仍在为我馆古籍工作和他家乡县城的文化建设奉献力量，让我看到图书馆人生生不息的激情和强大的精神力量。

2019 年国家图书馆出版社出版了《应对变革——30 年来美国图书馆楷模人物撷英》一书，该书对美国《图书馆杂志》自 1988 年设立“年度图书馆员”“年度辅助图书馆员”奖的获得者从个人特质、教育背景、职业生涯、主要业绩、获奖原因等方面进行了深入研究，展现 30 年来美国图书馆事业发展的轨迹以及图书馆社会职能的演变，致力于宣传推广专业馆员的贡献与成长，向同行示范榜样的力量，让同行更好地前行，从而推动事业进步。不管是国内，还是国外，传帮带和榜样示范使事业一脉相承、生生不息、蓬勃发展。

随着信息化新技术的进步，30 年间，图书馆业务发生了巨大的变革，从卡片式目录到机读目录，从纸质文献到数字资源，从电子阅览室到数字信息共享空间，从文献服务到信息服务，从仅工作时间开放延长至全天开放，从传统图书馆转型到虚拟图书馆、数字图书馆、智慧图书馆、元宇宙图书馆，因而对图书馆人的素质要求也在不断变化和提高，一代代图书馆人一直保有对专业的热爱，孜孜不倦在提升自身素质、探索新技术，践行管理与服务创新，一直在为实现现代化图书馆道路上默默奉献、耕耘和奋斗。

在“双一流”建设高校的新征程中，湘潭大学图书馆人必将牢记毛泽东同志“一定要把湘潭大学办好”的殷殷嘱托，以习近平总书记对我校重要批示为根本遵循，以“功成不必在我 功成必定有我”的精神传承，奉献强大的支撑力量。

与时代同行　与湘大共进

刘巨钦

光阴荏苒，岁月如歌。我 1989 年毕业留校任教，参与和见证了湘大从小到大，从弱到强，从黄土高坡到美丽校园的沧桑巨变，多少往事，历历在目；千言万语，无从表达。

感恩伟大的时代，感恩中国共产党的卓越领导，我们生长在红旗下，沐浴着改革开放的东风，高歌着春天的故事，奋斗在社会主义新时代，感到很幸福！很充实！很有成就感！

湘潭大学的发展史，就是一部在党的领导下披荆斩棘的奋斗史，就是一部奋发有为的创业史，就是一部追求卓越的成长史，就是一首全体湘大人激情满怀、奋发图强追逐梦想的进行曲！全体湘大人用生命点燃激情，用汗水铸就成就，用理想照亮未来！我们湘大人一直在奋斗，一直在追求卓越，一直在创造奇迹！

回首扎根湘大岁月，内心充满感谢与感动！我要特别感谢湘大对我的培养，感谢我的各位恩师，我是土生土长的湘大人。1989 年研究生毕业留校任教国际经贸管理学院，从事企业管理的教学和研究，1992 年转讲师，1994 年破格晋升副教授，1998 年破格晋升教授。2012 年晋升首批二级教授。

我要特别感谢学校党委、行政的信任，让我有机会服务兴湘学院 18 个年头，这是我人生最宝贵的职业经历！

我是2001年9月3日到湘潭大学兴湘学院报到的，直到2018年4月正式离任，跨越18个年头。我到兴湘学院任职毫无思想准备。2001年8月29日，学校党委组织部李部长找我谈话，当时我还是有点犹豫的。那时我在商学院担任分管教学工作的副院长，连续3年被评为商学院科研工作先进个人，我对做企业管理研究情有独钟，而兴湘学院白手起家，要办好兴湘学院需要付出极大的努力，这会对我的科研工作产生影响。我非常尊敬的李部长给了我很多鼓励。李部长还推荐了两位非常优秀的搭档，郑金华教授和韩孟秋副研究员。我们三位是9月1日下午在我家后面的树林子里第一次正式碰面的，一碰面就开始研究学院工作。那天天气炎热，树下却有凉意，后来我们笑称兴湘学院是“松下学院”。尽管当时学校正式任命文件还没有下发，但兴湘学院的最早班子就这样正式走马上任了。我没有料到的是，从这天开始，我在兴湘学院一干就是18个年头，把我人生职业生涯的黄金时间都奉献给了兴湘学院，兴湘学院的一砖一瓦、一草一木、一人一事、喜悦焦虑莫不历历在目。现在想来，既感慨万千，又无怨无悔，更像全体兴湘人一样收获满满，充满自豪感与成就感。我们可以自豪地说，我们实现了办学之初所确定的办学目标：创建全国一流、全省第一的独立学院。

我大学学工科，很重视创新创业教育。创新创业教育的最终目的是培养学生的创新精神、创业素质和企业家精神，使之内化为学生创新性、开拓性和进取性的精神气质。创新创业教育契合兴湘学院的人才培养定位和高素质应用型人才的培养目标。为此，学院注意营造浓厚的创新创业氛围，制定科学的创新创业课程体系，加强组织领导，打造创新创业项目孵化平台。

2016年，兴湘学院电商团队的《亮窗花卉O2O》获湖南省电子商务“创新创意创业”挑战赛一等奖，麦田工作室作品“云植科技”获第九届全国大学生网络商务创新应用大赛总决赛特等奖。兴湘学院组建了XTU百事通团队等10多个创业团队。XTU百事通团队打造的自媒体服务平台引起了湖南日报、新浪、网易等主流媒体的报道，并在首期腾讯微校全国高校公众号排行榜中排名第四位。兴湘学院创新创业教育取得了显著成绩，现在不少毕业生在商界崭露头角。

我非常重视高层次人才培养。我认为每一个学生都是一座金矿，都有巨大的潜力可以挖掘。因此我和全院老师一道极力引导学生高层次成才。兴湘学院的考研录取率一直保持在全国同类学校前列。2012 年考研录取率达到 23%。不少学生考取中国科学院、浙江大学、多伦多大学、威斯康星大学、海德堡大学、名古屋大学、墨尔本大学等国内外知名高校研究生，2013 年工科学生考研录取率达到 31%。兴湘学院也有大批同学在继续攻读国内外著名高校的博士、博士后。

在兴湘学院办学期间，我忘不了李树丞校长第一次批给我们的 5 万元办学经费和大力支持；忘不了罗和安校长对我们工作的充分信任和有求必应；忘不了章兢书记凌晨 2 点多到兴湘学院建筑工地检查工程进展情况；忘不了黄云清书记多次亲自参加兴湘学院会议！忘不了许多学院领导、老师对兴湘学院给予的特殊支持和特殊关爱！忘不了兴湘学院管理团队日复一日、年复一年、默默无闻的长期拼搏进取。我们配合默契、合作愉快、理念契合、步调一致，工作卓有成效。

一路走来，我始终不变的是对莘莘学子的深切关爱，对教学工作的无比热爱。我的第一身份始终是教师。我指导学生不遗余力，看到学生的进步与成长非常高兴。我在 2018 年主动辞职，就是希望能够真正安下心来，回归到自己热爱的教学事业中去，专心致志做好教书育人工作。

管理理论来源于管理实践，我很重视产学研有机结合，在商学院工作期间，先后为东风汽车、湘钢、株洲车辆厂、湘电股份、湘潭产业集团等众多企业提供管理咨询培训服务，获得企业高度评价，也大大加深了我对企业的认识。

我还经常被同学们所感动。他们的激情拼搏、善良包容、优秀品质、蓬勃活力，他们对学校和老师的浓浓情意我都看在眼里，感动在心头。在 2020 年疫情最严重的时刻，远在广州工作的齐杰同学专门为学院和我本人寄来口罩。我还多次在飞机上、高铁上遇见湘大学子，许多年以后他们还感谢我曾经给他们讲过“管理学”。作为教师，我们的人生因为学生而精彩，因为彼此相遇而美丽！

我先后获得湖南省优秀中青年专家、中国 MBA 风云教师、湘潭大学杰出教学贡献奖、省部级教学科研成果一、二、三等奖 10 多项。主持和参与课题 40 多项，在管理世界、经济学动态、南开管理评论等发表论文 180 多篇，在上海三联书店、中国经济出版社、企业管理出版社等出版专著21部。

岁月无言，成就有声。回首在湘大工作的30多年，可以自豪地说，这是奋斗的30多年，是奔跑的30多年，是经历了许多艰难困苦的30多年，是硕果累累的30多年，是我们人生中非常美好的30多年。我们的工作是开创性的！我们的奋斗是有价值的！我们的人生是有意义的！我们无愧于这个伟大的时代，无愧于党和人民托付给我们的光荣使命，无愧于我们矢志不移的梦想与追求！我们为湘大的办学成就感到骄傲！为我们自己感到自豪！

湘潭大学见证了我们太多的酸甜苦辣，承载了我们太多的情感与期盼，湘潭大学的每一寸土地上都有我们奋斗的足迹，当然也创造了属于我们湘大人共同的伟业与传奇。在湘大这片生机勃勃的土地上，有我们共同的欢笑、共同的情感、共同的记忆，有我们流淌在一起的汗水！当然，它更是铸就了我们共同的身份标签：我们都是永远的湘大人！

几十年的相处和陪伴是我们人生最美好、最愉悦、最温馨、最长情的记忆。感恩所有的遇见，感谢所有的关爱！

每个人的职业生涯有限，但我们所从事的为党育人、为国育才的伟大事业无限。诞生于黄土地上的湘潭大学正以它的韧劲、它的坚强、它坚守学术的纯洁、它带着原野的芬芳、它立德树人的担当显示出它蓬勃的生机和无限的活力，这里永远是我们的根和魂，永远是我们情感归依和事业寄托。

让我们彼此留存美好的记忆，静心品味时光的浓香，共同期待湘大更大的荣光。互相道一声珍重，并在心底送上最真诚、最温馨的祝福。衷心地祝福湘潭大学！祝福每一个湘大人！衷心地祝福我们每一个湘大人更加美好灿烂的明天！

在离退休岗位工作的二十九年

钟伟来

1992 年 12 月我因两地分居调入湘潭大学人事处退休科工作，1993 年学校单独成立离退休办公室（处级单位），后来更名为离退休工作部（处）。老同志的人数从 1992 年的 300 多人到 2021 年的 1300 多人，本人也从一个朝气蓬勃的 20 来岁的年轻人到了淡定从容的中老年人（2021 年 4 月调换到工会工作），在为老同志服务的 29 年里，有许多感动、感谢和感受。

感动：艰苦创业、乐在其中的奉献精神，让我坚守

刚到离退休工作岗位，我既高兴又忧虑。高兴的是我校 300 多名离退休同志中，大都资历深、阅历广、经验足、作风好，我能有机会和他们“近距离”接触，学习他们的好经验、好作风，把党的优良传统和作风一代一代传下去，感到莫大的光荣，这样的机会是难得的。忧虑的是我过去一直从事医务工作，没有做老同志工作的经验，怕做不好。加上有些关心我的同志对我说：“做老同志工作，既辛苦又无实惠，是个费力不讨好的工作，你这么年轻，不如换个

别的工作……”还有的同志说：“老同志资格老、脾气大、要求高，你服务稍不如意，就要挨骂受气。”这些来自各个角度的看法褒贬不一，也曾经动摇过我的决心，担心自己与老同志们相处久了会多了暮气而少了朝气，因此有了调离此工作岗位去当医师的想法，当时的副处长刘秀英得知我的想法后，找我谈心：“该岗位就是需要年轻人，而你性格温和、为人谦逊适合做老干部工作……”真正使我坚定坚守岗位决心的是从我了解湘大及湘大人的奋斗史开始的：建校初期 622 名教职工为了“一定把湘潭大学办好”的共同梦想，扛着破旧的棉被和崭新的夙愿，以及年轻的生命，从祖国的四面八方来到这黄土高坡，在荒野上搭起茅棚，在茅棚里绘制湘大蓝图，在蓝图里洒下汗水，在汗水里寻找人生的价值，于是人生的荒芜之地和自然的荒芜之地同时被开垦了……一位两鬓斑白的老同志曾告诉我，她们刚进学校的时候住的是草棚，有一夜下了一场大雨，半夜她们被雨声惊醒，起身一看地上的脸盆在水中漂来漂去，而空中淅沥地掉着水滴……还有一位老同志告诉我，当年他们住在附近的农家，酷暑难熬，蚊虫叮咬，每天夜晚只好打来一桶水，把双脚伸进桶里，继续为学生备课、批改作业……

上班肩扛一天夜色，下班脚踏双脚泥泞，头上挥汗如雨，脚下浸泡成霜，他们艰苦创业、乐在其中的奉献精神，深深地影响着我：我要服务的正是这一批开创湘大事业的功臣元老，我感悟到了做好我校离退休工作的重要意义，决心坚守好这个岗位。

感谢：组织的培养和同志们的关怀，让我成长

从一个 20 多岁的普通年轻人成长为一名共产党员、处级领导干部，饱含了组织的培养和同志们对我的关怀。从入党积极分子培训开始，让我逐步下定了“全心全意为人民服务”的决心，许下了“为共产主义奋斗终身”的誓词；两次职位晋升的任前谈话，让我感受了组织的信任和肩上的责任，组织让我三次参加处级干部培训班学习，让我的党性、思想觉悟得到了进一步提升；参加湖南省老干部工作者综合素质提升培训班，开阔了视野，启迪了思维，提振了信心，强化了做好新时期老干部工作转型、科学发展的责任感、使命感。

老同志的关怀伴我成长，刚到副处岗位，原校纪委书记尹钟灵语重心长地对我说：当副手要“到位不越位”“补台不拆台”。在党政一把手岗位时，刚退

下的一批老领导李冬林、尹小萍、尹立新、樊立英等对我说："我们都支持你的工作……"这些话语让我十分感动，同时增加了我做好工作的决心和底气。

感受：离退休工作的苦与甜，让我实现了人生价值

到工会工作一年来，很多同志问我："工会与离退休工作，感觉怎么样，工会这边没那么多操心事、烦心事，应该好多了吧！"我的回复是："都很好，一个是为离退休人员服务，一个是为在职教职工服务。"这不是客套，而是我的真心话，离退休工作虽苦犹甜，让我在为老同志的服务中实现了人生价值。

在全天候的服务中获得了信用和信赖。大家知道老同志的不适和意外是不会有"规定"的时间的，因此决定了我们的工作时间是"24 小时制"的。手机铃声经常响起在下班的途中、晚饭后的散步中、凌晨的熟睡中……几年前的一个晚上 9 点左右，手机铃声响起，一位老领导独居在家突然呕吐、头痛不适，我和几个工作人员 5 分钟内赶到其家中，呼叫 120 的同时，帮其清理房子呕吐物，换好干净衣服，120 来了后我和两位工作人员跟车来到中心医院，我垫钱帮其挂号、做检查、打点滴、请护工，并与其家属联系，忙完这一切回到家中已是凌晨 1 点多……老领导因得到及时救治很快康复出院，他说"感谢你们，你们不是亲人，胜似亲人"。又是几年前的一个冬天的晚饭后，有人反映家住东坡村 15 栋的彭老师近两天没出门，一个儿子在国外，一个儿子发病住江麓医院。我立马赶到楼下，请保卫处的同志打开门，见到彭老师一个人坐在客厅沙发中，意识清晰，但不能动弹，尿液把裤子和沙发全打湿，北边的窗户半开着，寒风从外边吹进来。我和彭老师说送其去医院，但她坚决不同意，我意识到问题的严重性和复杂性，这种情况再发生的话，不是病死也会被饿死或冻死。我马上联系了其退休单位党委书记彭焕明、其儿子所在单位物理学院的党委书记龙进良以及东坡村第五党支部书记洪振声一起做工作，最终说服其住养老院。我们一个人背不动彭老师，大家合力用被单把其抬到车上。送到养老院后，要签协议、预交 3000 元费用……手续办起来也十分复杂，但我丝毫没有嫌麻烦，只要老同志有需要，能得到好的照顾，我什么都愿意。

在推动工作改革与创新发展中，获得了组织的肯定和同志们的认可。近日与曾经的班子成员见面，副处长黄子建对我说："创建的'把支部建在村组上'工作品牌，有效地加强了党对基层工作的领导，使党的路线方针政策和战略能

够及时在基层得到贯彻与体现，这一品牌影响深远……”副书记陈斌说：“经你修改过的材料都是一次升华，我现在也都没办法再修改一个字……”昔日战友的谬赞让我感到莫大的满足，多年来我校离退休工作是在不断改革与创新中发展起来的。这么多年离退休工作的一个深刻体会是，首先确立工作目标和做到两个熟悉，即确立“让党委放心，老同志满意”的工作目标，熟悉国家大政方针和老干部工作政策，以及熟悉老同志基本情况；其次是在健全运行机制中改革与创新，以问题为导向健全运行机制，如 2009 年创建了“四条横向到边纵向到底的服务管理网络”（即党支部网、行政村组网、群团组织网、关爱服务网），消除了服务管理盲区，2015 年制定了《湘潭大学离退休人员“双先”表彰办法》，2017 年修订和完善《离退休人员困难补助办法》，2016 年对老年大学、文工团文化艺术协会等群团组织机构进行改革，提升了群团组织自我管理、自我服务、自我教育的实效性。在加强党的组织建设中改革与创新，党的十九大报告指出，党的基层组织是确保党的路线方针政策和决策部署贯彻落实的基础。“支部建在连上”不仅是建党建军的一项基本原则的制度，更是我们党的建设特别是基层党组织建设的发展根基，在领会与学习“支部建在连上”这一基本原则与制度中，结合我校离退休处党建工作的实践，2015 年创建了“党支部建在村上”的党建品牌。在凝聚人心中改革与创新，在党建引领中凝聚人心，做好典型的选树及宣传工作，如沧南、曾子其、尚瑞尧等，发挥好党支部的战斗堡垒作用和党员的先锋模范作用；在搭建平台中凝聚人心，搭建好关工委、老年大学、老科协等平台，选优配强各群团组织班子，为老同志发挥政治优势、经验优势、时空优势提供平台，发挥老同志在弘扬社会主义核心价值观、讲好红色故事、传承红色基因、培养德智体美劳全面发展的社会主义接班人等方面的作用；在强化关怀中凝聚人心，建立健全扶贫帮困机制并坚持“五必访制度”，让老同志感受组织的关怀与温暖。

经过几代离退休工作人员的共同努力，离退休工作得到组织和同志们的肯定和认可，多次获省、市老干部工作先进单位，近年部（处）党委连续三次获学校优秀基层党组织称号。本人为推动我校离退休工作做出的点点成绩，组织和同志们都给予了我充分肯定和荣誉，曾获湖南省、湘潭市老干部先进个人，湘潭大学优秀党务工作者，湘潭大学优秀共产党员、湘潭大学维稳综治安全工作先进个人、湘潭大学“芙蓉百岗明星”、湘潭大学关心共青团工作“育才奖”

等称号与奖项。现在学校进入“双一流”建设高校，站在新的起点上，作为湘大人我仍将奋力奔跑，跑出我们这一代人的最好成绩，为扎实推进有鲜明特色的高水平现代大学建设进程贡献自己的力量。

回望湘大：心之所向，素履以往

李逻辑

曾经，这里一片荒山，人们把它称为“黄土高坡”。

如今，这里荒山已变青山，绿树成荫、郁郁葱葱，是名师云集、人才辈出的现代化大学城。

树木有根深扎在泥土，湘潭大学的创业者们也有根，他们听从党的召唤，把信仰之根深扎在湘大这片原野；他们抛洒青春和汗水，践行初心与使命，和一代代湘大人共同创造了荒山土坡上建起一流大学的辉煌功绩，铸就了“牢记嘱托、艰苦创业、追求卓越”的湘大精神。

追梦人：为建设毛主席家乡大学而来

一位伟人，一纸校名，一句嘱托，一所大学。

1958 年，毛泽东主席在中南海菊香书屋，亲笔题写“湘潭大学”校名，并亲切嘱托“一定要把湘潭大学办好”。

从此，践行“一定要把湘潭大学办好”的殷殷嘱托，办人民满意的大学，就成为湘大创业者们共同的初心，不变的梦想，坚定的信仰！

这是一群志坚如磐的追梦人，他们为建设毛主席家乡大学而来！“毛主席是一位了不起的伟人，我就是因为他才来的湘大。”1977 年，曾任武汉大学哲学系教研室主任的沧南提着一口大樟木箱子，从武汉只身来到湘大，那一年，他 53 岁。“虽然当时条件艰苦，但我们所有的教师们心里都有一个‘梦’，我们一定要把湘潭大学办好，办成一流大学。”

1974 年的湘大还是一片“不毛之地”。“大跃进大炼钢铁”，把树砍光了，森林就成了荒山，当地人称之为鬼坳子。

虽然环境恶劣，但是自 1974 年 11 月教育部向江苏、湖北、辽宁、吉林、广东、北京、上海等 10 省市发出《关于请求支援湘潭大学部分师资和图书的通知》后短短 4 年时间内，来自北京大学、清华大学、复旦大学、吉林大学、南开大学、武汉大学、华中师范大学等 90 多所高校的 620 多名教师，毅然放弃优越的生活条件，来到了这片“不毛之地，黄土高坡”。他们有：姜书阁、羊春秋、尹世杰、沧南、颜家壬、萧艾、张铁夫、袁龙蔚、罗铸楷、杨向群、陈传淼、付凯新、陈仲沪、余明光、徐泰来、王霞瑜、刘庆云、王建章、王勤等等。

为了追梦，他们跋涉了许多的路，只为心中那份执着的向往，他们吃了不少的苦，给予这片土地的都是甜。

诚如《我们的湘大：野史无文自苍茫》所说：

湘大的历史，由每一个爱她的人用激情写就。

湘大的历史，由每一个爱她的人用行动写就。

湘大的历史，由每一个爱她的人用灵魂写就。

因为热爱，他们眼前唯有星辰大海，从此风雨兼程，他们相信，梦想自会引路，风景自会成歌。

拓荒人：白纸上画出最美的图画

1975 年 9 月 10 日，湘潭大学复校后首届开学典礼举行。当时黄土夯筑的主席台上摆着几张破旧的课桌，台下是头戴草帽的老师学生，时任省委书记于明涛郑重宣告：“在毛主席党中央亲切关怀下湘潭大学胜利开学。”

那时候的湘大是一穷二白的“五没有”大学：没有图书馆、没有教学楼、没有员工宿舍、没有电灯、没有自来水。

“一张白纸能画出最美的图画，一片荒山定能建起一座学府。”1976年初，复校后第一任校党委书记张勇，站在写有“荒山起家，劳动建校”的大标语前豪迈地说。他这么说的，也这么做了！

从此，这位1939年入党的老战士就把这片荒山当成又一个“战场”。在油毡当瓦、篾箪当墙的办公室，夏天热浪逼人，冬天寒风刺骨。桌上躺着一本省委宣传部编发的《一定要把湘潭大学办好》的宣传册，有一天，狂风吹落屋顶的一根木头，砸在办公室的墨水瓶上，四散的墨水把白衬衣弄得花花点点，他打趣道：“难得穿上这样的花衣裳。”

张勇书记十分惜才。著名诗人、民间文学专家彭燕郊，由于历史问题长期被压抑，“文革”期间被贬到长沙一家工厂当油漆工，1977年得到平反。他得知这个消息后，立马赶到彭燕郊老师家里，把他请到了湘大。后来担任过校长的杨向群，当时还是邵阳二纺机厂子弟学校老师，他的母校南开大学要招他回去，张勇书记得知消息，马上跑到邵阳，晓之以理动之以情，将他调来学校。化学专家王霞瑜从国外访学归来，他去火车站迎接，古典文学专家姜书阁、古文献专家韩长耕、流变力学专家袁龙蔚等，他登门拜访，以情留人。

据说姜书阁、彭燕郊、杨向群等老师来校时，都是他和左维校长“高规格款待”，桌上没有肉，有的只是老师们自己种的苦瓜、西红柿、空心菜，还有西瓜瓤做的汤。

在那段燃烧着激情与汗水的岁月里，老师来校报到，就人手一套“劳动三宝”：锄头、斗笠和煤油灯，在教学科研之余，一齐劳动建校，挖山、挑土、建房、植树……

从1977年起，先是8000多平方米的第一教学楼拔地而起，接下来几年，一教就是“湘大”；随后，羊春秋、萧艾、张铁夫等搬进了“卧虎藏龙”的南阳村大板房；紧接着，印刷厂的机器开始轰鸣；再到1980年，40多万册图书靠着肩扛手提，像蚂蚁搬家一样摆进了新图书馆。也是那几年，45万棵香樟陆续在这片黄土地上生根发芽。

青了荒山，白了头发。湘大创业者们以锄头开荒地，以智慧筑根基，以毅力创奇迹，仅用了4年，创造了中国高等教育史上绝无仅有的高起点办学“神话”——1978年，学校成了全国首批88所重点大学、16所综合性大学之一，这也为学校的建设发展奠定了坚实的基础。

引路人：一生一个事业

十年树木，百年树人。教书育人是他们一生的事业，开始了，就始终向着光明，不会停歇。

校史馆里存着一张泛黄的照片：四名学生蹲在第一教学楼前，用手指在地上画画写写，认真演算着数学题。在这几名1977级数学系学生中，有两人若干年后成了数学界顶级大咖，一位是中国科学院院士袁亚湘，一位是国际知名数学家许进超。

复校初期湘大数学默默无闻，却因为1980年湖南省理科数学分析竞赛“一战成名”。袁亚湘和许进超夺得一等奖，学校比赛成绩名列全省榜首！当年的竞赛指导老师，用90多个日夜，指导他们通读菲何金哥尔茨的《微积分学教程》（8册），遍做《吉米多维奇习题集》全部难题。这位老师，就是1976年来校，并指引他们走入数学殿堂的全国优秀教师李寿佛。

在两位数学家的记忆中，印象最深的就是李寿佛老师讲的数学分析课。袁亚湘说：“李老师的《数学分析》讲得非常好、引人入胜，这是我们班后来有不少同学爱上数学的直接原因。”许进超评价：“李寿佛老师讲数学分析是全世界讲得最好的！”

李老师对授课要求严格，为了精益求精，“常常备课到深夜，在黑板上分几栏，每栏写几行，每行写哪些内容，都要提前计划好，最大限度吸引学生。”对学生他也毫不放松，指导论文时，“不仅对论文的科学创新性、理论和实用价值有严格要求，而且对论文的书写风格、精练程度、编程技巧、汉语及英语语法甚至标点符号也不放过。”

虽早已功成名就、桃李天下，如今的数学院北楼304室仍常常可以看到李寿佛忙碌的身影。2019年，耄耋之年的李寿佛还参与了国家“十三五”重大专项课题项目研究。该项目的成功研发，有望为全球能源格局的巨变和全世界从“石油文明”走向“核能文明”的推动作出贡献。今年，凝聚他多年心血的《辐射流体动力学若干新的数值方法》一书也即将出版。

李寿佛的坚守与执着，是湘大初创者们的缩影，也是这群引路人们的缩影：他们把自己活成一束光，照亮自己，温暖他人，努力成就遇见的每一个学子，指引他们成人成才的前行之路。

他们是“芙蓉国里尽朝晖”的追梦人，心之所向，素履以往，“一定要把湘潭大学办好”是他们共同的初心与梦想！

他们是“敢教日月换新天”的拓荒人，心有热爱，无畏山海，45 万棵高大的香樟树见证了他们的坚韧与力量。

他们是“青山着意化为桥”的引路人，心怀大我，桃李天下，用青春和汗水践行了时代赋予的使命与担当。

美哉，可爱的湘大人！

壮哉，我们的湘大！

她的人生赛道 每一条都绽放别样精彩

李银艳 丁德凤

“独臂律师30年自强不息，‘扶’起维权中的弱势群体。”近日，我校公共管理学院教师扶婷入选2021年11月“湖南好人”榜单，这是扶婷近半年来收获的第三个荣誉。

此前，扶婷获评“湖南省自强模范”“全国律师行业优秀共产党员”荣誉称号。30多年来扶婷用独臂与命运抗争始终以拼搏的姿态完成一次又一次的华丽转身，在人生的每一条“赛道”上都活出了自己的精彩。

从“关门”到“开窗”，荣誉在训练中积累

扶婷出生在湘潭市雨湖区鹤岭镇一个农民家庭。1989年，一场车祸无情地夺去了她的右臂，3岁的扶婷只能学会独翼飞翔。

“从小我就知道，可能别人能够很轻松做好的事情，我却要付出很多的努力。”

每个孩子心中都有梦想，扶婷也不例外。虽然失去右臂，但扶婷热爱运动，8岁时，扶婷开始练习跑步，却因训练不得法而放弃。上帝为她关上了一道门，却不能阻止她打开另一扇窗。13岁时，扶婷第一次接触游泳，她就喜

欢上了这项运动，那时的扶婷兴奋得像只出笼的小鸟，使出浑身的气力在浪花里欢腾。但她很快发现自己与其他孩子不一样——一只胳膊难以保持身体平衡、一只胳膊抓不住打水板、一只胳膊更跟不上别人的训练进度……她犹豫了。

2001 年，在一场游泳选拔赛上，扶婷意外地看到平时忙于工作的父母来到了现场为她加油鼓劲。在父母的助威声中，扶婷奋力跃入泳池，她又重新找回了自信。

15 岁时，扶婷凭借天赋和努力入选国家队，接受最正规也最严格的游泳训练，并很快脱颖而出。16 岁时，她首战代表国家出征亚残运会，夺得金牌。数年之内，扶婷以独臂征战多场全国与国际赛事，获得骄人战绩，斩获金牌 18 枚、银牌 5 枚、铜牌 4 枚，并屡破世界纪录。

在荣誉背后，她所经受的，是普通人不曾经受的磨砺与挫折。“这么多年的体育生活，带给我的不仅仅是荣誉，更多的是培养了我一种健康、向上、乐观的心态和坚韧不屈的品质。”扶婷说，这样的心态和品质已经融到她的血液中，使她具备了不惧任何困难和逆境的勇气。

从“赛场”到“校园”，卓越在奋斗中铸就

雅典残奥会后，这位满身光环的运动员退役了，但她的转型令很多人感到意外。没有继续从事体育相关工作，而是选择了回归校园重新深造。学法律、当律师，她要执法律之剑守护人间正义。

2004年8月，扶婷成了我校法学院的一名大一新生，跨入三拱门后，她的人生便与湘大结下了不解之缘。

告别了朝夕相伴的泳池，扶婷以全新的姿态投入了人生的又一个训练场。

“当我拿起法律书的时候，我知道这是一个全新的领域，我会要重新开始。”

首先遇到的难题就是英语学习。“口语、听力这些都是我的弱项，比起其他同学来，我感觉差距很大”。为了将英语赶上来，扶婷那股在赛场上不服输的执拗劲又回来了。她每天坚持在他人还在沉睡时出发，赶往泽园晨读。在翻烂了一本本词汇书、一盒盒磁带被反复听了无数次后，她的英语成绩很快赶了上来。

对于专业学习，扶婷更是不敢有丝毫懈怠。在各类学术讲座中，时常可以看到扶婷认真而专注的身影；高年级的课堂，她一有闲暇就会去旁听；她甚至还请老师给自己开了一大堆书目，一本又一本地研读专业书。

正是凭着体育生涯中养成的拼搏精神和执着态度，大学几年，扶婷无论是专业课还是其他课程都取得了优异成绩。2008年，扶婷以综合第一的成绩保研我校经济法专业硕士，继续在校深造，并于读研期间顺利通过司法考试。

“作为一名体育特长生，她从不因特殊的身份在学习上打折扣，而是对自己要求更高、更严格，也比别人更刻苦、更勤奋。”这是老师和同学对她的评价。

本科和硕士研究生的7年里，扶婷这位曾经叱咤泳坛的水上公主，在校园里同样延续着她的精彩与辉煌。“中国大学生自强之星标兵”“湘潭市十佳大学生品德奖”“优秀团干部”“芙蓉学子”……这些纷至沓来的荣誉，都是她完美转身的最好见证。

“把我当平常人看待。”生活中，这是扶婷对身边人说得最多的一句话。刚到学校时，室友出于她身体上的不便总想着给她这样那样的帮助，但都被扶婷

微笑着拒绝了。她不仅不需要老师和同学的特殊关爱，甚至还总是用她曲折的成长经历，为室友们的烦恼答疑解惑。

2018年，扶婷又再次走进校园，成了我校法学院环境法方向的博士研究生。她结合实践进行理论创新，在cssci期刊上发表多篇理论文章，与导师共同撰写的检察公益诉讼研究成果获得最高人民检察院检察长肯定性批示。“学术能力强，肯吃苦、肯钻研”这是导师吴勇对扶婷的评价。

从“赛场”到“校园”，扶婷完成了从“冠军”到“学霸”的华丽转身。

从“职业”到“事业”，大爱在行动中彰显

扶婷不仅在学业上做到了追求卓越，在工作上她同样做到了出新而出彩。

2011年硕士研究生毕业后，扶婷进入律所，成为一名执业律师。因为独臂，扶婷的执业初期事业并不顺畅，接案时经常遭到当事人的质疑，处理业务时也往往要付出比普通律师更多的努力。

“刚开始执业的时候，确实会面对很多异样的目光，但是这些都没有关系，只要我认真做好每件事、不断提升专业素养，我想我肯定可以成功。”扶婷不想用过去的荣誉支撑今天的事业，也不愿意以残疾人的身份获得格外的关照，她要凭自己的能力和成绩获得业界的认可。

历经多年锤炼，扶婷凭着她扎实的法律功底和至上的法律素养迎来了事业的上升期，在业界树立了良好的口碑，成了维权的金牌律师。“每解决一件纠纷，每解答一起咨询，都能够得到当事人的满意，我就觉得特别有成就感。”

对扶婷来说，律师不仅是一份职业，法律公益服务更是她毕生为之努力的事业。从律师到法律公益人，扶婷认为心有所信，方能行远。

因为命运相似，扶婷始终把为残障人士维权放在心上。2017年，扶婷成立了全省首个专为残障人士提供法律服务的“扶婷公益法律服务与调解工作室”。

工作室成立至今，已经发展成为残障人士的“维权港湾”，先后为残障人士办理了几十件法律援助案件，为无数困难群众代写法律文书、提供法律咨询，举办过多场残障人士权益法律保护讲座。

作为湘潭市残疾人联合会兼职理事、雨湖区残疾人联合会兼职副理事长，她还加入2018年由雨湖区组建的残疾专家志愿服务团，奔走在帮助残疾人申领驾照、为残疾人创业就业提供指导、助推贫困残疾人发展产业脱贫致富的道路上，在扶婷的积极推动和参与下，服务团共帮助125名残疾人实现就业、创业，为贫困残疾人帮扶筹集的资金和物资累计86万余元。

“自强”“励志”，已不足以成为扶婷的代名词，她以独臂书写人间大爱，用所知所学服务社会。

这些年来，扶婷荣获司法部授予的党员律师标兵、新时代最美法律服务人特别提名奖，全国律师行业优秀共产党员，湖南省司法行政系统优秀共产党员、湖南省向上向善好青年、湖南省自强模范，湘潭市优秀律师、湘潭市十大杰出青年、湘潭市优秀共产党员等多项荣誉。

2021年9月，扶婷又完成了人生中的另一次身份转型——高校教师。获得法学博士学位的扶婷，以其在残疾人事业方面的丰富经验，成了我校公共管理学院的一名专任教师，主要从事劳动与社会保障、行政法律等方面的教学和研究。她将以其所学所历传道授业，指引学子们不惧风雨、勇敢前行。

扶婷，这位折翼的天使，她在为国争光的泳坛中流击水，她在浩瀚的知识海洋探索翱翔，她在为民服务的路上坚持坚守，她始终用奋斗、奉献让生命光芒四射、精彩纷呈！

湘潭大学赋

喻几凡

韶山传舜乐，文教悠远；湘潭兴近代，名震寰区。伟人倡导，学府新开。亲题校名，嘱咐谆谆。因缘际会，乘跃进之东风；骤兴骤止，应调整之国策。领袖挂怀，恢复于十五载之后；综合办学，位列于十六所之一。虽曰筚路蓝缕，有赖群策群力。重点建设，主管部门定计；八方支援，热血之士来奔。一时之间，服务主席家乡，五湖名师聚首；矢志教育事业，四海俊才云集。为师为匠，半教半工。草创于黄土荒坡之上，挥锄头，担红砖，不吝汗水；寄居于农舍茅棚之中，喝塘水，点油灯，无悔人生。上下同心，不一年即辛勤有得；多方配合，三五载便规模初成。

大局底定，进境无涯。充实师资，左维敢用右派；调取图籍，张勇善纳群言。延才者，厂矿里招徕专家，山野间礼聘贤达。求书者，马恩列斯著作为指路明灯，《古今图书集成》成镇馆之宝。顺应改革，杨向群引领教学科研；拨正方向，潘长良提升办学层次。于是乎，十余年间，群星璀璨，成果斐然：林富钦有成于化工，陈仲沪专精于代数。罗铸楷致力多值逻辑，陈传淼细解微分方程。朱建林深通电子技术，张清辉更新焊接材料。廖世杰攻关定向凝固，朱起定定理应力佳点。杨奇斌建模晶体结构，谭玉华探究马氏形态。方显承激光测长，邓楚贤电子衍射。袁龙蔚钻研力学，开启流变；颜家壬穷究物理，分析准晶。傅凯新之数值分析，李寿佛之软件模拟，各显理论之长；张淳源之弹性断裂，龙泽斌之反演变换，皆得应用之妙。又有人文蔚起，鸿儒瞩目：姜书阁广论骈文，汪澍白精研毛著。王守昌究心西哲，罗士清精通外语。易漫白考古田野，徐泰来史记近代。戴述雨解析经济，刘建国纵论文章。萧艾与王勤同弘语言文字之功，沧南和范彬分阐哲学思想之旨。追踪遗韵，羊春秋通论散曲；讴歌时代，彭燕郊谱写新诗。整理古籍，韩长耕熟谙国故之长；探究方言，李永明深悉乡音之妙。关心时务，曹木清精研党史，尹世杰首倡消费；放眼世界，曹让庭注目歌德，张铁夫着眼俄苏。凡此诸公，教研并重，各擅其长，深得群从拥戴，多为一代宗师。

继往开来，名师竞起。又十余年间，评为教授者近四百人，享政府特殊津贴者四十余人，获省部级以上奖励者超百人，更有陆续引进之专家学者，扩充阵容。强者如林，术业专攻，不乏大家。自然科学如物理之孙长庆、周益春，力学之郭小刚、郑学军，机械工程之谭援强、苏旭平，数学之向熙廷、黄云清、刘任任，化学之刘朋生、王学业、张海良，化工之童志权、刘永淞、罗和安。社会科学如法学之宋世杰、谢勇，外语之唐德根、文卫平，哲学之邓球柏、李佑新、王向清，文学之刘庆云、盛新华、徐炼、季水河，经济学之朱蔚文、赵文绪、郑必清、刘桂斌、刘长庚，历史之李广一、余明光、郭汉民、刘启良、王继平。或为科研巨子，或为教学名师，同侪颔首，享誉学林。而后步武先贤者有之，与时俱进者有之，或传道授业，或经世致用，各展所长，共领风骚。

大师既多，学科并起。数学力学双强并秀，党史法律一方称雄。马列主义领先阵地，材料工程备选平台。化工技术联系生产，理论经济指导市场。政治统计着眼于社会民生，化学物理关注乎自然宇宙。公共管理，孕育领导人才；语言文学，培养素质队伍。门类齐全，专业咸备。

稳定发展，步履坚实。遵几代核心指示，方向明确；得众多领导勉励，师生振奋。偶有遗憾，欣喜良多。虽未入围二一一工程，美中不足；能长居全国百名之内，差堪自许。又获省部共建，稍补缺陷；再有军地联合，超越群伦。平台有国家级中心，基地有教育部重点。工程院士领军科研，长江学者促进教学。课堂和实践互动，学研与产业结合。借鉴他山之石，访学有日美；开办孔子学院，文化传欧非。重大项目逐年增多，科技大奖数度连得。日新月异，跬步千里。一流已具，发展未央。

化育有道，桃李芬芳。欧进萍成名结构工程，袁亚湘突破规划算法。许进超奠基多层网络与区域分解，游建强擅长固态物理和量子计算。许小曙领先选择性激光烧结，黄国翔驰名非线性光学研究。周向宇载誉多复变数学，钟建新功成凝聚态物理。赵跃宇勤于工程力学，王雪华着力光子晶体。余建军有为于光电产业，蒋丽忠名显于结构工程。周爱辉、曹道民并长应用数学，范青华、贺跃辉分擅化工冶金。陈惠芳张扬新乡土诗风，塑造精神家园；钟正生把握金融界动态，分析宏观经济。勤于写作，肖建国成为知名作家；敢开先路，王鲁湘策划电视评论。各行各业，精英辈出。早有万千英才驰骋于各地，更多风流人物奋进于未来。

地未居通衢首要之区，略显偏隅；景不乏山清水秀之美，每多雅致。铜像广场庄严开阔，三拱门激扬书生意气；西华新园静谧清幽，观书湖荡涤年少轻狂。图书馆雄立中区，能励贤者向学之志；教学楼棋布四处，便收智者解惑之功。慧山泉山，可听风于晴日；沁园泽园，宜读书于晨昏。双子塔居高耸立，指明书山有路；勤人坡阶梯直上，挑拨勇者之心。琴湖之碧波荡漾，固适于携侣同游；画眉潭曲栏婉转，更便于覃思独步。

气正风清，乃治学之首选；可玩可赏，自游憩之佳城。博学笃行，培育时代骄子；盛德日新，造就社会栋梁。喜往昔之所达，信来日之无量。

跋：一入三拱门，终身湘大人

说起湘潭大学的标志性景观，如果只能选一个，恐怕非三拱门莫属。

三拱门，是门不是门。是门，因为当初它确实是湘大的校门。不是门，因为如今的湘大，拓展开去，三拱门更多地成了湘大的一种文化标识、精神象征。

三者，文、理、工也。三者，成多也，海纳百川，三生万物。

湘大，这座在荒山上建起来的“草棚大学”，如今早已郁郁葱葱、大楼林立、冠盖如云矣。

而与湘大，每个人，都可能有既不同又相似的“遇见”。

有的是为理想、为建设毛泽东主席的家乡的大学而来；有的是在人生困顿的时分听到了湘大深情的召唤；有的是故乡游子的回归；有的是穿过半个中国来会女友；有的是为了毕业后的一份工作；有的是在某份杂志上，只因为多看了一眼那三拱门……

然后，我们都是来自五湖四海，为了一个共同的湘大，走到一起来了。

如果你是湘大人，也许你来的时候，曾只闻湘大之名，见到的却是黄土地上满眼的荒凉；

如果你是湘大人，也许你曾经住在农民屋里，然后用铁锹、锄头、手推车推出了一个崭新的湘大；

如果你是湘大人，你就在校园里挖过坑、种过树，然后辛勤浇灌，与树一起成长，或者慢慢变老；

如果你是湘大人，也许你就曾经体验过，坐在一部“鸟的”上，在羊肠小道、黑灯瞎火中穿行，那越来越心慌的感觉；

如果你是湘大人，你可能在露天电影场牵过心仪的女同学的手，在俱乐部唱过“韶峰高，湘水长……恰同学少年，扬青春航帆”；

如果你是湘大人，你就吹过北山的风，看过琴湖的水，爬过勤人（情人）

坡，在双子塔下看过樱花，在游息亭伴着松风读书，在泽园的草地里数星星、晒月亮……

人生最美是遇见。在最美的年华，湘遇有缘，然后，有的如候鸟一般来了又去了，有的留了下来，如同那“麦田里的守望者”，当“黄土地上的村民”纷纷涌向外面的世界，他默默地坚守着；当孩子们在林间空地上疯跑，他小心地守护着……

最是深耕处 扎根正当时。他们怀着一份自豪感、责任感、自尊感，他们如饥似渴读书、诲人不倦教书、笔耕不辍著书，他们念学生之所“想”、所“痛”、之“认同”、之“守护”……守望湘大，春风化雨几十载，桃李芬芳赤子心。然后，不经意间，成了一名好老师、好后勤、好公仆，成了护花人、追光者，坚守初心的引路人，托举梦想的护航员……

然后，铸就了湘大的一种精神：理想主义的追求，吃苦耐劳的品格，以校为家的情怀。

有老师描述，当年湘大的老师，给人的印象是：“戴眼镜的、自觉排队的、边排队边看书的、鞋上有泥巴的。”“戴眼镜”是外在的文质彬彬的形象，“自觉排队”是内在品质，“边排队边看书”代表对知识的渴求，“鞋上有泥巴”则凸显当年湘大的艰苦创业。

如今的湘大人，也许更洒脱、更有范、更淡定、更有魅力了。但初心不忘，对学生、对学校的爱心依旧。引凤来仪，教书育人，桐树花开，静谧无声。

教育是一场约会，两情相悦，心生欢喜；

教育是一种对话，平等相待，互相促进；

教育是一缕光，灿烂自己，照亮他人。

教育是迷恋他人的成长，用心，有爱，一起行走在通向知识、真理与幸福的路上。然后，教育就成了一首诗。

我们在路上，感受光，追随光，谋祖国“富强之光”、逐科研“真理之光”、寻教育“卓越之光”，彭燕郊老师在《旋梯》中说：

云层里的霞光，雾海里的航标，在闪光。

上升，上升，已经看得清清楚楚了，

那尖峰，那无限的碑，那发着冷峻的光的，

最亮点。

默默坚守，润物无声，追求卓越，永无止境。然后，我们也都成为诗人了：

湘大啊，你一年年变美，

我沉浸在你的美丽里，

逐渐沦陷

湘大，我一直念你

人生总如初相见，知之愈深爱之弥坚。爱你念你，念念总难忘，然后便有了许多动情的文字。《扎根湘大这些年》作为湘大教职工的征文集，代表的就是湘大人的这一份情怀。尽管文字水平不一，风格各异，拳拳爱校敬业之心却是共同的。全书分五辑："遇见你，我的湘大""守望湘大""身边的好老师""教育是一缕光""湘大之路"。遇见、守望，然后在我们身边就有了许多好老师，书中的"好老师"不过其中的代表而已。他们，或出类拔萃，或平凡平淡，又都像一缕光，在引导、激发另外的光，然后成就了教育的崇高与诗性。

一入三拱门，终身湘大人。

湘大之路，由每一个遇见的人用汗水浇就。

湘大之路，由每一个扎根的人用行动铺就。

湘大之路，由每一个念她的人用灵魂铸就。

博学笃行，盛德日新。牢记嘱托，艰苦创业，海纳百川，追求卓越。扎根伟人故里，湘大的路就在我们脚下。湘大有过二十世纪八十年代的辉煌，也有过二十世纪九十年代的失落、迷茫，有新千年的坚韧不拔、踔厉前行，如今一朝梦圆，终于跻身"双一流"。新的起点，新的征程，而今迈步从头越，湘大的未来，需要我们去创造。

而每一个湘大人，与湘大一起成长，书写了湘大的历史，也造就了湘大的精神。湘大的故事，也需要我们自己去讲述。2021年，教师工作部编撰出版了《青春筑梦人——湘潭大学"身边的好老师"征文作品选集》，《扎根湘大这些年》可看作是该书的姊妹篇。需要说明的是，因为是征文，由老师们自觉自愿投稿，由编委会负责遴选，有些优秀的老师没有提供文章，有些稿子因为种种原因未能入选。好在该主题的书籍将继续编辑，形成系列。我希望，明年、后年……会有更多的老师参与进来，书写"我与湘大"的故事，我们还可以为那些把一生奉献给了湘大的大师们立传，或者，请在校的学子、毕业的校友们书写他们心目中的湘大、记忆中的老师。湘大形象、湘大精神，既是由无数湘大人用行动塑造，它也需要文字的书写、传播。有时，文字也是可以不朽的！

何云波

2022 年 8 月 24 日于湘大潇湘听弈庐

资助项目：湖南省普通高等学校教学改革研究项目，“数字化”时代高校青年教师数字素养培训体系的构建与探索研究（HNJG-2022-0067）

图书在版编目（CIP）数据

扎根湘大这些年 / 肖志伟主编 ; 杨澜执行主编． --
湘潭 : 湘潭大学出版社, 2022.12
ISBN 978-7-5687-0958-3

Ⅰ．①扎… Ⅱ．①肖… ②杨… Ⅲ．①中国文学－当代文学－作品综合集 Ⅳ．① I217.1

中国版本图书馆 CIP 数据核字（2022）第 228330 号

扎根湘大这些年

ZHAGEN XIANGDA ZHEXIENIAN

肖志伟 主编 杨澜 执行主编

责任编辑： 张宝香
封面设计： 李　平
出版发行： 湘潭大学出版社
社　　址： 湖南省湘潭大学工程训练大楼
电　　话： 0731-58298960 0731-58298966（传真）
邮　　编： 411105
网　　址： http://press.xtu.edu.cn/
印　　刷： 长沙超峰印刷有限公司
经　　销： 湖南省新华书店
开　　本： 710 mm×1000 mm 1/16
印　　张： 17
字　　数： 296 千字
版　　次： 2022 年 12 月第 1 版
印　　次： 2022 年 12 月第 1 次印刷
书　　号： ISBN 978-7-5687-0958-3
定　　价： 88.00 元